社会信任译丛

景天魁 朱红文 主编

没有信任可以合作吗？

Cooperation without Trust ?

[美]卡伦·S.库克
[美]拉塞尔·哈丁　　／ 著
[美]玛格丽特·利瓦伊

陈生梅 ／ 译

中国社会科学出版社

图字：01 - 2012 - 8155 号

图书在版编目（CIP）数据

没有信任可以合作吗？/（美）卡伦·S. 库克，（美）拉塞尔·哈丁，（美）玛格丽特·利瓦伊著；陈生梅译 . —北京：中国社会科学出版社，2019.5

（社会信任译丛／景天魁，朱红文主编）

书名原文：Cooperation without Trust?

ISBN 978 - 7 - 5203 - 2007 - 8

Ⅰ . ①没… Ⅱ . ①卡…②拉…③玛…④陈…

Ⅲ . ①人际关系—研究 Ⅳ . ①C912.11

中国版本图书馆 CIP 数据核字（2018）第 016510 号

Karen S. Cook, Russell Hardin, and Margaret Levi. *Cooperation Without Trust?* @ 2007. Russell Sage Foundation, 112 East 64th Street, New Youk, N. Y. 10065. Published in Chinese with permission.

出 版 人	赵剑英
责任编辑	姜阿平
责任校对	胡新芳
责任印制	张雪娇

出 版	中国社会科学出版社
社 址	北京鼓楼西大街甲 158 号
邮 编	100720
网 址	http://www.csspw.cn
发 行 部	010 - 84083685
门 市 部	010 - 84029450
经 销	新华书店及其他书店

印 刷	北京君升印刷有限公司
装 订	廊坊市广阳区广增装订厂
版 次	2019 年 5 月第 1 版
印 次	2019 年 5 月第 1 次印刷

开 本	710×1000 1/16
印 张	19.5
字 数	272 千字
定 价	89.00 元

译　　序

　　2007 年和 2008 年我两次到斯坦福大学访问期间，该校社会学系主任卡伦·S. 库克（Karen S. Cook）教授都向我介绍了他们做的信任问题研究。库克教授是美国科学院院士，长期担任国际社会学会（IIS）理事会重要职务，我在 2001—2005 年担任该会副会长期间，与她有过工作接触。国际社会学会（IIS）很重视信任问题，库克教授及其专家团队对此开展了长期研究。团队成员主要来自美国的麻省理工学院、纽约大学、西北大学、华盛顿大学、斯坦福大学和康奈尔大学，也来自英国牛津大学等著名高校；作者具有广泛的社会科学背景，包括社会心理学、社会学、人类学、组织研究、经济学和政治学等，他们皆为信任研究领域的资深学者。该团队的研究成果相当丰硕，这套"信任丛书"（Series on Trust）由美国纽约拉塞尔·塞奇基金会（The Russell Sage Foundation）持续资助出版。丛书的三位主编分别是卡伦·S. 库克教授、纽约大学的拉塞尔·哈丁（Russell Hardin）教授以及斯坦福大学的玛格丽特·利瓦伊（Margaret Levi）教授。1998 年，"信任丛书"的第一本《信任与治理》（Trust and Governance）面世〔当时的主编为瓦莱丽·布雷恩韦特（Valerie Braithwaite）和玛格丽特·利瓦伊〕。迄今为止，这套丛书已出版有关信任的文集、论著几十种，在国际学术界具有很大影响。

　　回国后，我找到北京师范大学朱红文教授，并将库克教授赠送给我的书交给他。红文认为这套书确实非常有价值，也非常适合国内学术界的需要。近些年来,信任问题引起了社会各界高度关注,已有许多学者投入这方面的研究,迫切需要了解和借鉴国外研究成果。于是我们找到中国社会科学出版社,得到该社赵剑英社长大力支持,责任编辑姜阿平积极联系版权,商定先选择四本书组织翻译。这样,在朱红文教授的主持下,翻译工作就正式启动了。

我们选译的四本书,涉及了关于信任的基本理论和社会治理问题。在当今世界,社会信任对社会的稳定和发展、社会和经济事务的有序运作具有至关重要的作用,因而成为社会科学关注的核心议题。但是,正因为社会信任不仅是一个社会伦理和社会心理问题,它体现在经济、政治、文化和社会的各个领域,触及到每一个人及其交往关系的方方面面,所以对信任概念的理解也就各不相同。事实上,社会科学文献以及普通读物中的信任概念都很模糊,因而,作为有关信任的学术研究,首先就要厘清有关信任的不同概念和理论取向,即便对"信任"这一概念的精确含义难以完全达成一致,也要取得相当程度上的共识。为此,《社会中的信任》从信任的心理特点到有关信任的组织、制度以及文化根源和后果,广泛探讨了信任概念。其中,重点探讨了影响信任的主要决定因素,分析了情景中不确定性(uncertainty)的性质以及行动者脆弱性(vulnerability)的程度;探讨了信任的社会基础与社会后果;考察信任在更广泛的社会背景(比如工商组织、多元社会、族群社区,等等)下的特定作用。从而,《社会中的信任》一书对信任为社会合作提供基石的多种方式做了全面考察。

社会信任本质上是个人与社会的关系问题,集中表现在公众对政府的信任程度上。《信任与诚信》一书从信任的相关概念到个体间的信任,再到对政府的信任,步步展开,重点探讨了互利型信任以及诸如单向信任、相互信任等有关信任的概念,介绍了信任与诚信度的关系以及诚信度的相关内容,区分了七种容易混淆的概念,论述了不信任何以发生,分析了互利型信任观,从而比较全面地论述了从个体层面到社会层面的信任问题。该书还从认识论层面,研究了制约信任能力高低的因素，建立了信任的能力模型；从管理信任的角度，论述了关于信任的发展观，介绍了政府诚信度、公民对政府的信任、准信任的概念及相关问题，并解释了民众对政府的信任度日益下降、或不信任政府、或出现普遍不信任的现象及原因；最后，该书还重点讨论了信任与社会之间的关系，侧重社会各领域的合作问题和信任问题，包括二元合作关系、群体间合作、经济领域的合作、机构中的合作，以及信任与社会结构等相关问题。

　　信任作为组织运作的一个重要维度，常常构成社会制度内的一个重要资源，但它也是一种脆弱的和让人难以捉摸的资源。那么，信任与不信任在组织中发生的机理是什么？《组织中的信任与不信任》一书从不同视角研究信任，探讨了组织边界内和组织边界之间的问题。首先是等级关系中的信任问题。在领导—下属关系中，领导的信任在群体和组织中的作用是有效的；在雇主—雇员的关系、管理者—员工的关系中，高信任关系比低信任关系更具生产力；在社工—案主的关系中，信任可以增强社会工作者的自由裁量权感知；在医生—患者的关系中，他们之间的关系概念化为一种相互的或互惠的信任。其次是群体或集体情境下人们之间的信任和不信任。主要是在身份缺失和个人特质缺失的网络中如何维持信任；在地理集群中，各公司彼此合作而同时又彼此竞争，他们之间的信任问题；在地理位置上分散的跨职业的工作团队中人与人之间怎样建立和维持信任。还有，心理安全在组织中所起的作用问题。再次，是已经建立起来的信任如何应对面临的挑战。这些挑战包含：以前的信任会增强对背叛的感受；权力关系使信任的构建过程复杂化以及交换关系和契约情境下的"信任悖论"等。

　　社会信任既是一个重大的理论问题，也是一个迫切的实践问题。

　　信任是合作的前提，但人们常常需要在缺乏信任的情况下谋求合作，这如何可能呢？《没有信任可以合作吗？》一书分十章全面系统地探讨了这个问题。该书运用社会科学研究信任的最新方法，介绍了信任"互利"概念和"互利"模式。不同于过去几十年的信任问题研究成果，该书认为，从宏观上讲，信任在建立、维持社会秩序方面的作用并不如想象的那么大。通常，我们彼此依赖，互相合作，不是因为彼此信任，而是因为有恰当的动因，明白合作没有风险，还会带来好处。许多情况下，我们素不相识，却冒险一试，是因为机构、组织和网络的存在，它们防止了盘剥利用，并提供了个人和集体动因，减少了外在影响。那么，怎样在没有信任的情况下开展合作呢？首先，要判断他人的诚信度。在许多情境中，我们主要不是依靠道德品质或人品性情来判断诚信度，而是具体细致地判断行动者，判断风险涉及的问题本身的性质及社会情境。以往的信任研究却通常将信任视为个人品行特点或道德品质，几乎没有涉及到权力及其与潜在的信任之间的关系。而这正是社会学和人类学研究信任问题的焦点所在。

该书用几章的篇幅具体分析了如何开展不以法律和信任为基础的合作，如何建立替代信任的制度性措施以及确保可信度的组织设置。面临不信任或缺乏信任的状态，我们试图创建（个人层面，小群体，组织层面或社会层面）组织结构来保护自己，防止受到潜在的伤害。在有些领域，我们依靠非正式的社会和组织机制，为潜在的合作伙伴提供驱动力，促使其合作。为此，该书探讨了声誉机制，缺乏信任时促成合作的社会资本网络，以及公共制裁的标准。该书还探讨了许多历史和文化背景下巨大的经济和政治转型过程中出现的分崩离析状况。而全书关注焦点是基本的社会秩序问题，诸如社会秩序是如何产生的，合作如何延续下去，如何管理不信任，哪些因素妨碍或促进社会中信任的产生，以及在几乎没有信任或不可能信任时，如何确保合作和社会秩序，等等。该书所做的讨论饶有兴味而又颇具启发。

以上关于四本书基本内容的简要评述，要感谢各位译者对我的帮助。我理解他们的心意，是希望我在译序之中代他们表达对朱红文教授的敬意和怀念，而这也正是我应该做的。本来我早就跟红文说好，请他撰写译序，因为他是这套译丛的实际主持人，为此倾注了大量心血。不幸的是，他英年早逝，令人十分痛惜！在译丛即将出版之际，我们应该表达对他的衷心感谢和深深怀念。

朱红文教授 1961 年 12 月 14 日生于湖南省娄底市，2018 年 9 月 27 日因病去世，享年仅 57 岁。早在 20 世纪 90 年代初，红文在北京师范大学攻读博士学位期间，我们就相识。1994 年 6 月 30 日他获得哲学博士学位，我是答辩委员之一。红文才思敏捷，为人诚朴，我们很快结为忘年之交。此后，我主编《中国社会发展观》一书，该书古代部分是我在北京大学哲学系时的同学也是我在中国社会科学院的同事徐远和研究员（他是哲学所东方哲学研究室主任，也不幸去世了）撰写的，近代部分就是获得博士学位不久的红文撰写的，可见我对他是很器重的（该书完稿时他即评为副教授）。90 年代中后期的几年里，我和从哈佛大学学成回来任教于北京大学的陈向明博士，联合北京各高校和研究机构从事社会科学方法论研究的同仁，在北师大定期举办讨论班，红文也是主要成员之一。2006 年 10 月，我和红文同在英国剑桥大学访问期间，共同制订了译介时空社会学的计划，在剑桥大学教授的协助下，精选了十本包括英、法、德、美等国著名时空社会学研究专家的最有影响的著作，回国后由红文具体组织翻译，很快由北京师范大学出版社出版。作为国内第一套也是迄今为止唯一一套"时空社会学译丛"，其对于推动国内研究起到了重要作用。

"社会信任译丛"是我和红文合作组织的第二套译丛，在几位译者的积极支持下，本来进展也很顺利，只是由于红文担任了北京师范大学社会学院常务副院长（院长是原国务院研究室主任魏礼群同志），公务繁忙，翻译进度稍慢一点。不料 2017 年 12 月红文突患重病，但他责任感极强，在手术间隙，仍强打精神，以虚弱之躯，在何婷婷、朱惊以及社会学院赵炜教授和研究生黄冰凌的帮助下，坚持完成了《信任与诚信》一书的翻译，在陈生梅老师的帮助下完成了该书的校对。红文在该书后记中深情地写到："本书翻译过程中的合作，以及我所得到的多方无私的帮助，应该也是对本书主题——信任与诚信——的一种生动的道德化的阐释。"红文去世之后，丛书的各位译者悲痛之余，感念与红文的友谊，决心抓紧工作，以译丛的出版作为对红文的告慰。责任编辑姜阿平也加紧做好相关工作。在此，谨向《组织中的信任与不信任》的译者黄春芳，《没有信任可以合作吗》的译者陈生梅，《信任与诚信》与朱红文合作的译者何婷婷、朱惊，《社会中的信任》的译者王兵，以及中国社会科学出版社赵剑英社长、姜阿平责任编辑表示由衷的感谢！正是他们的努力和坚持，使得这套丛书得以在红文去世之后仍能出版面世。

朱红文在《信任与诚信》译后记中写道："学术神圣，生命有限，我仍然会勉力以有限的生命追求神圣的学术。"这是一位忠诚于学术的学者终其一生的誓言，也是广大学者对"学术神圣"的共同体认。相信"社会信任译丛"能够为中国的社会信任和诚信建设发挥应有的作用。

景天魁

完稿于 2019 年 4 月 5 日清明节，谨以此文纪念朱红文教授。同时也纪念曾经与我在学术研究中合作过的已逝朋友：著名社会学家陆学艺、著名东方哲学史家徐远和，还有我的博士生、曾任职于江苏省社会科学院的唐晓群副研究员。

谨以此书献给我们最信任的人

——我们各自的母亲：朱迪、露西尔和比阿特丽斯

目　　录

第一章　信任的重要性

近年来，激发人们对信任产生浓厚兴趣的，似乎是这样的共识：从根本上讲，建立社会秩序的基础是合作关系。一直以来，社会科学领域研究的核心问题就是：社会秩序是如何产生并得以维持的？该共识其实就是这个核心问题的衍变形式。社会秩序基础理论的涵盖范围如下：大到认为需要全能的政府来实施管理，再到需要公共规则或其他机制来促成社会交往的成功，小到仅仅认为可以不妨碍他人达成的简单协作。

有些社会理论学家认为，需要信任来推动广泛的合作，以确保社会的良性运转。弗朗西斯·福山（Francis Fukuyama 1995）、罗伯特·帕特南（Robert Putnam 1995a）等在其著述中都详尽地阐述了这个观点。[1]然而，信任首先产生于人际关系中，形成微观层面的社会秩序，降低监管成本和处罚成本，而如果人人缺乏诚信，就需要监管，需要处罚。因此，在非正式的社会交往体系中，信任是起作用的，它减少了国家和其他机构的管理需求，降低了一般性自发形成的关系中的监管成本和处罚成本。然而，总体来讲，社会发展的长期态势是从小型社区过渡到庞大的城市住宅区，我们认为，简单协作和国家管理都变得极其重要，但信任的实际作用则在相应地减小（Cook and Hardin 2001）。

我们的观点是，信任已不再是维持社会秩序的顶梁柱，甚至在合作交往中也没有那么重要了，人们在互不信任的情况下，也可以有效地合作交往。虽然在许多人际关系情境中，信任依然至关重要，但是它已经无法承担起让复杂社会良性、有效运转的重任了。因此，需要制度来确保商业交流、商业活动等合作活动的有效开展。人们之间普遍缺乏信任，实际上了解不多，无法信任而又必须每天打交道的情况下，更是需要制度。

我们的信任观是相对的：信任是两个以上行动者之间关系的构成要素。[2]交往双方中，一方认为对方具备促成己方利益的动机或将己方利益铭记于心时，信任就产生了。我们称之为信任关系的"互利观"，即强调利益在延续双方关系过程中的重要性，是维持双方关系诚信度的基石（参见 Hardin 2002b）。信任关系源于彼此依赖，源于长期以来对双方诚信度的认可。本章阐述相对信任观概念，并将该信任观与各种心理学信任观进行比较。

对于如何改良组织、政府、商业及社会等，我们提出的路径对当前的众多理论提出了挑战。许多观察人士认为，组织和机构更需要信任。我们认为，有些组织和机构之所以能提供优质的服务，恰恰是因为它们取代了过去的信任关系。此外，我们认为，许多情况下，不信任也许是件好事。因为互不信任，所以才产生了各种形式的社会结构，来防止盘剥利用，保护那些无力自保的群体（Levi 2000）。在推动机构改革发展的过程中，不信任不会妨碍合作，反而可能会推进合作。恰恰相反，由信任形成的封闭性关系网反而会造成族群冲突或种族主义现象。甚至会妨碍经济交流，阻碍重要的社会交往方式，产生不良影响。这种情况下，信任意味着机会的减少，而机会的减少反过来又会妨碍经济的增长与发展。

在确保可信度方面，我们强调制度和其他组织设置的作用。可信度保证了复杂的市场运作，确保政府负责并及时地做出反应，并维系着许多社会和组织机制，在工作场所和社会中，这些机制能抑制冲突，提高生产力。因此，在人际关系层面，信任的作用最为突出。有些情况下，信任有可能对组织设置进行补充（却不能取而代之）。信任同行（前提就是对方的诚信）可能会扩大企业合作的范围，降低管理成本。然而，要评判对方的诚信度，往往需要长期的关系，需要相互了解，或借助双方共处的网络来了解对方。

风险高，无法确定对方的诚信度，权力极其不均衡，或是根本不信任的情况下，很可能会求助于制度措施或其他策略，来确保交往合作中对方的可信度。这种情况下，促成合作的，的确不是信任（或者，准确地讲，对他人诚信度的信心）。正如本章后面小节所述，我们无从知晓，他人的利益中是否涵盖了我们的利益（参见 Hardin 2002b）。实际上，我们甚至可以肯定，对方利益与我方利益存在冲突。这时如果我方依然采取合作行为，定是认为对方具备动机，来采取符合我方利益的行动。然而，这些动机不是个人信任关系中固有的，而是产生于社会结构。双方动机的兼容性使得合作伙伴可信，却未必诚信。

即使是在家人、朋友和其他亲密关系中，信任意识和信任关系也在不停地发生变化，这些变化取决于双方的相互了解程度、托付对方的事情大小和当时的具体情境。如果判断失误产生的成本高，或者诱惑大，对方不太值得信赖，我们常常会采取其他方式，来保证对方的能力和动机。即使是在家庭内部，也常常是这样。商业领域、政府部门和职场基本上都是如此。

我们探讨了社会建构的许多机制，来保证需要依靠的那些人的可信度和能力。信任关系在这类机制中并不常见。而且，信任关系即使有利于一种合作，也会妨碍其他的合作。例如，群体内部的信任关系会形成边界，影响成员与外界的联系。同样，组织内彼此信任的同事团队会拥有权力，他们会运用这种权力，阻挠技术创新，降低生产效率，或者采用其他方式，进行要挟。朋友间的信任关系是导致政府腐败、效率低下的主要原因。

然而，正如有些著述所言，诚信度有时可以推进组织和市场的运行。此时的信任和诚信度补充了结构化动机，补充了监督和执行机制

（参见 Arrow 1974，24）。第三方负责执行使得合作双方有信心善待对方，似乎双方都值得信赖，至少在那些辜负信任就会遭到惩戒和几乎没有任何风险的情况下如此。这种情况也许会让个人加深彼此间的了解，敢于冒险交往，并最终拥有诚信。第三方参与执行的例子数不胜数：执法机构确保合同实施，经理监控员工与客户间的关系，专业协会调查其成员组织的不道德行为，医院董事会抑制操作不当行为，作为执行方的第三方不但要尽量促成可信行为，还要创造条件，使有些信任关系在某些问题上切实可行。

双方都想维持现有关系时，最有可能信任对方。这时信任的可能性极大，一方相信另一方的善意，一切进展顺利。因此，公司经理与承包商在交易中都诚实守信，银行家与贷款人、社会工作者与客户、医生与病人、主管与下属——在具备风险承担能力时，也许都会做得更好。但是，如果没有明显的诚信度依据，也不可能不小心谨慎。

许多时候，双方权力并不平等，于是，权力优势方几乎无法让对方相信其诚信度。不过，双方关系私人化、长期化后，也许会产生诚信度。通常，信任似乎需要权力优势方尊重并公正地对待对方，或是以诚信的态度对待对方，方式就是减少监管措施或其他干预措施。某些情况下，出资人与客户、医生与病人、老板与员工之间的关系都有这类特点。然而，这些信任关系极其脆弱。信任只出现在具体情况中，涉及的事务也非常有限。相对来讲，这种单向关系中，信任更容易丧失，一旦丧失，也许更难恢复，而那些多维度的关系中，也许存在更多向度和恢复信任的余地。

在权力关系中建立信任，也许仍然需要第三方以某种方式参与进来，以免双方关系遭到滥用、盘剥，即使信任的基础是持续性的互利交往也是如此。互利基础上形成潜在信任关系最为关键的途径，也许正是威胁双方关系的因素。只有双方相互依赖时，才会威胁到彼此间的关系。然而，即便双方似乎都有诚信度，原因也许不是由于互利，而是其他更直接的因素，担心再拿不到贷款，得不到福利待遇或是迫于生计。因此在维持双方关系中，权力优势方表现出的诚信度，显得尤为重要。

探讨信任及其优点的大多数当代著述都没有涉及上述问题。众多作者对信任和诚信度的定义也大相径庭。相对而言，我们的定义更具体，对要信任的人提出了明确的要求。信任需要双方彼此了解。我们定义的信任：不可能信任陌生人，甚至许多熟人，也几乎不可能信任机构、政府或其他大型集体性组织。论及信任和诚信度，任何人都必须首先对概念进行界定，能解释强度、结果和可能性方面的变化。

现有文献似乎只提出并拓展了三个关于信任的定义，而且都是以对方是否诚信为基础的。认为对方诚信的原因是对方具备这样的道德素质，具备相应的性格品质，或者会考虑我方的利益。本章会阐明这三种信任概念，它们都是源自对潜在信托方或信托人诚信度的大致判断。前两个概念相当明确，只需要详细说明它们在解释行为或社会结构中的效力。首先重点介绍互利信任概念，然后简要探讨另外两个概念。

互利信任观

本书大部分内容都是以互利信任观为基础的（Hardin 1991b，2002b）。根据信任的定义，我们之所以信任对方，是因为认为对方会将我方利益铭记于心，并在为己谋利时考虑我方的利益。通常，对方这样做是想维持双方关系，因此才采取有利于我方利益的举措。从某种程度上讲，这里的"互利"意味着在双方关系中，我方利益即对方利益。从这个角度来看，信托方有重要的诚信动机，想与托付方继续保持关系。当然，对方关注各种自身利益，很可能超过了对我方利益的关注，因此信任对方是有风险的。这种情况下，有时对方会完全不顾及我方的利益。

双方利益不断发生冲突时，对方尤其可能会辜负信任，表面上是代理方，但是只有牺牲托付方的利益，才能从中获利。辜负信任的事件屡屡遭到曝光，其结果就是，建立在信任基础上的关系结束了。然而，利益冲突现象普遍存在，纯商业合作等关系中频现利益冲突，也根本不需要信任的存在。最近一个引起轰动的事件就是，许多投资公司和金融机构（包括美林资产管理集团 Merrill Lynch，花旗集团 Citi-group，摩根斯坦利公司 Morgan Stanley，瑞士联合银行 UBS）的运营，它们既运营投资银行，也经营股票赚取佣金。运营投资银行时，它们协助公司出售股票和债券；作为股票经纪人，它们协助投资方购买股票和债券。公司想高价出售，投资方想低价购入。公司希望能通过华尔街的运作显得一派风光。投资方希望华尔街能透露哪些公司的确运营良好。如果同一家公司同时为双方提供咨询服务，"即使行为都诚实可信"（Surowiecki 2003，40，emphasis added），必有一方会受到不公正的对待。从专业操作和科学视角分析利益冲突的案例，请参见第六章。互利信任观认为，我方信任对方时，我方心怀期望的基础是评估对方的利益（也许不准确），尤其是评估对方利益与我方利益发生冲突的方面。如果在我方委托对方代理的事务方面，双方存在利益冲突，就有充分的理由怀疑对方的诚信度。

尽管表面上似乎遭到了质疑，但是，显然，亲朋好友等信任关系中往往都会涉及利益关系。其他众多信任关系的核心可能也是利益。例如，人们与本地商贩或生意人保持长期的商业关系，并演变成信任关系。许多信任关系都是如此。的确，我们最信任那些与我们有长期往来的人。这种关系对我们越持久，越有价值，我们就越信任对方，并值得对方信赖。

本书用这种信任模式来解释许多行为和社会现象。例如，解释权力不对等对信任关系造成的影响（第三章），不信任与信任如何不对等，不信任是如何促成自由政府理论的（第四章），促成合作的非正式社会机制（第五章），准机构工具，消解我方与代表我方利益的专业代理机构之间的利益冲突（第六章），组织内部的信任与不信任

（第七章），应对信任缺失状况的政府和法律手段（第八章），社会秩序微观宏观转型的许多议题（第九章）。

区分信任关系与单纯性合作等其他社会关系，主要是判断代理方是否会考虑委托方的利益。我们认为，在对方直接为己谋利的过程中，"信任"对方与我们合作，这里使用"信任"无法令人信服。此时简单性合作的唯一风险在于对方的能力及其对形势的把握，判断摩托车手骑车不会带来伤害，以及驾驶汽车或其他事情上，我们首先关注合作的成功性，无须过多关注合作过程中的合作伙伴，而且，很可能对其一无所知。信任却需要更加深入的了解。我们信任对方意味着我们认为对方有能力完成我方所委托的事宜，并且不仅是为了自己的眼前利益而为，还将我方利益考虑在内。尽管针对信任的研究大都泛泛而谈，不太具体，但是现实生活中的信任似乎十分具体。我信任你做某些事（而不是去做其他事情）。我们的模式中，信任是个三方关系。A 在 X 事或 X、Y 等事上信任 B，不可能说，A 就是信任 B，仅此而已。第二章将详细探讨这一模式。

在特殊情况下，A 在 X 事上信任 B，这些特殊条件与 A 和 B 之间的关系本质有着千丝万缕的联系（即信任是社会关系的一个属性），也与 A 和 B 的利益性质及双方的了解程度或其他个人情况（性别、受教育程度、职业等）息息相关。分析信任的依据是利益、双方的了解程度等因素，同时与社会关系、对双方关系的了解程度以及他们所处的关系网络密不可分。

建立一个相对的信任模式，应该有助于研究组织或社团等社会场景中信任与不信任散播的情况。可以说，途径千差万别。例如，社会体系或社会关系网中，不信任扩散得相当快，而信任只有在极为特殊的情形下才会传播。这类分析也该缓解信任与不信任之间的不对等，并有助于理解分析各个层面的信任与不信任的重大意义（包括个人层面、关系层面、体系层面等），这些分析至少提出了两个宏观的实质性问题：一是任何两个具体行动者之间关系的属性，以及决定他们信任与否的因素（互利观），二是这些行动者所处网络的性质，这个网络或许有利于合作，或在丧失信任后有利于恢复信任（融入观）。

根据信任互利观，本书的信任和诚信度都是互利性的。我们拓展了该模式，认为信任关系存在于更宏观的社会情境（具体实例请参见Granovetter 1985）。因此，托付方对信托方行为的预期首先取决于对信托方动机的评估。评估依据是对行动者或对双方关系所处结构的了解程度，第三章在信任相关内容的基础上进一步探讨诚信度。

阐述的目的是解释与信任有关的行为，解释许多社会和机构情境中信任与不信任的意义，说明在缺乏信任或不够信任的情况下，组织双方合作行为的众多途径。一般说来，我们认为，这种情况下，成功合作这一社会议题比其他情境中的信任关系重要得多。

请注意，信任互利概念意味着许多交往中的协调成功或合作成功，实际上却没有信任。本书中关注这一点尤为重要，原因在于我们想说明的正是此类合作的成功，而众多针对信任的讨论都以双方的合作来证明他们彼此信任。以一个可以轻松应对的重要日常交往为例，其中我们既不了解对方，也不关心对方的利益。例如，我们通常毫不费力地在人行道上行走，在街上开车。我们与其他行人、司机合作，避免相互碰撞。你也许是个善良的人，非常关心别人的利益，不过你无须关注，就有充分的理由避免碰撞。你自己也想活命这一切身利益足矣。的确，你也许希望能运用意志力，让别人远离人行道或街道，好让自己更轻松、更安全。这种情况下，信任不是问题。

同样，在合作型企业，竭尽全力推举自己支持的候选人，投票给他们，也许并不是因为关注他们的愿望或利益，他们也在按照自己的愿望投票，因为那是自己想要的结果。然而，这种情境通常需要协调，其中信任互利不是问题。你也许对别人有信心，知道他们会和你一样投票，不过无须信任他们，在这些交往中成功，是无须信任的。

许多日常交往都是如此。信任需要双方真正地参与其中，需要具体地而不是笼统地评估对方的动机。假如双方从未谋面或从未打过任何交道——也许对方只是陌生车辆中连面容都看不清的驾车人——这时说信任那个人就毫无意义。因为信任本身就是关系中固有的，所以，如果信任无法区分我们与别人之间的关系，"信任"一词就毫无意义。实际上，信任区分了各种关系，因为我们信任一些人，而不信任另一些人。信任要说明行为，必须区分出我们与别人之间关系的特殊之处。

其他信任观

另外两个信任观中，信任取决于道德承诺或潜在信托方的品行。尽管在激发许多人的诚信度方面，道德承诺似乎极其重要，因而在激发信任方面也至关重要，尽管许多作者在讨论信任时都强调道德承诺的核心作用，但是，显然还没有专著系统地描述道德激发型诚信度的作用和效果。单纯从强调道德诚信度重要性的学者数量来看，可以说道德诚信度是互利型信任和诚信度研究的主要对象。然而，遗憾的是，几乎还没有针对道德诚信度和道德承诺信任的研究。

信任研究中，道德方面的研究几乎未从总体上解释社会行为或由此产生的社会结构。此外，这些研究也没能令人信服地说明，为什么有些人具备道德诚信度，而另外一些人却没有。与其他理论相比——性情论和互利论，学者们更重视道德诚信度，而且毫无异议，似乎道德诚信度无可非议，或者说就是人类天性中无可辩驳的特质。很少用道德诚信度做实证研究，解释各种重要的社会行为（Becker 1996；Held 1968；Hertzberg 1988；Horsburgh 1960；Jones 1996；Mansbridge 1999）。然而，有些数据似乎表明，和许多学者一样，普通人也认为信任是道德性的（实例请参见 Uslaner 2002）。

许多人包括大部分道德论的倡导者都错将信任道德化，而他们的实际观点大体都在讨论诚信的道德承诺。[3] 当然，如果别人认为，你具备这样的道德品质，他们会试图与你合作，有一定的信心认为你不会辜负信任。但是,对道德品质的认识实际上很可能是从长期交往中获得的。互利观认为,这是一段时间以来对他人形成的认识,是双方关系中特有的。有时会认为,特定社会类型的人更具备道德诚信度,但是这种人以类分的判断往往是错误的(见第二章)。

诚信度性情论近期的领军人物是山岸俊男(Toshio Yamagishi)及其同事(例如 Yamagishi and Yamagishi 1994),他们研究了道德品质等性情因素。伯纳德·巴伯(Bernard Barber 1983)和汤姆·泰勒(Tom Tyler 2001)也常常探讨诚信度的品行因素。然而,考虑到斯多葛派只关注性格倾向,我们探讨性情模式时也只关注这些倾向。

每个人信任的人不尽相同,这一点司空见惯。这尤其能说明相对信任互利观理论,但是却不适用于基于人们共性的另外两个诚信度理论(如性情论和道德论)。你信任的人恰好是别人不信任的人时,在判断那人的道德品质和人品性情方面,一定有一方判断失误。依据道德论或性情论,诚信度与交往对象无关,完全是道德品质或人品方面的特质。换而言之,诚信度与外界因素无关。山岸俊男(Yamagishi 2001)将性情论与他所称的"社会智力"联系起来。有些人更擅长判断谁值得信赖,谁不值得信赖。在实际的信任关系中,假如没有类似于"社会智力"因素的阐述,信任性情观就毫无实证意义。第二章会全面探讨这一点。

互利观认为,有些人与 A 长期交往,因而信任 A,而另一些人则与 A 没有这种关系,因而不信任 A;长期交往关系很有价值,使人觉得他值得信赖。尽管性情论和道德论广为流传,但是在判断信任对象时,实际经验却并没有证实这两个理论,而且经验表明,在人们判断他们与信任的人和不信任的人之间的关系时,实际上依据的也并非这两种理论。

与诚信度性情论并驾齐驱的,是另一个由来已久的观点:有些人天性如此,信任别人。还可以换种说法,称之为乐观主义精神,也许是经历使然,认为如果尽力与别人(也许只包括几种人)交往,他

们就会值得信赖。朱利安·罗特（Julian Rotter 1967，1980）的人际
信任量表力图将信任品格进行量化，他的诚信度量表并非针对信托人
或信托代理人，恰恰忽视了那些针对信托人诚信度的调查研究。第二
章将探讨这项实证研究，但是总体而言，本书并不关注潜在的信任品
格。在信任关系情境中，我们认为，任何性情都是过往经历的集中体
现。如果交往的大多数人都值得信赖，一般会预期，和陌生人建立信
任关系轻而易举。也就是说，如果风险不是太大，会更乐于在别人那
里冒险。请注意，顺便提一句，在罗特等人浩瀚的成果中，与心理学
性情信任论相比，对道德信任论（即道德品质论）的论述没有那么
翔实，研究也没有那么深入。

一般化信任

　　与性情信任论相关的一个理论颇为复杂，也更宏观，认为我们不
论和谁交往，都有一般化信任倾向。有时称之为社会信任。这个概念
之所以产生，也许与美国的两大主要政治态度调查有关，它们设计的
调查问卷措辞贫乏，提问不精确，因而收集来的答案相当宽泛。美国
国家选举研究（National Election Studies，简称 NES）调查民众对政府
的态度，美国国家民意研究中心（National Opinion Research Center，
简称 NORC）的综合社会调查（General Social Survey，简称 GSS）调
查社会中对一般化他人的态度。后者的设计似乎是让调查对象回答，
他们信任任何人。极有可能的情况是：没有人认为每个人都信任所有
人是合情合理的。但是，成千上万的调查对象几乎都无可奈何地根据
调查问题回答，要么总体不信任，要么总体信任。科学是社会建构
的，这个观点此时完全适用。下面是综合社会调查（GSS）用来调查
一般化信任的问题：

　　（1）你认为，大多数人会试图利用你，还是公平地对待你？

　　（2）你认为，大多数时候，人们会帮助别人，还是主要关注

自己？

（3）一般情况下，与人交往时，你认为多数人都很可信，还是越小心越好？

明智的看法是，有个人也许几乎不信任任何人，甚至几乎不信任某些群体中的所有人。那个人几乎不可能信任所有人或某些宽泛界定的群体的所有人。因此，尽管我们不可能产生群体一般化信任（参见第四章），但是却会产生群体泛化不信任。有些人会根据既往的经历形成相当幼稚的看法，于是或多或少更愿意冒险与某些群体的人打交道，但那并不是说，在任何实质意义上，他们信任那些群体的人（参见第二章，社会认知）。此外，在某些情境中，许多人会对政府及其代理人持泛化不信任态度。例如，纳粹德国的犹太人一定不会信任纳粹政府，以及几乎所有的德国士兵和德国警察。

政府信任观与笼统界定群体的一般化信任观有某种相似之处。美国或英国等大国的政府拥有成千上万的雇员，笼统地讲，他们都是公民代言人，但只有极少数人会认真对待公民的切身利益，或是对公民个人有所了解。我们一般不会信任他们这个群体，因而不信任政府，因为我们无法看到我们的利益如何与他们的利益息息相关。

具有讽刺意味的是，美国国家选举研究（NES）调查中的信任量表，就是由最初提出的愤世嫉俗量表中的四个系列问题构成的。设计该量表的目的是了解民主政治参与匮乏，尤其是美国，1960 年量表引入之初，参加大选投票的人数还不到 60%。作为反映公众对政府态度的一种方式，愤世嫉俗量表的问题如下：

（1）你信任华盛顿政府做正确事情的时间有多少——几乎总是，大多数时候，还是只是有些时候？

（2）你认为政府是由少数几个只顾自身利益的掌权人管理的呢，还是为全体民众谋福利呢？

（3）你认为政府官员浪费了纳税人的许多钱，一些钱，还是没怎么浪费？

（4）你认为政府官员中，相当一部分人不清白，还是许多人不清白，还是几乎所有人都不清白？

根本上讲，愤世嫉俗就是认为别人只受自身利益的驱使。尽管愤世嫉俗程度高并不能完全等同于不信任，但是大体上应该差不多。因此，和泛化不信任一样，泛化愤世嫉俗主义意义重大。

把愤世嫉俗量表倒过来测量一般化信任意义就没有那么突出了。量表上的问题似乎公正地反映了愤世嫉俗的程度，因此也能反映不信任状况，但是无论从三个标准信任观中的任意哪一个来看，量表都无法反映出信任情况。[4]综合社会调查（GSS）的信任问题也应该适用于调查愤世嫉俗程度。许多实证性观点貌似一般化信任的优点，实际上，我们将其看作泛化诚信度的优点；因此，本书的侧重点是，在几乎不可能准确评估诚信度，或者根本不可能去评估的情况下，用来确保诚信度和合作的途径。

信任度在降低吗？

宏观社会情境中，信任的核心问题就是，在没有任何直接关系时，是什么让人们相互信任。毫无疑问，信任产生于小群体，并在长时间定期来往时，得以维持。信任要产生良性结果，必须持续，继而得以建构，但是相对而言，人们对于如何维持，如何建构却知之甚少。众多研究都在探讨知识产权，解决委托代理问题的恰当组织形式，以及如何解决信息成本及交易成本高的问题。合同无法细化到极致，边缘领域的信息不全面，个人动机并不总是有效，许多交易的执行成本都超过了利润。然而，人们还是继续制定各种显性合同和隐性合同，认为自己能预测他人的相关行为，尽管初衷截然不同，但有时却解决了集体行动问题。

通常，信任与诚信度中的声誉共同解决了这些问题。帕特南（Putnam 2000）认为，由许多二级协会组成的密集型网络带来的信任,改进了执政政府的运行质量,促进了经济的发展,而且还改善了居民区,使其更安全,更宜居。拉塞尔·哈丁(Hardin 2002b)认为,某些群体之间或个人之间长期存在不平等问题,部分是由信任习得过程中的最初差异导致的,也就是说,是在学习如何区分谁可能诚信的过程中产生的,对于那些很少见到诚信的人来说,学会诚信必定很难(参见第五章)。这就意味着,制定政策来缩小经济和政治差距时,必须建立一个与过去截然不同的社会基础结构,来促使人们重新真正地认识到,可能的确存在诚信。

对信任的调查研究表明,包括美国等工业国家在内,尤其是加拿大、瑞典和英国,个人之间的总体信任程度降低了,对政府和其他社会机构的信任也呈不断下降的态势。这些研究得出的结论一致,而且广为流传,在明显缺乏信任的时代,政府效能和民主活力成了公众争议的主要问题。实际上,对于人们认定的信任度降低及其后果,最近的大多数成果都是根据此类调查研究撰写的。帕特南(Putnam 2000)对于信任度似乎在降低做了许多可能的解释。一些解释认为,这是个人心理变化的问题,另一些则认为,这也许是结构变化对个人产生的影响。

一起来看看帕特南提出的各种个人层面的解释,帕特南(Putnam 2000)认为,看电视时间的增加减少了社会参与,而社会参与度降低则导致各种情境中的低信任。约翰·布雷姆和温迪·拉恩(John Brehm and Wendy Rahn 1997)认为,物质主义愈来愈盛,于是降低了信任。导致这个结果的一个潜在原因就是,社会只关注经济繁荣,致使社会成员不太关注别人,因此彼此不太信任。劳拉·斯托克(Laura Stoker 2000 年 5 月 6 日,私人谈话)认为,政府专门制定规划,引导民众对政府提要求(伟大的社会和各级政府的其他倡议方面),成功地刺激民众直接参与进来,但是随后政府未能解决相关问题,导致民众丧失了对政府的信任。威廉·朱利斯·威尔逊(William Julius Wilson 1987,144)认为,那些底层的贫民,尤其是少数族群贫民窟的

穷人，几乎没有任何社会资本。稍微富裕些的居民搬离贫民窟，使得
"贫民窟内部的基本制度更难执行下去"，那些依然生活在贫民窟的
人面临"社会组织"的衰落。第五章指出（参见 Hardin 2002b），由
于很难在互利交往网络不完善的情境中学会信任，这个问题加剧了，
小到脆弱的家庭关系网，大到脆弱甚至根本不可信的社会关系网。如
果一个孩子每次与成人打交道都会遭到虐待，就根本不可能再冒这个
风险，因此，也就不可能认识到，有些成人是值得信赖的。

　　有两个大的结构变化，也许改变了大多数调查研究中标准化信任
问题收集到的答案的意义。城市化的加剧意味着与更多的人打交道，
因此，与四五十年前的调查对象相比，对这几代人来说，"大多数
人"要多得多。同样，移民增加，混居现象增加，也使得许多发达工
业社会的"大多数人"更加多元化。这也许是美国的黑人不如白人
信任别人的原因：而事实上，黑人与白人打交道的次数，是白人与黑
人打交道次数的 7 倍（Blau 1994，30 - 31）。针对信任的标准化调查
研究无法轻易地触及这些原因。本书中，我们直接关注这些原因，阐
述社会中信任作用的性质，信任的局限性，以及取代信任的其他
因素。

本书内容概要

　　我们探讨社会科学研究信任的最新方法，介绍了信任"互利"概
念。本书拓展了"互利"模式，将其应用于许多现象，传统上认为
这些现象对于理解许多情境（小到群体，大到国家）中社会秩序的
建立非常关键。我们探讨了现有的证据，阐明了信任在建立、维持社
会秩序中所起的作用。不同于过去 25 年来的研究成果，我们认为，
从宏观上讲，信任在建立、维持社会秩序方面的作用相对较小。通
常，我们彼此依赖，互相合作，不是因为彼此信任，而是因为有恰当
的动因，明白合作没有风险，还会带来好处。许多情况下，我们素不

相识，却冒险一试，是因为机构、组织和网络的存在，它们防止了盘剥利用，并提供了个人和集体动因，减少了外在影响。

第二章探讨了判断他人诚信度的依据。这些判断源自认知过程，有助于判断社会结构在诚信度产生过程中的作用。固有原型、声誉、准则、群体、网络和动机都在起作用。许多情境中，我们主要不是依靠道德品质或人品性情来产生诚信度。在信任互利观看来，判断诚信度主要是具体细致地判断行动者，判断风险涉及的问题本身的性质及社会情境。囊括所有情景，认为几乎没有人诚信毫无意义。然而，如前所述，大量实证研究，尤其是那些大型社会普查的结果都没有涉及情境，尽管数据取自各种不同的文化。我们讨论了这些研究中证据的局限性，也讨论了理论的局限性。

第三章讨论了浩瀚的信任研究中一个未曾触及的部分。现有的信任研究中通常将信任视为个人品行特点或道德品质，几乎没有涉及权力及其与潜在的信任之间的关系。一旦信任和权力一样（Emerson 1964），被界定为社会关系属性，权力与信任关系的其他方面都亟待分析。本章概述众多权力不对等的社会关系。影响信任的权力关系有两个特点：一是对关系的彼此依赖程度，二是对双方而言替代性关系的性质。替代关系的途径越多，权力越大，依赖程度越低，信任程度也越低，互利和诚信度中高度信任的原因就是彼此间的依赖程度较高。

权力弱势方会采取各种手段来减小依赖程度及其脆弱性。希望建立信任关系时，权力优势方会试图做出可信的承诺，不盘剥利用对方，或是采用各种策略，增加对方对自己的信任。他们会把决策、行动透明化，避免欺瞒或不公平，采用公平分配和程序公正的原则。宏观方面，不诚实、腐败以及利用权力不平等关系等方面，也会出现类似问题，这是第九章讨论经济和政治转型时的议题。

第四章重点讨论了权力不平等现象，这和其他因素一起，埋下了不信任的种子。在几乎没有任何制度保障，防止出现最糟糕的结果时，不信任为合作和交流制造了障碍。但是，有些情况下，不信任又是保障，有时需要不信任来限制可能出现的权力滥用现象，民主政府的规划建构就是这样。本章分析了各种不信任状况下管理各种关系的机制，以及在必定不信任或缺乏信任时，我们采用的各种方式。因为情况各不相同，结果也大相径庭。得出的结论非常有趣，原因在于：事实上，信任与不信任是不对等的，要认识到这些不对等现象，阐明针对信任在社会中的作用和不信任"问题"的许多宏观理论。尤其在对信任和不信任的了解和动机因素方面，存在明显的不对称现象。

信任关系和不信任关系之间的相互关系，也造成了重大的社会影响。例如，有时，信任网络的基础是归属性，归属性解决了群体内部的交流、合作问题，增加了群体的社会凝聚力。但是，这些信任网络也许会妨碍建立群体间的社会关系，不仅造成不信任群外人的后果，还会产生积极不信任。我们不仅探讨了不信任情境中信任关系的社会影响，还探讨了民众对政府的自由不信任态度在建立好政府过程中的作用。此外，还评述了由此产生的困难，尤其是在政治经济转型过程中，由腐败和不可信的政府带来的困难（也见第九章），有些情况下，国家本身就是导致社会不信任的主要原因。

面临不信任或缺乏信任的状态，我们试图创建（个人层面，小群体，组织层面或社会层面）组织结构来保护自己，防止受到潜在的伤害。在有些领域，即使强大的国家或强权的执政者也不可能为我们提供保障条件，确保某些合作关系的建立。因此，我们依靠非正式的社会和组织机制，为潜在的合作伙伴提供驱动力，促使其合作。这是第五章讨论的内容，也是人类学、社会学甚至是经济史研究的重点。这种合作交往也许是生活中出现最多的类型，介于另外两种合作关系之间，即互利信任确保的合作关系与国家或包括法庭在内的执法机构确保的重大合作关系。我们将探讨声誉机制，缺乏信任时促成合作的社会资本网络，以及公共制裁的标准。此外，还探讨了冲突在控制贵族人际行为方面的社会工具作用，以及日本和肯尼亚等国用虚拟亲属关系来确保合作，在家庭纽带不存在的情况下，确保真正的诚信度。我们也讨论了没有法律保障时的各种借贷形式，一个有趣的案例就是格莱珉银行（又称孟加拉国乡村银行，Grameen Bank）的借贷方式。

假如没有此类非正式的社会机制来促进合作，我们就会依靠非政府机构，其中一些得到了包括法庭在内的法律机构的支撑，具有国家效力。这些都是第六章所讨论的内容。行业组织是其中提到的一种非政府机构，它能够创建体系，让身处其中的专业人士与客户之间，或者说代理人与委托人之间，建立起持续交往的互利型关系。本书简要讨论了两种情况：美国医学会（American Medical Association，简称AMA）体系中的医患关系和美国律师协会（American Bar Association，简称ABA）体系中律师与客户之间的关系。还泛泛地讨论了科学和商业领域的规范，这些规范会带来利益冲突，产生有悖常情的变态动机，假如不严加防范，就会破坏这些领域中生产企业的根基。

人们不仅对政客、医生和律师丧失信心，而且对操纵股票价格的商业主管（例如安然公司和世界通讯公司的情况）以及篡改科研结果的科学家失去信心时（例如第六章提到的物理学家维克托·尼诺夫和简·亨德里克·舍恩），作为社会科学家，我们的注意力就转向了无能的组织激励机制，它们既无力限制投机行为，也无法处罚那些不诚信与无能之人。第六章会深入探讨这些议题，及其与信任之间的关系。主要探讨的是三种限制具体行动者按照一己之利采取行动的主要制度结构：职业规范，科学家的竞争性自我约束，以及商业领域的市场管制。

第七章讨论的是组织建构的主要目标，即管理利益冲突，建立各种工具来协调个人利益和集体利益。但是，面对强烈的牟利或获利动机，监督、规则、监管以及策略性的薪酬制度无法完全限制投机行为。再者，合同几乎总是不完善，参与各方即便没有权力大小之分，所获取的信息也往往不对等。然而，在大多数组织情境中，即使很难建立和保持信任关系，组织的价值也显而易见。

组织不得不处理各种涉及履约行为的普遍问题：筛选不当问题和道德风险问题。某种程度上，筛选不当可以借助培训进行弥补，极端的做法是开除。无法监管或监管不力时，就会出现道德风险。这些情况下，在选择过程和产生高素质员工的可信网络中，通常要投入更多的资源。人际关系圈的基石是依靠动机来回报能力、承诺和忠诚。但是，动机并不总是有效，利益冲突也许会带来出乎意料的结果。监管和处罚能填补空白，而有时监管过度或过严反而会带来负面影响。本章涉及的情形中，信任员工不仅会产生诚信度，还会增加满足感，提升工作绩效，降低处罚成本。但是，在许多组织和机构情境中，这一策略的有效性受到限制。甚至专业人士（如牧师、教师、物理学家或投资咨询师）辜负了人们的信任。

国家局势不稳定时（如第八章所述），第五章至第七章提到的工具不足以确保合作，防止投机行为。即使人际信任程度低，可信而稳定的国家机构也能创造一些必要条件，促进市场和文明社会的交流与合作（参见第八章）。即使由于国家机构的特点，民众并不总是能准确地判断其政治代表的诚信度，但是民主的政府形式，司法独立，公众负责选举并任命官员，都会增强公民的信心。

公民自觉自愿服从的那些国家，往往是他们认为公平公正、执行力突出，擅长为公众谋利的国家（Levi 1997，1998）。当今，与其他政府组织形式相比，民主制度更有可能实现这一目标。但是，在规划政府过程中，需要有制度化的不信任，来产生限制滥用权力的立法、司法和行政权三权分立制度。假如情况果真如此，那么"信任"政府总是好事这个说法就不成立了。第八章和第四章讨论这些复杂的争议性观点。

然而，国家会发生变化，有时，也就是一夜之间的事（1989 年的东欧和苏联事件），政治经济形势也会随之发生巨变。于是，政体变化（或国家疆土变化）后的民众必须适应全新的政治、经济和社会条件。这些都囊括在第九章论述的过渡类型中。过渡意味着不确定性，通常也意味着风险。这种情况下，人们常常会与旧识或有过重要联系的人合作、交流。移民们会涌向移民环节终端的少数族群聚居区，那里有他们需要的资源，尽管不多，但是能让他们开始生产，在新环境中安定下来。信任的家庭、朋友、熟人网络有助于调整、适应，但也会妨碍与外界的交往，降低融入宏观文化环境的能力，因此，这些网络实际上会减少经济和社会机会。这样一来，现有的社会资本也许会降低进一步积累人力资本的可能性（参见 Cook 2005；Cook，Rice and Gerbasi 2004）。第九章讨论的，就是包括这些在内的信任、社会网络、社会资本与成功的合作、交流以及经济增长之间的复杂关系。

本书还探讨了许多历史和文化背景下巨大的经济和政治转型过程中出现的分崩离析状况，包括早期现代欧洲，当代约旦、非洲、东欧和俄罗斯。在减少腐败、促进经济增长方面，可信而稳定的制度十分关键。制度合理性的依据是可信度、持续性和公正性。这些因素会让民众认为，机构工作人员和国家官员是可信的。就信任缺乏时确保合作的机制而言，若要全面了解社会秩序的产生过程，需要更完善的政体转型过程模式。从社会学和政治学角度看，社会秩序和经济增长的关键，取决于社会内部的信任关系，这种看法是幼稚的。

本书关注的焦点是基本的社会秩序问题。社会秩序是如何产生的？合作如何延续下去？信任在建立合作和产生社会秩序中的作用如何？如何管理不信任？缺乏信任的社会制度会产生什么样的后果？社会制度如何因国家体制而转型？哪些因素妨碍或促进社会中信任的产生？谁信任谁？什么情况下信任？信任的结果如何？更基本的是，在几乎没有信任或不可能信任时，如何确保合作和社会秩序？

社会科学文献以及普通读物中的信任概念都很模糊，本书的首要目标是阐明这个概念。如果表述成功，对于理解信任在现代社会秩序产生过程中的作用，就做出了重大贡献。

第二章　诚信度

　　在所有人都诚信的社会，信任毫无问题。但是通常，在涉及我们的事务上，很难了解别人的诚信度。他们可能在各方面都诚信，而我们也许不了解，也许无从了解。本书的侧重点是，在无法预料对方是否诚信的情况下，行动者如何互相合作，相互倚重。这种不确定性决定了用来防止判断失误的机制的属性。另一个关键因素是风险的性质。如果风险大，就更需要恰当的组织或机构性机制，然后才愿意依靠别人。

　　本章探讨诚信度：如何尽量评估别人的诚信度，自己的性格如何更能或不能在别人身上冒险，尤其是那些不了解的人，各种工具如何防止我们被别人利用或背叛。我们的重中之重是人际关系，尽管后面几章会探讨组织或机构层面的社会工具，缺乏信任时这些工具会促进可信度和合作。

　　第一章对信任的定义如下：信任是个三方关系，在 S 情形下，针对 X 事或 X……Z 事，行动者 A 信任行动者 B。也就是说，在 S 情形下，针对当前事务（X……Z），A 认为 B（或大集团的代理人）是值得信赖的。特别是 A 认为 B 的利益中涵盖了自己的利益。这就是说，在 S 情形下，针对当前事务 X，A 了解或能判断 B 的诚信度。判断 B 的诚信度需要 A（托付方）做出种种判断，判断 X 事（信任关系的焦点或对象）性质中的 B（信托方），以及判断双方关系涉及的 S 情形下的 B 等。

　　关于信任的心理学著述颇丰，其中研究信任的侧重点都是人际层面的，没有涉及所处的社会关系或社会结构。以潜在信托方的道德品质或人品性情为基础的研究尤其如此。首先探讨一些心理学研究及其局限性，然后再探讨本书的重点：信任和诚信度的相对性研究。心理学开启了一扇窗户，涉及了评估诚信度和托付方性格中的认知因素，有些情况下，托付方的性格会更容易信任。

　　对于信任理论或信任概念而言，我们研究的诚信度意义重大。如前所述，人们可信的原因众多，双方动机不冲突就是其中之一。这些动机可以是我们赋予他们的，或各种组织赋予他们的，或是双方动机恰好吻合。然而，只有在对方具有诚信的道德品质，具有诚信的性格品质，或涵盖我方利益时，我们才认为对方诚信。正如互利的信任也是个相对概念一样，互利这一条件使得诚信度成为一个相对的概念。从这一点看，另外两个诚信概念不是相对的。在某方面诚信的人在这方面也可信，但是反过来就不是这样了，在某方面可信的人不一定诚信。道德、性情、互利这三个意义上任何一点不诚信的人，也可以是可信的。

　　首先探讨托付方 A 的性格特点，这些特点与冒险相关，并会促进或妨碍信任关系的形成。接下来侧重探讨托付方 A 对潜在信托方 B 的判断，并探讨决定判断是否准确的因素。探讨 A 与 B 之间关系的性质如何影响 A 判断 B 的诚信度之后，将讨论情形 S 或社会情境因素是如何影响潜在信任的。我们承认，持续性交往是信任关系的主要特征。这使交往双方彼此依赖，互惠互利。我们的研究重点是双方互惠互利的依赖性程度，一方利益是否涵盖另一方的利益。然后侧重探讨行动者所处的情形 S，阐明有些社会情境是如何有助于合作，而有些则显然不利于信任关系的形成，即使有可能在未来情形下建立信任，也是难上加难。

　　与其他研究一样，我们认为，能力和动机是诚信度的两个重要因素。许多情况下，能力和动机都非常关键，母亲决定晚上将新生婴儿托付给保姆就是如此。另外一些情况下，能力是首要因素，医患关系或律师与客户关系中就是如此。但是即使是在后一种情况下，如果风险大，我们还是会考虑信托方是否具有考虑我方利益的动机，在能力出众、声誉（或从业证明）良好的医生中，我们想让最关心我们切身利益的医生来为我们做开胸心脏手术，而不想让那些喜欢高尔夫球场胜过喜欢手术室的医生执刀。在那些公认能力出众的律师中，我们想让其中没有任何利益瓜葛的律师来代理我们的案子。

本章最后一节中，简要总结了用以弥补信任缺乏的各种组织和机构机制。这也是后面各章的核心内容。在努力评估别人的诚信度或可信度时，出现了许多问题。当评估对象的权力比我们大，尤其是当对方是大型社会组织或机构的代理人（例如，政府或税务部门）的时候，问题更是层出不穷。

信任的心理学研究

早期关于信任的著作中，朱利安·罗特（Rotter 1967，1971，1980）发现行动者（我们概念模式中的信任方）的信任能力千差万别。有些人在任何情况下都更容易信任别人，因此，我们的社会中产生了"高信任者"和"低信任者"。基本观点是要么天生如此，要么是先前的经历使他们学会更信任或更不信任，尤其是先前的交往，往往是家人之间的交往（参见 Hardin 1993；2002b，第五章）。许多文献中的主要变量是个人的冒险倾向，或者反过来说，是个人在寻求社会机遇过程中的谨慎程度。此外，与有些人相比，一些人更愿意相信，世界是美好的，通常也有理由这样认为。我们先阐述信任的倾向性，然后讨论决定信任的更关键因素：对别人诚信度的判断。

罗特（Rotter 1967，65）对信任的定义和我们的不同，他的定义不是相对的，而是用心理学的学习理论来界定的，是"个人的普遍化期望值，认为另一个人或群体说出的话，做出的承诺，以及口头或书面陈述是可信的"。这个心理学角度的信任定义侧重对方的期望可信度问题，似乎既包括了诚信度的能力因素，也包括了信托方的意图和动机，与我们的相对性信任互利概念截然不同。

尽管有人认为，人生而信任（Annette Baier 1986 年的"婴儿信任"观点），对此我们没有任何证据，但是，大部分人认为，我们是学会信任的。因此，发展心理学主要关注早期童年经历及其对孩子信任能力的影响。如果孩子的主要看护人没有诚信，孩子就学不会信任别人。肯·罗滕博格（Ken Rotenburg 1995）发现，母亲兑现孩子的承诺与孩子对父母或老师的信任呈正相关关系，母亲的信任观与孩子对老师的信任也呈正相关关系。他发现，在囚徒困境游戏（PD game）中，父亲们承诺合作与孩子们承诺合作也呈正相关关系。其他临床心理学家研究信任的建立及其产生的结果（King 2002；Weissman and LaRue 1998），同样，罗特等社会心理学家强调，信任能力源自过往的经历（参见 Hardin 2002b，第五章）。

20 多年间（20 世纪 60 年代至 70 年代），罗特致力于研究高信任者与低信任者之间的差异，以及信任与诚信度之间关系的属性。他的研究数据表明，信任与诚信度总体上呈正相关关系，低信任度和不诚信行为（表现为欺骗和撒谎）也呈正相关关系。高信任者更诚信，不易撒谎，通常更讨人欢心。他们也更自愿提供公共产品，并参与其他有社会价值的行为（Rotter 1967，1971，1980；Yamagishi and Yamagishi 1994；Mackie 2001）。这些研究结果的普遍性还未完全证实，但是他们认为，知道一个人具有信任倾向，也可以对其潜在诚信度有所了解。然而，通过调查数据得出这些推论的难度在于，结果非常宽泛，没有运用到具体的社会关系中。

罗特还发现，高信任者除了更诚信外，还有两个重要的性格特点，一是高低信任者对待陌生人的方式不同，高信任者比低信任者更有可能在陌生人身上冒险。罗特（Rotter 1980）认为，下面的说法体现了这种差异，高信任者说：在没有明确证据表明他/她不可信之前，我会信任他/她。而低信任者说：在没有明确的证据表明他/她可信前，我不会信任他/她。主要差别体现在谨慎程度上。[1]

第二，根据具体的线索，高信任者更能区分信任谁，不信任谁。山岸俊男（Yamagishi 2001）把这种能力称为社会智力（参见 Yamagishi, Kikuchi and Kosugi 1999）。这对相对性信任研究来说至关重要，因为这意味着有些行动者更能根据自己的心理构成建立信任关系。这是所处的社会环境和过往的经历决定的。

罗特的研究结果表明，高信任者没有低信任者那么谨慎，区分诚信与不诚信的能力也比低信任者强，这是从有关信任的调查研究中得出的结论。然而，其他研究表明，在预测实际行为方面，关于信任的调查测量的普遍性有问题。例如，罗特的人际信任量表（ITS），托马斯·怀特和理查德·泰德奇（Thomas Wright and Richard Tedeschi 1975）发现三个交叉的因素，表明信任也许有几个独立的维度。一般性信任测量（根据以下问题：一般情况下，你认为大多数人可信吗？你认为与人打交道时越小心越好吗？）无法区分这些维度。这三个因素是：政治因素——认为政治家和媒体是值得信赖的；家长式信任——认可慈善权威机构的诚信度（例如，父母亲，销售人员或专家）；陌生人信任——衡量可能会利用自己的陌生人的诚信度（通常衡量的焦点称为"泛化"信任）。陌生人信任的意思是人通常是利己的，因此在与他们打交道时必须小心谨慎，他们也许会利用或欺骗我们（Wright and Tedeschi 1975，472）。这些研究结果的意义在于：在某些领域内的行为预测方面，一般性信任量表不如更具体的因素（也见 Levi and Stoker 2000）。

具有讽刺意味的是，罗特（Rotter 1971）之所以从事信任调查研究工作，一个原因就是他对当时的其他社会心理学家不满，他们似乎把研究重点都放在了囚徒困境游戏上。罗特的初衷是研究信任在性格因素中的普及程度，信任性格可以用来预测许多情况下的社会性合作行为。他认为囚徒困境等情形可能会激发更具体的反应，这些反应在竞争性环境中更典型，因此在其他人际交往中并不使用。此外，罗特还关注已有的信任调查方法的有效性。他差不多花了 20 年的时间专攻信任量化问题，之后才转向实验研究（文献综述请参见 Cook and Cooper 2003）。

尽管罗特的人际信任量表（ITS）发展受到了影响，但是他的研究成果：高信任者谨慎度低，区分何人诚信的能力强，在后来的合作试验研究中，一再得到使用，研究得也更加全面。通过评估预测能力来证明罗特的研究成果的早期研究发现，在囚徒困境游戏中，低信任者更怀疑实验人员（Roberts 1967）以及同伴（Wright 1972）。山岸俊男和卡伦·库克（Yamagishi and Cook 1993）在美国和日本对高信任者和低信任者的对比研究证实了这一结果。美日两种文化中的低信任者在与陌生人打交道时，都比高信任者谨慎，而日本的低信任者总体上比美国的还要谨慎。这部分地体现了美日两种文化中的信任度差异。美国的总体信任度比日本高（Hayashi 1995；Yamagishi and Yamagishi 1994）。具体来讲，为什么总体心理信任度会因文化而异？这个问题还没有得到全面阐述（参见 Buchan，Croson and Dawes 2002）。这些差异或许是不同文化中的社会结构差异造成的，或许是历史上的政治经济因素产生的信任或不信任文化造成的。

与低信任者相比，高信任者更可能与陌生人交往，至少初次打交道时如此。因此，他们对于对方可信度的判断更可能得到证实。他们谨慎度低造就的冒险为他们提供了长期性更多获利交往的机会。然而，低信任者只是不愿意与陌生人打交道，因此，他们的谨慎度高使他们几乎无法进行获利性交往（Hardin 1993；Orbell and Dawes 1993）。高信任者的性格特点让自己受益，尤其是机会成本相当高时会受益（Hayashi 1995）。

山岸俊男把他人潜在可信度的乐观主义称为"普遍信任"，这也许是社会智力发展的副产品，为社会中别人的潜在诚信度提供了依据。然而，遇到诚信的人是发展社会智力的前提（Yamagishi 2001）。

如果说有什么研究的话，约翰·霍姆斯和约翰·伦佩尔（John Holmes and John Rempel 1985，190）总结说，"研究表明，在调整适应具体关系方面，不信任别人的人没有信任别人的人那么灵活有效"。这也许是因为过去机会有限，没有了解到信任关系的要点（Hardin 2002b，第五章）。

因此，实验研究和调查研究的结论不谋而合。山岸俊男（Yamagishi 2001）的社会智力实验研究有助于解释高信任者与低信任者之间的显著差异。此外，他的研究还表明，高信任者比低信任者更诚信的原因是，他们发现诚信的回报更丰厚，而对于低信任者，诚信的回报很低。罗特（Rotter 1971，1980）的调查研究提出了一些证据，证明信任与诚信度呈正相关关系。

因此，对他人的泛化乐观的差异似乎预测了某些方面的行为。受到罗特调查研究对高信任者和低信任者差异的影响，实验研究人员分析了信任和谨慎度之间的相关性，以及信任与评估诚信度的能力之间的相关性。高信任者不仅比低信任者乐于冒险，而且他们冒险时，因拥有社会智力等资源，故而对对方的诚信度判断更准确。这项研究表明，有些行动者更容易建立潜在的信任关系，这是我们相对诚信度概念的基础。

下一节首先讨论信任者的人品性格的心理学研究及其对信任关系的意义，之后讨论我们评估他人诚信度方法的心理学研究。

判断诚信度：重要的社会认知

尽管总体乐观主义程度或在他人身上冒险的程度因人而异，但是，社会信任程度首先是在具体情境中对相关人员诚信度的作用程度。因此，信任研究中，分析那些判断诚信度的因素至关重要。然而，是什么影响了对诚信度的判断？这个问题极其复杂。信任者认为潜在信托方利益包括己方利益的程度不仅受社会大环境影响，而且受当时具体情况的影响。还受到他信任或不信任的人的性格以及他与潜在信任方的关系的影响。

组织和机构机制常有助于我们确定他人的可信度，或降低对方辜负信任带来的风险（见第五章至第九章）。本节中，我们首先侧重判断诚信度认知过程的心理学研究成果，尽管相对性信任表明，这种判断常来自对相关的具体社会和组织关系的人的判断。

就信任互利观而言，主要问题是信任关系是如何产生的？一旦关系形成，并受到重视，就确立了诚信度动机。"未来的阴影"也许足以确保对方采取诚信行为。对基于道德品质或性格因素判断的信任来讲，重要问题就是如何准确判断其中一个因素，并判断对方是否诚信。这两种信任概念的首要问题都集中在认知方面：如何根据性格特点或其曾经行为（过去和现在的行为）来判断诚信度呢？

除了与相当了解的密友、同事和家人等人之间的关系，在具体交往中，很难确定接触的陌生人是否诚信。小事上倒是没有大碍，小风险还可以承受，困在机场的游客向我们借20美元后，没有兑现承诺，寄支票还钱（对我们来说没什么）。即使钱最终还不回来，损失也不大。然而，更常见的是，即使风险低，我们也不去冒险。如果我们的确与陌生人建立了关系，也会先从小事开始，在交往中加深了解，之后才在双方关系上加大投资，并最终冒更大的风险（Cook et al.，即将出版）。一开始信任某个人，结果却大失所望，这样的例子比比皆是。

初次相遇，如何决定何时可以尝试冒险合作呢？与谁合作呢？首先，侧重探讨一个人对另一个人的推论（之后讨论一个人从社会情境中得出的结论）。评估另一个人诚信度的两个因素：能力和动机。对此而言，推论另一个人是个一般问题。评估诚信度时，或许会关注那些表明或至少是暗示了性格或道德品质的方面，会关注是否有能力认识到诚信度会影响到自己的长远利益，会关注是否有能力完成任务，不辜负信任。判断别人诚信度的显性特点分为两类：文化原型或社会意义（社会价值）特点，以及与自己的相似度。

　　具体情况下，尤其是任务场景中，年龄、性别、职业、受教育程度以及种族或族群等身份因素，都是对方期望值大小和判断能力的依据（参见 Ridgeway and Walker 1995）。这些也是判断潜在诚信度动机的依据。现有的文化原型及图式弥补了在判断别人时所缺的细节因素。某些情形下，例如时间紧迫时，我们把原型推导策略当作认知捷径（Andersen，Klatzky and Murray 1990）。在认知压力下，我们甚至推崇原型，记起符合原型的信息（Macrae，Hewstone and Griffiths 1993），忽略那些不符合原型的信息（Dijksterhuis and van Knippenberg 1996）。在评估潜在执行力或他人能力的过程中，会依据此类远非手头证据的社会价值性格来进行概括总结。同样地，会期望具备这些社会价值性格的人更值得信赖，更有能力处理当前事务。

　　尽管我们有时按社会价值属性来判断动机，但是这种判断极其困难。例如，带着婴儿的母亲顺路进商店片刻时，她也许会认为中年妇女比男性更能替她照看好婴儿。然而，她判断某人是否会伤害婴儿时，也许存在判断失误的风险。总而言之，在依据人品性格来判断交往对象时，也许首先会依靠原型，认为那些具备社会价值属性的人比其他人更诚信。

　　除了特有文化中的分类系统确定的原型外，也许还会这样判断诚信度和可信度：那些与自己相似的人值得信赖，而与自己不同的人不值得信赖。例如，在异国他乡火车站的洗手间里，必须把行李托付给某个人时，可能会先去找那些在某个重要方面与自己相似的人。通常也是从表象（比如年龄相仿，性别相同，国籍相同等）来判断的，认为与自己相似的人更可信。埃莉诺·辛格（Eleanor Singer 1981，78）注意到，许多情况下，"一个或多个地位特点相同也许意味着，可能在观点、态度、能力或价值观上也相似"。尽管风险大的时候，也许通常不这样判断，不过有些时候，这些信息至少在临时性判断上足够了。

　　在双方既非家人，也非亲戚时，根据双方相似性来评估诚信度的一个例子就是中国企业家，他们靠出生地等二级特征来评估可信度（Hamilton and Cheng-Shu 1990）。出于商业利益考虑，他们把老乡当亲戚对待，做生意时把老乡当成可敬的同伴或合作伙伴。这时人们靠的是这种可能性：他们共处一个社会网络，即使素不相识，但都认识同一拨人，这些人也认识他们。这些交错的关系起到了替代声誉的作用。

　　有其他判断诚信度的依据时，相似性判断的作用微乎其微。例如，研究组织内部的经理与专业技术人员之间的信任时，丹尼尔·麦卡利斯特（Daniel McAllister 1995）发现，作为监管人的经理对同行绩效的评估与其诚信度评估极为相关（r = 0.40，p < 0.001），而社会或族群相似性则与认知信任无关（"社会信任"观点，参见 Tyler 2001；以及 Costigan，Ilter and Berman 1998）。社会与族群相似性决定了麦卡利斯特所称的"情感型信任"，更像友谊关系，对能力评估不怎么有预测性。根本上讲，麦卡利斯特发现，有工作成绩等更可信的诚信度判断依据时，人们不太用相似性来判断诚信度。

　　沃森（Wason 1960）等运用心理学研究成果来验证如下观点：人们认为那些具备高价值社会性格的人和那些与自己具有相似度的人具有更高的诚信度，而且，在工作中和判断别人时，他们还具有极大的证实已有认知的倾向（Mitroff 1974；Good 1988，40）。即寻找证据来证实自己的行动、决策和判断，而不是更细致地衡量现有的证据。这种倾向是认知惯性的一个例子（参见 Good 1988），依据是更普遍的信息处理"认知吝啬鬼"模式（例如，参见 Howard 1995）。

　　证实性倾向起作用的结果是，声誉（后面一节会详细探讨）会日益增加。多数时候，即使证据有损于声誉，声誉也不会受损，而是会不断提高，因为不利于声誉（最初的认识）的证据得不到重视（Levin，Wasserman and Kao 1993）。例如，卡门·惠斯（Carmen Huici，1996）及其同事研究了那些不利于对群体的最初判断的信息所产生的效果，当信息无法证实最初的负评价时，研究对象并没有重新表述。无法证实最初判断的信息几乎毫无影响力。[2]

证据在判断诚信度时至关重要，部分是因为认知心理学家们的观点如此。认知惯性是盲目的，好名声和坏名声都受证实性偏见的影响。然而，信任案例中有一个不对称情况非常关键。如果有人辜负了信任，会严重影响到对他/她的信任，但是，如果不值得信任的人有一次良好表现，几乎不可能改变对他的信任度（Wason 1960，43；Hardin 2002b，第四章）。好名声容易受影响，而坏名声则难以改变。

能力和动机是判断诚信度的两个重要指标。如前所述，尽管每次判断诚信度时，都应该全面考虑两个因素，但有些时候，与动机相比，人们会更重视能力，或者，在能力不成问题的时候，更重视动机。例如，根据文化原型判断诚信度时，会重视能力而非动机。社会价值属性（种族/族群、年龄、性别）通常与能力密切相关。地位属性理论的核心理念是，具备较高地位特性的人具有较高的"表现期望"（Berger，Cohen and Zelditch 1966，1972）。表现期望指的是对一个人所表现出的品质的期望（Meeker 1994，103）。地位属性及与之相关的表现期望体现了客观上或许属实或许不属实的文化信念（Balkwell 1994，125）。然而，人们认为这些原型属实，于是就据此采取行动。地位属性理论强调，采用文化原型评估诚信度时，通常判断的是对方的能力。

不过，如果根据对方与自己的相似度来判断，可能会侧重对方的动机。当然啦，也许还会做能力评估。但是根据相似度判断时，动机也许是更重要的因素，也许是因为行动者知晓其动机，觉察到动机是配合的、善意的。他们也许认为，相似的人具有相似的合作性动机。

精确判断诚信度至关重要，因为判断不准会带来风险。基于社会认知的心理学研究表明，我们经常用文化原型做判断依据，尤其是当作处理复杂信息的捷径，而且因为文化原型过度强调典型特性，做出的判断往往可能是错误的。后面一节中，我们将评述个人为了自己的目的利用这种倾向性的能力，通过模仿或控制形势来显得值得信赖（特别参见 Bacharach and Gambetta 2001）。

总而言之，心理学研究提供的证据表明，个人往往对别人的可信度或多或少有些乐观。此外，与低信任者相比，那些更乐观的人更诚信，更乐于冒险（谨慎度低），更能准确判断别人的诚信度。在没有直接来自社会关系的信息时，个人通常侧重他人的品质，借助文化原型或与自己的相似度来确定对方的诚信度。还会拘泥于一种认知惯性，只关注那些能证实自己最初判断（有时因声誉而来）的特点。下一节中，我们将转向信任本质相对论，探讨具体的两个人关系的实质在决定 A 判断 B 的诚信度过程中的作用。

我们的一个观点是，社会中诚信度与可信度极其重要，不能任其无法预测的人际关系或无法洞见的个人行为中自生自灭。因此，我们迅即撇开了信任心理学研究。设计社会制度的一个主要任务就是规划出一个机制，确保、加强并要求参与人的可信度。为此，我们首先需要了解"互利"信任关系的实质。本章结尾部分介绍互利观的设计因素，也是本书后面章节的前提。

重复性交往和宏观社会情境

因为行动者相互依赖，获取资源等东西，他们需要评估彼此的诚信度。交往的最初几个阶段，这尤其成问题，双方没有或几乎没有任何了解，无法做出判断（Holmes and Rempel 1985）。除了显而易见的品性，也许了解有限，以前也没有任何来往，无法获取信息。前面谈到过如何根据行动者的特点或品性即刻做出判断，但经常判断失误，因此风险很大。关系早期，出现相互依赖现象（参见 Molm and Cook 1995），这是建立信任的潜在基础（Holmes and Rempel 1985, 195）。在双方关系中，信任的形式表现为交换信息，互相采取行动，逐渐减少不确定性，因此，信任的基础是双方长时间的交往（Kelley and

Thibaut 1977)。信任互利观中，长时间不断的交往是信任的首要基础（参见 Hardin 2002b）。

因此，与其说诚信度判断取决于对行动者的最初判断（有时可能是错误的），不如说取决于双方关系的性质，双方关系所处的网络以及其他的社会情境或环境因素。显然，信任关系中，有些风险有回报，而有些则不然。社会情境之所以重要，就是因为在信任成问题的时候，社会情境决定了事情的性质或交往的类别。例如，在办公室里，如果你是潜在的新同事，需要有限的行动来判断你的诚信度。一开始，只需给你讲讲老板的闲话，就能知道是否可以信任你。此时，诚信度意味着可以信任你，知道你不会到老板那里把背地里说的闲话告诉他，尤其是在告黑状就会损害我们与他的关系的情况下。之后，或许需要了解你能否按时完成工作，并在我们无法按时完工的时候替我们打掩护。因此，我们之间的信任关系也许相当特别，只涉及工作生活的一小部分。我们或许会将生活中的点点滴滴都告诉一些人（也许是父母、配偶、兄弟姐妹），但是不会告诉别人。

随着相互依赖程度的增加以及时间的推移，可能会找到途径，来评估彼此的诚信度，管控交往中的风险，或给予对方动机，让其值得信赖。办公室案例中，正是交往的重复性和未来持续交往的机会给了我们理由，在工作环境中保持忠诚，做诚信的人。此外，社会大情境提供了彼此信任的"安全"环境。社会情境减少交往中的不确定性，降低对信任的依赖程度。还有，社会情境会有助于确定对信任而言关键的事件类型和交往类型。然而，正如有些社会情境能确保重复性交往，限制无法信任的事件范围，提供安全庇护；有些社会情境几乎或根本无法提供环境保障。下一节将详细讨论社会情境及各种因素对判断诚信度的影响。

我们能获得哪些认识？在判断诚信度时，这类认识是如何起作用的？我们所处的社会情境提供了某些重要认识。在社会关系网中减少了不确定性，增加了至少两方面信任的可能性。你与我们关系网中的人有关系，这让我们对你的诚信度有了一定的了解，我们可以与关系网中的其他人联系，来获取关于你的信息。然后，你的声誉有助于我们确定是否冒险与你合作。这种情况下，另一个也许更关键的因素是声誉。我们在关系网中相互关联的程度，甚至在我们素不相识时，我们某种程度上确信，如果信任不当，可以采取行动，挽回局面。至少可以借助这些社会关系，散播信息，损害你的声誉，影响你与别人的进一步交往，他们本来愿意冒险一试，与你交往的。[3] 如果你不值得信任，我们可以采取行动，影响你未来的潜在交往"平台"。因此，我们的社会关系网不仅是了解你的信息源，如果要散播你不诚信的信息，关系网也是影响你声誉的"平台"。因为你想有个好名声，这就在我们最初确定你是否值得信赖时，减少了一些不确定性。

声誉系统的作用因社会系统的开放或封闭而异。封闭的系统或网络不允许随意进入，以封闭的社区状态运行（参见 Cook and Hardin 2001）；开放的系统有进出的机会，在社会关系网中呈开放状态。在封闭的商贸群体中，会有不履行合约的倾向，声誉系统约束着行动者的诚信度，因为负面声誉会使不遵守圈内规则的人被迫离开（Yamagishi et al. 2003；Cook and Hardin 2001）。在更开放的社会或网络中，负名声系统不那么有效，原因在于关系网中坏名声的传播范围有限，仅限于直接或间接相关的行动者。

此外，行动者还会改变身份，轻易地重新进入商贸网络，而不被认出，无法了解他曾经名声不好。在山岸俊男等的互联网贸易体系中（Yamagishi et al. 2003），可以追踪到商人的诚信度和商品的价格。封闭的系统中建立负名声体系比正名声体系更有效，开放的系统中建立正名声体系比负名声体系更有效。商人依据诚信度被划分为许多等级，因此，通过互联网公开每笔交易以提高人气指数。负名声体系通常会让"坏"行动者更换身份，使得声誉机制失去效力。

声誉机制对于研究信用报告及其对信用市场的效率的影响至关重要，并最终影响消费者贷款、商品及服务的价格。在澳大利亚等国，信用报告制度只涵盖未履行合约率或未按期付款信息等负面信息，与那些既包括正面信息（一次性付款率，账户清单史等），也包括负面信息的全面信用报告系统相比，这些信用市场减少了获取信用的机会，尤其减少了那些风险大的投资方获取信息的机会。信息含量丰富的信用系统（比如美国）开放信用市场，使其产生更大的效力，通常，效率也更高（Barron and Staten 2003）。

在彼此关联的社会网络中，声誉至关重要，因为声誉提供了信息。这方面的声誉是过去导向型的。如果你看重声誉，因为它给了你机会，那么它也是我们影响你行动的方式，因为如果辜负了我们的信任，我们可以散播关于你的信息，这方面的声誉是未来导向型的。然而，考虑自己是否应该值得信赖时，自己的声誉也很关键。我们不大可能去欺骗认识的人，或者甚至是不认识的人，假如他/她碰巧与我们的朋友或商业合作伙伴有关系。这种情况下，我们关注的是自己声誉的品质和真实性。我们认识到，欺骗一个人，他/她便会通过各种网络散播信息，毁坏我们的声誉，这让我们恪守信用。[4]

尽管在信任关系中，声誉非常关键，但声誉不是想利用别人时唯一考虑的因素。在对付"坏"行为时，社会网络通常弥补了非正式（正式）处罚。然而，正如库克和哈丁（Cook and Hardin 2001）所述，出局规则在封闭的系统中运行良好，而在开放的网络中却没有那么有效。出局原则将那些有"欺骗"行为的人从群体或商贸网络中剔除出去（Hardin 1995，第五章；2002b）。如前所述，开放的网络却无法轻易地按照出局原则运行，行动者可能只是简单地改头换面，重新定位，就进入新的群体。处罚的基础是监管能力，但是监管的情况有限，而且监管还会产生成本。

监管是社会网络的一大特征，在某些情况下，监管可以降低不守信的可能性（例如在封闭系统与开放系统中）。由于网络中容易监管、处罚，在诚信度方面，极大地降低了对人品的依赖程度，取而代之的是依靠社会结构。实际上，大多数情况下，我们信任的那些人都处于一个关系网中，这个网络确保了他们的诚信度。

更成问题的情况是，双方根本没有任何关系，在完全陌生的地方遇到从未谋面的陌生人。这时的关系充其量只是无足轻重的因素，双方的了解显然基础不足。因此，这种情况下，人们的行动依据通常是图式、原型等其他认知过程。有趣的是，人们在陌生的地方旅行，又不了解当地文化，对人际关系一无所知时，用到了许多克服障碍的策略，其中就包括建立社会关系，来替代重要关系网络。这些策略尽力建立持久性社会结构，以限制机会主义。出租车司机、前台服务人员、服务员甚至商人都属于这种情况，并不总是可信的。重复性交往是这些"初级信任"关系的基础，至少游客的观点如此。从一次交往到多次交往，启开了实施互惠原则的大门，也打开了处罚双方行为的大门。如果对方辜负了信任，或不做互惠互利的事情，那么我们就会与对方一刀两断。在一次的交往中，这种偶然性行为机制是没有任何作用的，除非那一次交往的情境更重要，对方辜负信任后带来的损失能得以弥补。

截至目前，本章的讨论仅限于个人的三方信任关系。在 S 情形下，行动者 A 在 X 事或 X……Z 等事情上信任 B。我们已经探讨了行动者 A 的个性特点（信任或不太信任的倾向），A 如何借助 B 的情况（地位特征、与自己的相似度、重复性交往等），评估 B 的诚信度，以及 A 如何根据情形 S（例如关联度、声誉及监管和处罚的可能性等），评估 B 的诚信度。然而，个人行动者在打算购买商品或准备签署协议时，也试图评估组织或公司的可信度。

营销记录中的品牌名称和信誉是主要的信息来源，因为公司投入了相当多的资源，来树立并维护消费者"信赖"的品牌名称。同样，正如个人注意保护自己的诚信度及诚信声誉，组织也关注自身的可信度，尤其是当未来行业机会取决于这一点的时候。这种情况下，诚信度通常就是可信度。公司需要激发消费者，对公司产品或服务树立信心，获取消费者的忠诚度。他们借助的是品牌——已经注册的商标和版权往往是可信的诚信度标志。决定谁可信的依据通常是信誉，我们可以投资给哪一方，驾驭哪一方。在组织层面，个人声誉相当于品牌或商标（Dasgupta 1988）。

这个世界充满不确定性，效仿也有作用。我们能相信那些有关诚信度的标准符号和象征符号吗？符号形形色色，包括品牌、口音、宗教团体，甚至面部表情（Bacharach and Gambetta 2001）。本章先前关于社会认知的文献综述也涉及社会符号的真实性，以及我们据此得出的推断（包括根据特征或个性特点得出的推断）。对于错误的发信人来说，发出信号代价极其沉重时，信号尤其产生效力。甚至在信号容易遭到滥用或欺诈时，例如商标和版权，因为有了全面的法律手段和规范机制，信号仍然有效（Bacharach and Gambetta 2001）。[5]

最近，关于贝尔法斯特和纽约的出租车司机（Gambetta and Hamill，即将出版）调查了出租车司机如何借助线索或信号确定潜在乘客的诚信度。因为他们没有足够的时间，也没有多次交往的机会来了解乘客，他们会快速评估乘客的诚信度，以确定载客是否有风险。在贝尔法斯特，出租车司机只占该城总人口的 0.2%，被杀率却是职业被杀总人数的 7%。司机们采用了一个类似于"统计甄别"的技术方法，即对方是否属于统计出来的高风险类型或低风险类型，这是他们评估风险依据的信号类型，司机们会根据这些类型信号，将潜在乘客归类。性别和年龄都在其中：年长的乘客比年轻的安全，女性比男性安全。显然，族群和宗教信仰也很重要，不过，这因司机本人的族群和宗教信仰而异，在贝尔法斯特更为突出。这并不是说，出租车司机在种族、性别或年龄上有歧视倾向，而是说，他们想赚取那些自己认为不会伤害人的乘客的钱。

出租车司机采用的另一个技巧是根据经验，要么是自己的直接经验，要么是对一个群体、地方或时代所了解到的间接信息。这些经验反映了该群体（可划分的群体）的声誉，他们是好乘客还是坏乘客（可信与否）。在判断乘客的诚信度时，司机们不满足于那些廉价信号（容易效仿的信号）。他们不会满足于表象性初级信号，会寻找各种机会挖掘深层信号。他们还会寻找情境线索。例如，尽管年轻男乘客常常与不良信号相联系，但是，和街上的小伙子相比，刚刚走出教堂大门的小伙子就容易打到车。这些风险案例模式的研究详细阐述了有关的社会和情境线索，为那些职业需要擅长准确判断可信度的从业人员所用。出租车司机的安危取决于能否快速细致地处理那些与信任相关的信息的能力。

可信的承诺

简要探讨一下通常用来管理复杂情况下的社会关系的机制类型，这种复杂局面中，即便存在信任，只靠信任可能也不够持久。如果没有理由产生信任，我们通常会表现出诚意，采取重要举措，建立可信度。如果你们没有任何理由相信我们，而我们想说服你们，我们会采取有利于你方利益的行动，我们是可信的，那么我们会尽力做出可信的承诺。托马斯·谢林（Thomas Schelling 2001）列举了希腊领袖色诺芬的例子，遭到波斯军队追击时，面对反对者，他辩解道："我也想让敌人认为，朝哪个方向都容易撤退，但我们应该从当前情形判断，对我们来说，除了赢得战争，毫无安全可谈。"（Thucydides 431 B. C. E. /1972）这个承诺最重要的一点就是鼓励希腊士兵彼此承诺，不遗余力，奋力战斗。他们无法独自逃生，不得不并肩战斗，共同抵御波斯人，否则就会付出惨痛的代价。

至少存在三种普遍的方式，做出可信的承诺。第一，可以采用 X 的方式，排除其他选择。[6]第二，可以采取措施，承受不合作行为带来的损失。例如，寄去债券，如果不能兑现承诺，就无法拿回（经济学家有时称为"抵押"，参见 Williamson 1993）。第三，可以邀请第三方参与监督，甚至执行所做的承诺。包括使用合同法，这是最常见、最标准的可信承诺方式。在权力关系不对等时，这些承诺方式尤为关键。

　　实证研究和游戏实验中，关于可信承诺及其价值的研究成果，数量惊人，不胜枚举。[7]有些结果混杂凌乱，尤其是寄去债券向对方证明己方可信度的实验研究。原则上讲，寄债券至少从三个方面有利于合作。第一，减少了采取不合作行动的动机；第二，通过对损失的潜在赔偿，不合作行为的成本应该降低了；第三，这也是一个信号，显示了邮寄方的品行，对方认为品行关乎不履行合约机会可能甚至预期的回应，以及不合作行为的动机（Raub and Weesie 2000）。

　　为了解决缺乏信任问题，债券的数量（如果一方不履行合约，就归对方所有）应该足以补偿不合作造成的损失，或至少足以降低不合作行为的概率。通常，与降低信托方失信的概率（总体而言，这一点更难判断）相比，补偿信任方更重要。此外，寄债券行为本身就是个积极信号（Snijders and Buskens 2001）。或许会让对方愿意冒险合作，有两个原因：愿意选择合作，不仅是因为从动机转化看，更有利于对方，而且还因为采取了寄债券的行为。相反，可以寄时，不寄就是消极信号。不过，这些信号具有欺骗性（参见 Bacharach and Gambetta 2001）。有时，寄了可能不利于合作，而不寄反而有利于合作。

　　除了可信的承诺外，社会和个人还建立了相当多的机制，处理潜在的无诚信度问题，后面的章节会进行探讨，并详细解释信任匮乏，或遭到质疑时，可以促进合作的众多社会和机构机制。机制背后，起作用的是机构设置，确保信托方采取值得信赖的行动，从而确保自己的利益，不过，在没有可能相当大的执行保障的非正式场合，许多机制也起作用。

结　语

　　我们已经探讨了基于三方关系的简单信任模式中诚信度的几个重要方面（在 S 情形下，就 X 事或 X……Z 等事，A 信任 B）。首先侧重的是信任心理学研究，讨论了信任与诚信度之间的正相关关系，以及高信任者与低信任者之间的差异。高信任者不仅更值得信赖，也更容易在别人那里冒更大的风险，他们更擅长准确判断别人的诚信度。接下来，我们探讨了个人如何依靠认知能力，做出社会性诚信度判断，尤其是在最初确定是否建立关系或从事交易时。社会心理学家已经确定，在其他信息匮乏的情况下，个人通常相信那些具有高价值地位特征的人，以及那些与自己相似的人。然而，靠社会认知来判断诚信度常常有误，判断也许不十分准确。个人似乎更依靠社会关系中的相互联系性来降低潜在合作伙伴的不确定性，并由此来就事论事，确定对方的诚信度。

重复性交往、声誉系统以及监管和处罚能力，也是影响诚信度判断的重要社会情景因素（或者说这些因素造成了判断不准确现象，因此，造就了应对辜负信任的潜力）。讨论社会认知和社会情形后，我们提到了组织和其他群体采用的一些手段，以确保信任关系，或提高信任能力。具有讽刺意味的是，对组织规则和机构机制的依赖性会与日俱增，因而削弱社会中的信任能力，或降低对信任的需要。这一两难问题将在后两章讨论组织（第七章）和国家机构（第八章）时论及。

既然我们已经阐明了信任的意义（第一章），分析了判断诚信度的依据（第二章），详细阐述了何时依靠信任来合作，何时凭借功能性方式来合作（第五章至第九章）。我们也区分了妨碍信任的因素（第三章），并说明了不信任的结果，无论好坏（第四章），最后将我们的研究结果与宏观机构设计问题联系起来，例如组织内部管理规则（第七章）和国家管理规范（第八章），以及大规模政治和经济交易中的管理规范（第九章）。

针对普遍存在的不信任问题，霍布斯式的解决方案是给予动机，采取似乎值得信赖的行动。根本上讲，这是许多机构、组织甚至非正式群体中隐性存在的解决方式。通常，在与别人来往时，这些机制使我们避开最坏的结果，因此我们或许会合作，促成更好的结果，而不是维持现状。有时，这些机制似乎详细说明了人们为什么更合作或不合作，我们认为，起关键作用的不是信任。例如，强大的警察或军事强制手段可以制止暴力冲突。其他情况下，例如，合同关系中，依法执行的背景就降低了许多合作行为的风险。

人们或许认为，最佳状态就是既有信任关系，也有法律等执行机制。重大事件需要强制性的执行力，以防带来灾难性后果，造成巨大损失，为彼此信任确立背景条件，当然，微不足道的小事上也需要强制性的执行力。更常见的情况是，我们想系统地描述过去和现在可以使用的制度和社会机制，以使交往结构化，方式就是促进合作及信任，即使几乎没有或毫无理由信任对方。

第三章　信任与权力

　　许多社会（尤其是现代民主社会）取得的重要成果之一，就是规范各种组织关系，减少权力反复变动带来的影响。这种规范不是政治因素决定的，而是自动形成的。权力优势方要实现组织目标，获取个人利益，就需要与权力劣势方合作。存在这些规范的情况下，权力劣势方可能会信任权力优势方。然而，即使是在最乐观的情况下，权力关系一边倒也常常使得人们对权力优势方的诚信度产生怀疑。

　　即便是在民主社会，制度向权力劣势方倾斜的组织中，巨大的权力差异也会破坏自愿参与和非强制性参与的可能性。权力不平等广泛地存在于现代社会；因而，任何基于信任的协议都必须严肃地对待这个问题（Baier 1986；Hardin 2002b，第四章）。研究社会关系网络与社会制度的理论不可能不涉及权力不平等。权力不平等同时也是滋生不信任的沃土（见第四章），防止滥用权力的制约机制不够强大或不存在的情况下，更是如此。

　　一般来说，互利型信任更可能产生于没有明显权力差异的行动者之间。许多信任研究的基础都是权力平等关系，常见于同龄人、朋友、同事及标准实验和调查中的研究对象之间。尽管有些研究侧重等级关系和不平等权力关系中产生信任的可能性（例如，参见 Kramer 1996），但大都忽略了权力差异的潜在影响。

　　然而，关于各种关系中的信任和权力的不同特点，马克·格兰诺维特（Mark Granovetter 2002，36）的观点颇具代表性，他认为，"平行关系可能需要信任与合作，而垂直关系则需要权力与顺从"[1]。信任和权力通常被视为垂直相交的两条直线。本章将呈现权力与信任关系的复杂性。探讨权力不平等如何妨碍行动者之间建立信任关系，在相互交流或合作中，通常双方均可获益。决定信任能力的关键因素，是对社会中权力关系的管理。如果权力优势方在行使权力时，几乎不受约束，他们得到的信任也将十分有限。本章后面的小节中，将针对约束权力滥用和建构合作关系的社会空间，探讨各种组织和机构设置。此外，还将探讨缺乏透明度、分配不均及程序不公等权力差异对信任带来的障碍。首先讨论权力，之后分析众多权力和信任关系中至关重要的关系，包括医患关系、雇佣关系、不同公司的代理人或代理机构间的关系。

权力、依赖性和信任

通用的权力定义中，权力似乎独立于权力关系之外。例如，在政治学研究中，权力通常被视为行动者或社会单位的属性或资源，而不是行动者的关系特征。[2]我们认为权力和信任都是相对概念。首先看看标准的权力定义——基于理查德·埃默森（Richard Emerson 1962，1964，1972）的研究发展而来的权力概念——这在分析人际关系时尤其有效。

在埃默森看来，行动者关系中的权力取决于行动者的相互依赖程度。而依赖程度取决于两个因素：行动者 A 评价行动者 B 在关系中提供资源的情况；除了 B 之外，A 从其他渠道获得这些资源的情况。高评价和少途径，任选其一，都意味着 A 高度依赖于 B，因而，B 的权力大于 A。相反，低评价和多途径，任选其一，都能降低 A 对 B 的依赖程度，因而双方关系中 A 的权力大于 B。权力依赖理论主要认为，在交换关系中，依赖是权力的基础（Emerson 1962，1964；Cook and Emerson 1978），所以，在 A 与 B 的关系中，由于 B 依赖 A，因此，A 的权力比 B 大。[3]

这种权力与依赖关联论已应用在各种关系类型中，包括雇佣关系、婚姻关系、朋友关系、恋爱关系等彼此依赖的社会交往关系，都可界定为互利关系。另外，权力依赖理论也被运用在各类社会单位关系中，包括群体、组织和政府之间的关系（见 Cook and Rice 2001）。本章会探讨权力如何阻碍互利型信任关系的建立，并从更为一般的意义上探讨社会中权力与信任的关系。

人们不怎么相信权力优势方，这不足为奇。正如哈丁（Hardin 2002b，100）所说的那样："不平等、不互惠的关系中，无法产生互惠的彼此信任。"[4] 相对平等的合作伙伴之间，在不断进行交易的过程中，一方不履行合约时，双方或多或少都有损失。然而，（在不平等的交换关系中）即便权力优势方不履行合约，没有做到互惠，惠及对方，他也能从中获利。极其不平等的信任关系中，劣势方随时可能面临威胁，即对方终止交易。因而，一般说来，权力劣势方不大可能信任权力优势方，尤其是在关系建立之初。权力不平等通常会限制信任的可能性。简单地认为权力优势方往往与权力劣势方互惠互利，因而就是诚信的，并非明智之举。

权力关系中有几个或多个下级时，出现了一个更有意思的问题。随着时间的流逝，下级之间越来越不信任彼此。例如，大臣之间通常会相互竞争，以博得皇帝更多的青睐（Hardin 2002b，第四章）。拥有权力的行动者往往竭尽全力，制造矛盾，使得下级之间互不信任，正所谓"分而治之"（参见第七章），正如埃默森（Emerson 1972）所说，权力优势方维护、增加权力的一种方式，就是在权力劣势方之间制造冲突。然而另一方面，如果权力劣势方能够彼此信任而非猜疑，就可以联合行动，赢取权力（关于"权力平衡"机制，见 Blau 1964，Emerson 1972）。[5] 首先讨论个人权力关系，然后分析信任潜力对行动者具有重要影响的几种情况。

人际权力关系与信任

实验研究表明，双方都具备信任动机时，长期的持续性交往关系中会产生信任（例如 Malhotra and Murnighan 2002；Molm, Takahashi and Peterson 2000）。动机来自对关系本身的隐性承诺，是因为想保持未来的交往机会。若要建立双向关系，双方都得有维持关系的愿望。长此以往，双方会彼此依赖，并保证履行承诺。然而，行动者权力不平等的关系中，兑现承诺的程度也不对称。权力劣势方可能会兑现更多的承诺，以平衡权力差异（见 Leik and Leik 1977）。行动者权力差异影响承诺和潜在信任的方式众多，这仅仅是其中之一。

在有些情况下，会产生以权力不平等为特征的信任，但这样的信任即使产生了，也会因种种原因而不堪一击，事实上，因各自权力和地位的差异，使得人们对双方关系的看法有着本质的不同。[6] 社会关系中的行动者，无论权力大小，站在自己的立场上，似乎都会回想起强化信任行为（trust-increasing behaviors）（例如，效率、能力和情感支持），而不是削减信任行为（trust-reducing behaviors）。因此，似乎信任本身会带来普遍的积极性偏见。然而，在回忆具体的削减信任行为时（例如，完不成任务、两面派行为、关注度不够、没礼貌等），与权力优势者相比，权力劣势者回想起来的更多（Kramer 1996）。我们可能会得出结论，在涉及重大权力的双向关系中，回想有关信任行为的过程中，偏见具有自行强化的作用。此外，与权力优势者相比，权力劣势者会回想起更多的消极行为，这可能反映了实际存在的行为差异。

权力劣势方对双方关系的反思多于权力优势方。权力劣势方认为，权力优势方对关系的重视程度比实际表现的要高。研究权力关系的成果显示，权力劣势方（更具依赖性）比权力优势方更关注交往中的细枝末节。权力优势方通常较少关注关系中的细节及自己的行为，这可以视为他们发展与"下属"信任关系的一个障碍（Kramer 1996）。[7]

针对医患关系的研究同样支持上述结论。与医生相比，病人更有可能去反思双方的关系，并在意那些有时阻碍信任关系建立的细节（Cook，Kramer et al. 2004）。研究还表明，病人认为，双方交往关系中存在权力差异，因此通常不会与医生沟通，告知对方那些有助于精确诊断而又令人尴尬的重要信息。有些权力差异可能与医患之间的地位不平等有关，包括性别、族群、种族、年龄等。例如，劳伦斯·维索（Lawrence S. Wissow）和他的同事（2003）发现，与白人母亲相比，黑人母亲带婴儿到儿科初诊时，很少向白人医生透露个人信息。同样，比起白人女医生，白人母亲不怎么向白人男医生透露相关信息。白人女医生长期为黑人母亲看病，黑人母亲才会逐渐透露出更多的信息，说明长期交往的关系有助于信任的建立。与男性相比，女医生的行为更以病人为本，有助于在种族不平等的医患关系中建立信任。事实上，许多病人更喜欢与自己有共性的医生（即相同的性别、族群、种族、语言、年龄等）（Saha et al. 1998；LaVeist and Nuru-Jeter 2002；Garcia et al. 2003）。笔者研究信任在医患关系中的作用已有十多年了，因此，本书进一步探讨医患关系中的权力差异（见 Cook et al. 2004）。

在医患关系中，尽管这种交往关系因明显的权力差异而存在着固有的不平等性，医生与病人之间仍然会形成相互依赖的关系。尽管权力差异部分地来源于双方医学知识和能力方面的差异，但是双方在一定程度上必须相互依赖。大多数医生需要病人，正如病人需要医生一样，当然啦，市场因素可以改变这种关系。在一些乡村地区，医生数量有限，病人几乎没有选择余地。医生对病人的依赖程度明显降低，经常不理睬那些患有疑难杂症的病人。然而，如果病人不够，医生也无法维持生计。许多医生喜欢治疗自己信任的病人，他们通常遵从医药制度，不大可能诉诸法律。持续性的医患关系中，医生了解病人的病史和日常生活状况，病人得到的治疗通常也更好、更有效（Leisen and Hyman 2001；McWilliam，Brown and Stewart 2000）。高（Kao 1998）、达纳·萨夫兰（Dana Safran 1998）、大卫·汤姆（David Thom 1999）及其同事的研究表明，随着看病次数的增多，双方交往时间的增加，病人对医生的信任感与日俱增。因此，对于信任的建立和治疗质量的好坏来讲，维持关系是重要的因素。如果医患关系中的确出现了真正的互利型信任，那也是在长期交往之后产生的。

比起医疗服务落后的乡村地区，城市的医生（尤其是专家）往往供大于求，对病人资源的争夺更为激烈（McKinlay and Marccau 2002，Schwartz 1996）。由于竞争，医生会更加努力地维护医患关系，避免发生在健康服务研究中称之为"搅扰病人的行为"（patient churning），这主要源于雇主决定每年都调整健康保险计划，降低成本。这种调整不断地把病人投入市场，调换医生，极大地影响了治疗的连续性，不利于医患间建立信任关系。（关于治疗管理及连续性等组织因素的作用，见 Cook et al. 2004）

医患间的信任大多取决于长期互惠关系的性质，但其他宏观因素也可能影响这种关系：一个是医生与病人之间的供求关系；另一个是医生操控行医条件的权力；以及病人的相关权力，即病人采用主动权和集体行为来影响治疗方案的权力（例如，乳腺癌治疗方案选择）。传统的观点认为，医生占主导地位，他们是专家，按照美国医学会的规范操控工作环境。[8]为了拥有权力和自主权，医生不得不进行自我约束（参见第六章）。

医生权力更大的时期（20 世纪 70 年代之前），医疗界似乎也取得了民众的高度信任（颠倒了权力不平衡和信任之间明显的反比关系）。与当前的医疗服务状况相比，早期的医疗服务大多收费，两者最大的差异在于：三四十年前的医患关系更长久、更具连续性。尽管一开始，医患之间存在权力差异，但持久的关系中能够产生信任。持久的双向关系往往变成彼此高度依赖的关系（Emerson 1972），长此以往，就会缩小权力差异。当然，也存在医生滥用权力的情况。事实上，医疗界强制实施组织管控（例如，20 世纪 70 年代的专业标准审查组织，Professional Standards Review Organizations，即 PSROs；以及有效的医院内部监察委员会），其中一个原因就是治疗不当引起的诉讼案明显增加，医生之间的内部相互监控无效，并被高度公开化，而且数目剧增。

经济因素也起着重要的作用。过去 30 多年里，从医的组织管控手段呈稳定增长态势，包括颁发执照、从业证书、从业资助、医疗赔偿以及恰当的治疗方案等。因而，许多医生的权力和自主权可能在下降，而病人则借助消费者运动和增加信息获取途径，扩大其影响力和权力（例如，WebMD 医疗服务网站）。根据一个全国性的调查，2001 年，能上网的美国人中，约有 40% 借助网络查询医疗或医疗服务信息（Baker et al. 2003）。比起过去，病人通过获取信息和消费者运动，在一定程度上缩小了医患之间的权力差异，假如医生赔偿的主要形式是医疗费，情况更是如此。

尽管可以认为，普通的医患关系中，权力越来越平等，但与此同时，其他组织层面的因素缩短了医患关系；因此，病人与医生之间的许多交往不复存在。更进一步讲，经济因素限制了医生的决策自由及其权力，阻碍了信任关系的建立，假如医患关系没有连续性，更是如此。研究表明，比起其他医生，监管型医疗机构的医生感到更缺乏临床自由权（Sturm 2002），实施一些程序的经济动力不足（Leider, Solberg and Nesbitt 1997）。这种情况下，医生可能会感受到利益冲突，他们的主观愿望是想提供优质医疗服务，而医疗计划中又要提高成本意识，意愿与经济动力之间必然出现利益冲突（Emanuel and Dubler 1995；Gould 1998；Kao et al. 1998；Mechanic and Schlesinger 1996；Pearson and Hyams 2002）。医生陷入了"双重代理"的角色，既要服务于病人，又要满足医疗公司的利益（Shortell et al. 1998；亦见第六章）。医疗公司影响着"公司从业医生"的治疗行为，"公司从业医生"体现了病人的治疗需要与公司监管之间的激烈冲突。他们既是公司雇员，又是自主的专家，双方需求发生冲突不是个人伦理问题，而是社会和结构问题（Draper 2003）。此外，这种社会结构压力会影响权力变化的动态过程，以及医患关系中潜在的信任关系。

大卫·梅凯尼克（David Mechanic）和玛莎·罗森塔尔（Marsha Rosenthal 1999）认为，如果病人不信任保健组织（Health Maintenance Organization，简称HMO），担心组织限制条件和提供有限服务的动机影响医生的决定，就会对医患关系产生负面影响。经济因素导致病人与医生之间产生利益冲突，阻碍双方关系的持续发展，影响信任的形成，就不可能产生信任。研究表明，相比于按治疗服务付费的情况，病人假如就医于在医疗公司工作和按治病人数收费的医生，就不太可能会相信医生会将自己的健康置于降低成本之上（Kao et al. 1998）。

调查表明，民众对专业人士的信任度在不断下降（Blendon and Benson 2001；Hanlon 1998），正如媒体报道的那样，公众认为，这些行业缺乏诚信度。有趣的是，尽管对大部分医药专家和管理者都失去了信任，民众往往坚信给自己看病的医生是诚实、诚信的。（这在对大部分政客和当地政客的评价中得到了印证）。这样的情形下，不再依靠人际关系机制来维持信任关系，而是依靠组织层面的机制，加大监控和处罚力度来确保诚信度，具有讽刺意味的是，这反而降低了维持长期信任关系的可能性。

尽管为确保诚信度而采取的组织机制在增多，但是信任仍然起到了一定的作用，医患关系中更是如此，病人比医生弱势，又无法全面有效地实施监控。随着治疗不当的风险上升，经济问题摆在了病人和医生之间，信任的作用明显降低了。因而，这些关系的持久性会被大大削减，利益冲突明显增加，破坏了信任关系的建立（Mechanic 1998a，1998b）。另一种常见的关系——雇佣权力关系中也出现了类似的问题，信任往往也很成问题。

组织中的信任和权力

在组织中,员工很少信任当权方。然而,最近的研究指出,与毫无关系的当权者(管理者)相比,人们愈来愈关心自己依靠的当权者的诚信度。在雇员对主管的评价过程中,现存关系以及维系关系的愿望都强调了诚信度的核心作用。假如雇员把主管当成朋友,在决定是否主动接受主管的决定时,信任评价会产生重要影响。假如不把主管当作朋友,信任评价产生的影响则微乎其微。同样,当双方都希望维持关系时,信任会对决定的接受与否产生重要影响,但当双方不希望维系关系时,信任则不会产生什么影响(Tyler and Degoey 1996)。这个结果与我们的理论体系一致,信任首先是持续性关系中的论题,而不是与当权者短暂的、非持续性接触中的议题。[9]

由于关系中的权力差异带来了种种问题,有可能的情况下,人们往往更愿意与权力平等的人交往。例如,银行家往往利用那些权力关系相对平等的社会关系或联系人,亲密伙伴或朋友之间也往往如此。交易环境中存在不确定因素时,更是如此(Mizruchi and Stearns 2001)。[10]采取这种策略的弊端在于:与亲密伙伴进行的交易终止时,会产生种种问题。亲密伙伴提供的信息可能是冗余的,与其他外源信息相比,他们通常未将贸易收支细节提交送审。关系密切的情况下,终止交易时似乎难上加难。关系疏远、认识但不熟的交易双方打交道更容易(Granovetter 1985)。与此相反,亲密关系网似乎对终止交易起到了妨碍作用。在不确定的环境中,亲密关系产生的影响可能会使银行家很难成功,并带来了无法预料的后果,即无法确保交易伙伴的诚信度。亲密性似乎带来了安全感,如果交易结果令人不满,双方关系也不会就此结束。银行家利用了权力相当的关系,对终止交易起到了阻碍作用,尽管在不确定环境中,使用亲密关系可以维持随意性,提供了较大的弹性空间,但最终却成为障碍,妨碍了对不履约行为进行处罚。

权力平等的关系中似乎更容易建立信任，信任对这些关系起到了额外的"黏合剂"作用。在这个意义上，偏爱权力对等的交往，避免权力不对等的交往，会带来其他成本。权力不对等的信任关系可能不稳定，当权者的诚信度必须视为是有条件的。之后将讨论制度保障措施如何解决这个问题。金融行业的案例耐人寻味，本章将深入研究各种风险或不确定因素存在的情况下判断诚信度的不同方式。

为了减少不确定性，商业环境中的有些银行家只与亲密伙伴交易，其他人则借助名誉体系去拓展关系网。例如，基于社会关系进行商业交易的金融公司的贷款会收取较低的利息。在确定环境下与亲密伙伴交易显然有益无害。但也有协定。因此，疏（社会）密（人际）关系都用就是最佳选择，不要单用任何一种，因为这样就能同时接触到私人关系资源和市场公共信息（Uzzi 1999，502）。

考虑到存在不确定性，银行等许多组织都投资于风险评估，力求精确无误，仅与有"信用度"的客户进行交易，从而规避风险（Ferrary 2003）。银行一旦放出贷款，就要承担借贷方拖欠贷款的风险。为了降低风险，银行和其他商业机构采用各种有效的评估手段，更加客观地评估潜在风险。银行常常采用统计分析法，评估借贷者偿还债务的能力（通常是基于对借款担保的评估）。这些手段具有高度的客观性，实际上，风险评估师们与潜在的借贷方往往不见面。但是，标准化的风险评估手段往往忽略了可以通过非正式关系网络而获得的大量信息。

银行家通过社会关系收集信息，在分析借贷方偿还能力与偿还动力的过程中，这些信息极其重要（Ferrary 2003）。中小型企业贷款的评估过程尤其重要，个人信息能显示出企业的社会关系，这些社会关系对借款人还款能力的影响极其深远。从社会关系中，银行家能挖掘到标准评估手段无法提供的信息，那些标准信息仅包括是否面临离婚，或者借贷方是否有可靠的客户基础等信息。

为了探讨这个观点，米歇尔·费拉里（Michel Ferrary 2003）研究了巴黎一些餐馆的贷款偿还情况，他比较了两家银行的贷款方式。一家银行只使用了标准风险评估手段；另一家银行则使用社会关系网，来获得潜在借贷人的背景信息。费拉里发现，大部分餐馆都是阿维洛奈人（Aveyronais）开的，他们来自卡多利兹（Cardalez）。另外，这些餐馆所有的员工和供应商也都是卡多利兹人。于是，银行雇用了一个当地人做经理，借助社会关系网来获取信息，得到了潜在借贷人的可信度信息。第一家银行仅采用了标准评估手段，损失了两亿多法郎，而第二家银行借助了社会关系网，拖欠贷款极少。

能够提供准确风险评估报告的，不是银行家的核算能力，而是从社会关系网中获取的信息。为了获得风险评估所需的信息，减少银行家与借贷人之间的信息不对称，金融顾问们极力融入社会关系网。不仅借助各种关系纽带建立获取社会资本的渠道，还形成了局部信任关系。这些社会关系的质量决定了所获取信息的质量，进一步影响了风险评估的质量。

银行管理层意识到，仅将那些通过标准评估手段获取的信息作为社会风险评估的主要依据，存在局限性。因而，为了提高经济效益，银行管理层会调整组织结构和常用管理策略，帮助金融顾问获取社会资本，其体现形式为关系纽带。许多关系纽带存在于权力相当的人之间。然而，权力悬殊时，信誉体系就显得更重要，对那些承担遭到盘剥风险或违约风险的权力劣势方来说尤其如此。信誉体系提供了掌权者的诚信度与可信度信息。另外，信誉体系激励个人成为可信的人，以确保未来的交往机会。

在权力不平等的关系中，权力优势方可能会使用资源，来监控权力劣势方，雇佣关系中尤其如此，但个人关系中也会出现类似情况。一系列研究认为，监控会降低彼此的信任度。例如，主管不大可能信任自己监控的下属，即使是实验场景所需的监控行为，也是如此（Strickland 1958）。同样，下属也不大可能信任监督自己、与自己签约的主管（Malhotra and Murnighan 2002）。诚信（或不诚信）源于合同规定的限制性约束条件，而不仅仅源于先期的诚信度判断。这些研究结果表明，实际的合同中，条款明确，具有可能实施监控等约束性条件，过度强调受监控的一方必须合作，合作才是他们的正当选择，这对于受监控方判断对方的诚信度产生了消极影响。使用那些条款过于详细的合同，会使得双方怀疑对方的诚信度。因此，许多商业合同都不完善，细节内容需要明确，不断地通过双方的商讨来深化管理，以示彼此信任。

权力不平等的关系会给掌权者带来麻烦，和权力服从者一样，在过分猜疑的社会认知中，他们容易受影响。尽管认知猜疑也会出现在权力平等的关系中，但是评估性监督明显较少，信息处理过程也不那么过度警惕（Kramer and Gavrieli 2004）。可以用一些策略来消除权力不平等关系中的不信任现象，包括改变那些妨碍彼此信任的固有看法——某些情况下甚至包括进行协商的意愿。

其中一个重要的策略就是使用第三方充当中间人或推动方。例如，国家劳动关系委员会（the National Labor Relations Board，简称NLRB）充当中间人，借助复杂的多方谈判，帮助解决劳资双方的冲突。这个案例很有趣，其中信任与不信任问题反映了长期以来劳资双方权力关系的变化。劳方弱、资方强时，国家劳动关系委员会可能会介入较多；劳方强、资方弱时，国家劳动关系委员会可能没什么作为。因此，设立国家劳动关系委员会的初衷在于："使不平等的玩家能平等地玩游戏"（Levi，Moe and Buckley 2004b，126），但事实上却没有做到。第三方介入或调节是一种常用手段，用以管理权力不平等关系中的合作问题。这种介入手段往往用于信任遭到破坏时，或者冲突升级到双方自身难以解决时。制度通常让特定的关系变得公正，以达成协议或双方满意的结果，并实现双方的期望。但是，风险太高或者双方的不信任根深蒂固时，也起不到什么作用（见第四章）。

跨组织关系中的权力与信任

除了雇佣关系和复杂谈判环境中谈判各方间的关系（如劳资关系）之外，公司和其他组织的各个代理人或代表之间的关系中，权力与信任同样是关键因素。本节将讨论组织代表实施管理的各种途径，以应对明显存在权力差异、难以判断诚信度的情况。例如，贸易协会等组织设立成员共同遵守的规范，提出促进个人层面信任关系的期望，因而有助于纵向融合（Lane and Bachmann 1996）。针对英国印刷业的 184 组买卖关系的调查中，基多·默勒林（Guido Mollering 2002）很惊讶地发现，居然找不到有力的证据支持流行的观点，即信任会降低交易成本，因而减少了等级需求。他的研究成果更倾向于以下观点：市场、等级制和信任都是可行的机制，用以管理各种条件下重要的垂直关系（Bradach and Eccles 1989）。价格和权威都不起作用，各种管理手段结合使用的管理形式中，更是如此，信任是管理各种上下级公司间纵向关系的主要机制。

对于合资企业和其他合作关系来说，信任是个紧迫的议题——起初可能是信任促成了彼此的合作。来自印刷业的数据也支持这个观点。信任和诚信度被视为影响交易过程的力量，而不是影响交易组成部分的力量（价格和权威涵盖了该领域）。与提高价格和合同条款的确定性相比，灵活、可靠地完成交易更重要。尽管联邦法律禁止铁路运输方和公路运输方形成联盟关系，但是这两个行业通过签订非正式的、通行的、合法的非强制协议来摆脱法律的限制（Palay 1985）。这些协议得到了个人间的认同，并在私下里达成。

多种经济交易形式中，公认的公司代理人诚信度会产生积极的影响，创造更大的灵活性，更多的信息共享，有时还能降低交易成本。杰弗里·戴尔和朱武进（Jeffrey Dyer and Wujin Chu 2003）做了相关研究，以 344 组供应商与汽车制造商之间的交易关系为样本，对美、日、韩三国的汽车行业进行调查，他们的研究结果证实了上述观点。他们认为，对于交易者来说，在高度不确定和公司间存在巨大差异的环境中，降低交易成本创造的价值相当大。"比起信誉度高的汽车制造商，信誉度低的汽车制造商要花更多的时间，与供应商面对面地协商，签订合同，讨价还价。将所花费的时间折合为成本，意味着信誉度低的汽车制造商的采购成本高出了五倍"（Dyer and Chu 2003，57）。他们还注意到，信任（即得到对方高度认可的诚信度）不仅降低了交易成本，而且与信息分享互为因果关系，在交易中能创造额外的价值。同时，研究还表明，其他管理手段（比如合同）是限制投机行为的必要投入，但只能降低交易成本，无法创造额外的价值。戴尔和朱指出，很多行业符合相关条件，预期的交易成本高（源于环境的不确定性和公司间巨大的资产差异等因素），高度重视是否做到了信息共享（源于产品的复杂性和行业的不确定性）（Dyer and Chu 2003，67），这明显地有助于节约交易成本，即使公司之间的资源不均衡，只要互惠互利，彼此依赖，就能节约成本。

在市场中，消费者认为，从长远来看，可信度与灵活性是维持经济关系的关键因素，并将这些因素与主要合作伙伴的诚信度及彼此信任感结合起来（Bradach and Eccles 1989）。处于不确定的环境中，诚信度更加成为决定是否交易的关键因素。在合同关系中（见第五章），双方都寻求长期合作，以降低违约的风险（Macaulay 1963）。这种倾向有时会产生成本（见第九章）。[11] 在企业联盟中，不断地进行交易会增加信任，与互利型信任观一样，会减少合资企业中的等级因素，因而缩小了权力差异（Gulati and Singh 1998）。信任有助于缩小联盟关系中各方的权力差异，针对个人权力不平等与信任之间的关系展开的实验研究也证实了这一点（Lawler and Yoon 1998；Molm et al. 2000）。代理人相互之间彼此信任的公司很少考虑采取不信任的策略，协调成本也较低（Gulati and Singh 1998）。

某些条件下，联盟成员之间彼此信任似乎有助于削弱联盟中的等级管控。联盟成员似乎反而会利用先前的了解，以及这种了解带来的成本缩减。因而，重要的是，联盟或合资企业的潜在成员彼此信任时，会减少对等级管理结构的要求。这个研究发现表明，等级关系中的权力类型往往阻碍信任关系的建立。针对信任和缩小各方的权力差异，组织层面的研究结果可能与个体层面的结果一致。第五章与第七章已经对此做了较为详细的讨论（关于医患关系，见 Cook et al. 2004）。

信息技术发展过程中的组织间战略联盟中，单方的依赖程度高会对双方信任关系的建立产生消极的影响，也对联盟关系的灵活性产生消极的影响（Young-Ybarra and Wierssema 1999）。这样的联盟包括共同研究协定以及共同发展合约。这种情况下，有助于信任关系形成的主要因素，是参与联盟的各公司进行高质量的彼此沟通，拥有共同的价值观，此时建立战略联盟关系，才能将各公司的利益最大化。具有讽刺意味的是，联盟中实施经济制约似乎有助于信任的形成，坎达特·扬－巴纳和玛格丽特·维尔斯玛（Candate Young-Ybana and Margarethe Wiersema）提出，组织层面的信任研究对交易成本经济学具有重要意义（至于反面证据，见 Mollering 2002）。他们认为，信任节约了交易成本，因而容易产生于具有经济制约条件的环境中，能激发其他条件下无法产生的合作行为，因而增加了各方的彼此信赖。

权力不对等不会阻碍信任关系的形成，当权力优势方不能做出可信的承诺的时候，还会引发不信任（Farrell 2004；另见 Lorenz 1988）。双方关系中若没有可信的承诺，就不会有履行承诺的动机。这种情况下，双方可能会处于无效均衡状态，权力劣势方会理智地选择不诚信，原因在于：他们认为权力优势方会利用他们，而不给予回报。但是，当各方都能够并切实地做出持续性的可信承诺时，权力不平等关系中，也会出现信任。

亨利·法雷尔（Henry Farrell，即将出版）研究了三个工业案例：有两个案例中存在可信的承诺和信任，而另一个案例中则不可能出现信任，原因是权力优势方未做任何承诺。在第一个案例中，法国南部罗讷－阿尔卑斯大区（Rhone-Nps）的终端产品生产厂家从众多供应商那里收购零配件，进行组装，有意识地努力向分包商做出可信的承诺，确保各方之间的信任。第二个案例中，日本服装业的纺织商和服装加工商间存在信誉体系，确保双方履行可信的承诺，因而有利于交易链中各方间的彼此信任。然而，在第三个案例——意大利北部的包装机器业中，纵向整合消减了权力优势公司向分包商做出可信承诺的能力，因而降低了信任关系形成的潜在可能性。

　　法雷尔的研究提供了一个很好的佐证，交换关系中的权力研究和互利信任观有关，这进一步证实了他的观点与研究成果。法雷尔研究的前提非常明确，即如果我对你拥有绝对权力，就没有必要考虑你的利益。在这样的关系中，不存在彼此依赖关系，权力劣势方没有任何理由信任具有控制权的权力优势方。然而，假如权力关系中存在一定程度的彼此依赖，权力优势方就必须考虑对方的利益，还有产生信任的余地，本书所分析的权力与信任之间的相对关系也是如此。和我们一样，法雷尔也认为，在这样的关系中，权力与信任是紧密相关的。如果双方都没有权力，无法从关系中退出，那么必需的相互依赖足以促成合作，也就没有必要非信任对方不可。这正是生活在小型密集型社区的成员间的关系，假如有人不遵守行为规范，就会遭到大家的排斥，以及其他惩罚（Cook and Hardin 2001）。

　　然而另一方面，如果关系中的一方有很多可选的合作伙伴，或者几乎不必与另一方继续合作下去，这种权力往往会破坏信任与诚信度的形成，甚至可能会逐渐促生不信任。因而，适度的权力不平等有利于信任的形成，而较大的权力不对等通常意味着积极不信任（见第四章）。进一步讲，如果存在适度的权力不平等，比起权力劣势方对权力优势方的信任，权力优势方可能会更加信任他们（并且信任的范围更大）。的确，这是权力发挥积极作用的一个重要方式。这不仅对强权关系有益，同时对坦诚的公平交易关系也是有益的。

一般来说,权力与信任关系形成的可能性之间的关系是曲线形的。在双向关系中,如果我无力从关系中退出,那么你就无须信任我,你可以使用强权,而不用担心双方关系会终止。如果我有一定的能力从关系中退出,那么你可能会希望你我之间多一层信任关系。并且,如果我完全有能力退出,那么你可能会希望发展彼此信任的关系。如果我能退出,而且不会给自己带来任何麻烦,你也清楚这一点,那么你就不会信任我。的确,这种关系中,双方利益并不一致,因而互利型信任并不适用。这种关系中不存在相互依赖。通过经验研究,法雷尔探讨了权力与信任关系的一般概念。

法雷尔对于关系中权力的基本测量指标为:单方面从关系中退出后遭受损失的程度(即产生的退出成本)。退出成本低,意味着权力大;退出成本高,意味着权力小。法雷尔分析中的退出成本类似于埃默森的观点中提到的相对依赖程度,即权力源于依赖,依赖程度高意味着退出成本高,依赖程度低意味着退出成本低。

潜在的合作关系中,如果一方能力强,可以随时从关系中退出,那么另一方只能付出较高的代价退出。正如法雷尔所认为的那样,假如权力优势方仍然做出可信的承诺,就可以让权力劣势方相信他是诚信的。法雷尔将可信的承诺定义为,权力劣势方知道,承诺一旦做出,履行承诺就符合权力优势方的利益。

显然,约束权力差异的各种策略都会产生重要的影响,不仅影响信任关系的发展,而且还影响经济效益。本章的结论部分会再次探讨制度在管理权力关系方面的作用,及其在潜在的相对信任中的作用。

法雷尔的研究也强调,信任关系的标志通常是握手言欢,而不是签署正式的合同。合同往往减少了风险和不确定性,促成了交易,因而有可能使"规避风险的合作各方去建立互利共赢的关系"(Malhotra and Murnighan 2002,534)。负责合同执行的组织或制度可能会制约信任的形成,原因在于:假如合同有约束力,合作各方就无须确认对方的诚信度。实验研究表明,只有在非正式的、没有约束力的合作机制来确保交易进行的情况下，合作各方才能诚信，并建立信任关系。因此，过多使用合同不利于社会关系中信任的形成（Molm et al. 2000）。

在很多研究文献中，信任与合同都被视为不确定环境中管理交易的一种替代手段，而不是一种补充手段（Zucher 1986）。由于合作双方都担心被对方利用，如果他们签署合同，约束彼此，就都可以放心了。然而，如果有制度保障，合同可能就没有任何意义。也许只有在强大可靠的制度保障下，信任和合同才能被视为替代交易的方式。迪帕克·马哈拉和基思·默宁翰（Deepak Malhotra and Keith Murnighan 2002，556）认为，"底线就是为权力优势者（即那些有权势、容易盘剥弱者的人）树立信心，心存期望，采取小心谨慎的行为"。

在建立信任的过程中，合作方之间的权力差异往往与其他因素一起制造障碍，并与权力不平等相互作用。除了先前交往过程中的不愉快经历（或导致不信任的既往行为），还包括缺乏透明度、欺瞒（指权力优势方）、程序不公正等造成的不公平后果。这些因素或与权力不对等无关，或因权力不平等而加剧。[12]关系（或组织，或关系网）中的权力不对等会创造条件，造成欺瞒现象，缺乏透明度，不公平，甚至是程序不公。权力不仅仅赋予权力优势方采取某些行为的能力，有时也为他们提供了动力。权力腐败的过程使得权力优势方的诚信度消失殆尽，无法形成信任。这条准则存在于社会制度各层面的分析，接下来的章节都在探讨，包括委托与代理、制度、政府及其行为，以及宏观意义上国家的作用。权力关系的管理是法律和政治的核心。非正式社会策略（见第五章）同样起到了限制权力弱势方受盘剥的作用，但这些策略经常是在法律和制度的保障下才能生效。

权力往往与缺乏透明度以及欺瞒相联系（Currall and Epstein 2003；Garcia 2002）。第九章将讨论在不确定、有风险的情况下，它们如何阻碍信任的形成。在有些条件下，权力优势者向公众公开决策制定过程，接受监督，有助于增加透明度，还可能增加其可信度。但是，决策制定过程自身与风险都可能具有高度的偶然性。在日益复杂的信息社会中，提供大量信息，不断增加透明度，甚至可能会妨碍公众的理解，并因信息泛滥而破坏信任（Tsoukas 1997）。

另外，缺乏透明度、不公平或者特殊的决定以及过程，都有可能会破坏信任，使其难以恢复。有些决定甚至是非法的，公开其过程会引发丑闻，如美国安然公司事件，该公司毁掉了那些不信任雇员与投资者的人，也毁掉了公司，连安达信（Arthur Andersen）这样的大型会计师事务所都受到了牵连。安然的经理们使用手中的权力，从公司和股民身上攫取了大量的利益。他们采取的手段包括欺瞒、谎言和透明度的缺失。安然的倒闭清楚地表明，缺失股东审查与监控的情况下，股东无法了解公司的运营情况（Currall and Epstein 2003）。从某种程度上说，安然丑闻也是群体封闭的结果，内部成员之间相互信任，隐瞒真相，并具有高度的内核凝聚力。（关于封闭型信任网络可能带来的负面影响，参见 Cook, Rice and Gerbasi 2004。）

然而，一般说来，如果掌权者能够尽力创造条件，促进信任关系的建立，就可以增加自己在权力弱势者心目中的潜在诚信度。包括诚实、公平，以及足够透明的决策过程（见 Kramer and Cook 2004），向权力弱势者清楚地表明，采取的行动最大限度地符合了他们的根本利益。

信任、诚实及真诚的关系中，交易透明化也有助于经济的成功发展。从宏观研究来看，阿莱留斯·佩雷拉（Alerius Pereira 2000）认为，这些因素明显地推动了新加坡的工业快速、成功地转型，1980年新加坡做出了经济复兴的决策后，更是如此。然而另一方面，有些国家充满了欺瞒、恐惧、渎职和腐败等原有专制体制的残余，向民主制度和市场经济转变的过程存在种种问题（Rose-Ackerman 2001）。即使在人际层面上，欺瞒往往也只是为了保护掌权者的利益（Richardson 1988）。

皮奥特·什托姆普卡（Piotr Sztompka 1998）认为，重建公民社会的关键在于：恢复公共机构的诚信度（或者称为可信度）。他还强调，在完成这项复杂的任务中，负责、公平、代表、仁慈起着非常重要的作用。第九章会详细论述这些问题以及一些其他相关问题。

程序与分配公正显然能够增加决策结果的合法性，以及民众对相关决策者诚信度的认可。相关行动者之间存在权力差异时，更是如此，雇佣关系就是个典型的例子。[13]一般认为，程序公正可以为民众带来对"体制"以及决策者的信任——意味着民众充满信心（Brockner and Siegel 1996）。另一方面，程序不公正则降低了民众的信心。另外，那些既往经历愉快，拥有高度正面预期的人较少受到当前任何特定结果的公平性的影响。但是，如果过去受到了不公正待遇，人们的信任预期会变得很不确定。我们在前面的章节中定义了信任的两个宏观维度（能力与动机），两者在评估程序是否公正的过程中截然不同（Brockner and Siegel 1996）。比起决策者诚信过程中的能力，程序公正显然与决策者的诚信意图（和动机）关系更为紧密。能力与动机都是接受分配决策的重要信号，但是因为真诚反映了决策者的动机意图，比起被认可的能力，能更好地预测出决策被接受的程度（Brockner and Siegel 1996）。

结　语

在生活中，我们限制权力的主要方式是通过制度进行约束。因而在很大程度上，信任关系可能依赖于稳定的法律制度、政治制度以及社会制度，行动者之间存在权力差异的情况下，更是如此。例如，一项关于英德两国买卖公司之间关系的研究认为，上下级公司间的信任关系很少在个人交往层面上自发地形成，只在很大程度上依赖于稳定的制度（Lane and Bachmann 1996）。在俄罗斯，在法律的保障下合同实施的效果有限（Radaev 2002，2004b），商人只有微小的权力做出可信的承诺，确保商业交易中的信任关系。

与这种相当普遍的观点相反，合同法在经济发展中的作用可能被夸大了。具有争议的是，是商业的繁荣产生了完善的法律，而不是法律的完善促成了商业的繁荣（Mueller 1999）。为了支持这个观点，我们可能要看看，当前中国在相关法律制度尚未完善之前却实现了经济腾飞这一事实，或者是亚当·斯密关于英国经济发展的观点（Adam Smith 1776/1976）。根据由世界银行（1993）在《东亚奇迹》中所提供的初步证据，依靠法律制度似乎并没有取代基于社会联系或者关系的经济组织体系（也可以参见 Ginsburg 2008，830）。上述情况都对法律准则的不可或缺性提出了质疑（参见 Davis 1998）。[14] 讨论的关键是可以替代法律的非正式机制以及国家的作用（Tamanaha 1995；Ginsburg 2000）。还讨论了冲突管理问题以及各种冲突管理机制的有效性问题。

例如，医疗界的核心问题，就是委托代理关系（即医患关系）中的权力差异所造成的种种复杂情况和棘手难题，代理人（医生）具备专业知识，而如果不通过代理办公室，委托人（病人）却得不到相关知识。许多关系中，代理人很可能会盘剥委托人。另外一个例子，金融代理常采取符合自身利益而有悖于委托人利益的行动。显然，双方存在利益冲突，委托人处于权力劣势时，更不应该相信代理。实际上，如果委托人知道存在利益冲突，就无法信任代理人，除非代理人能互利，并足以激发诚信行为。这是接下来几章讨论的核心问题之一，之后讨论不信任和权力差异带来的自然结果，最后探讨没有信任时确保合作的各种机制。

第四章　不信任

在日益迅速发展的信任研究领域，针对信任及其在社会和社会关系中的作用的研究都多于对不信任的研究。然而，借助研究不信任来了解的信任，并不少于通过研究信任在社会中的作用所了解到的不信任。[1]不信任可以呈现积极状态，而不仅仅是消极状态。不信任盛行之时，无论从哪个层面分析，对牵涉其中的人都会造成真正的问题，是个亟待解决的问题。但是在很多情形下，持不信任态度依然是正确的，出现这种情况时，错误地采取信任态度反而可能更成问题。信任缺失状态更消极，也不存在这种问题。这种区分至关重要，要特别关注积极不信任的性质及其意义（Hardin 2002b，90；Levi 2000，140 - 44；Ullmann-Margalit 2004）。

仔细审视不信任及其在生活中的作用，就会立即意识到，针对社会中信任缺失或信任度下降问题，民众束手无策，人心惶惶，其实夸大其词了。不信任未必不好，或具有破坏性，事实上，如果引导得当，不信任可以是良性的，呈积极状态。此外，依靠他人的诚信度，并不是实现目标的唯一途径，通常甚至都不能说是个好途径。即使彼此之间没有信任，也可以进行合作。日常生活中，中等城市的市民与不信任的人打交道并依靠他们的次数，要远远多于信任的人。此外，在生活的重要方面，不信任是所处环境的良性事实。例如，詹姆斯·麦迪逊认为：因为任何政府都不可信，所以体面的政府必须大力限制权力。与当时的政府相比，假如他看到当今过度乏力、资源缺乏的政

府，只会更加担忧不已。当时政府的开支在国家预算中所占的比例是
当今政府的 10% —15%，对个人生活的干涉程度也远远不及当今的
政府。

本书的主要观点是说明没有信任的生活。在随后的几章中，我们
将分析如何与那些不信任的人建立合作关系。有时候，我们只是中
立，既没有理由去信任，也没有理由不信任一个人或一个组织，或者
是一个机构。有时候，我们不信任，但是即便如此，生活中，与别人
打交道时，仍可以进行合作并取得成功。现代经济和政治秩序的神奇
魅力部分地在于：可以成功地与数百万的人进行交易，本质上讲，他
们对我们的动机充其量就是不在乎。其中大部分人如果持有濒临破产
的公司的股票，将会兴高采烈地把股票卖给我们，由我们承担损失。
然而，无论彼此多么陌生，我们还能协调，并与这些人共处，通过交
往共同提高生活水平。从人类早期到当今的现代国家，交往规模的变
化之大令人震惊（参见 Leijonhufvud 1995）。因此，与过去的几个世
纪相比，现代工业国家的社会关系范围之大、数量之多，不可同日
而语。

当代关于信任的著述，往往饱受错误见解之苦。研究成果似乎显
示，如果有更多的信任，一切将会更好，因此都应该采取更加信任的
态度。如果社会中盛行不信任，大家就急于断定，也许可以制定代替
信任的制度，并用正面经验教育民众更加信任彼此，在一定的程度上
增加信任度，会更有益于民众。然而，还必须认识到，仅仅开始信任
并不符合社会中个人的利益[2]——假如从理论上讲可能的确如此——
原因在于：民众普遍不信任对方的根源是彼此都不诚信。

一种很普遍的说法是需要更加信任彼此（Luhmann 1980），信任
有益无害，或者比如说，对别人和政府的信任度下降有害无益。然
而，在很多情境下，不信任显然合情合理，是正确的做法，而信任则
是错误的做法。事实上，最信任别人的人也会承认，在很多情境下信
任别人很幼稚。我们想探讨的问题是：不信任在什么时候是正确的？

为什么是正确的？当然，这个问题至关重要，如果没有其他确保可信度的策略，缺乏信任会减少建立合作关系的可能。有些情况下，应对信任缺失问题，最好的办法是冒险合作，逐步建立一定程度的信任关系。还有些情况下，最好的办法是运用制度，借助机构中介或监管措施，在与不信任的人或团体合作时，确保自身的利益。另外一些情况下，最好的办法是远离不诚信的关系。最后，信任关系在一个领域得到发展的同时，不信任则在另一个领域内发展。例如，如果大型社会或者政府是产生威胁的源头，我们或许就会发展更强大的地方关系，保护自己免受其干涉，反之亦然。

　　本章将探讨应对普遍不信任关系的各种策略。后面几章会探讨各种情况下替代信任的机制，其中一定存在不信任，或者最起码也是缺乏信任的。我们注意到，信任与不信任之间存在一些概念差异，我们首先讨论微观或小群体层面的问题，之后探讨宏观层面的政府和社会中存在的问题。不信任普遍存在，会妨碍潜在的社会合作，甚至影响潜在的社会秩序。不信任也有建设性的预防作用，防止我们依靠那些会利用我们的机构和个人（假如我们采取信任对方的行为）（Levi 2000）。

　　将不信任作为普遍存在的问题进行研究的唯一完善的理论，是自由政治理论，其基本观点是不信任政府（Hardin 2002a；也见 Ely 1980；Warren 1999）。奇怪的是，目前人们普遍担心民众对政府信任度的下降，而恰恰相反，早期的自由主义理论家提倡不信任，正是由于对政府的极度不信任，才制定了 1787 年的宪法，建立了美国政府的主要结构。对政府权力制约机制的设计主要源自詹姆斯·麦迪逊——他也许是有史以来最伟大的宪政思想家——因为他不仅是宪政主义理论家，而且关注其实用性，设计了切实可行的宪法。或许本书的观点不会让人们停止担忧，担心民众对美国等各国政府的不信任问题，但可以确信的是，这些担忧真的是大错特错了。

　　请注意信任的定义：信任是互利的，事实上，信任一个人取决于对其利益的了解。于是马上出现了两点认识：首先，即便有人与你有一定的共同利益，但他依然可能有其他的利益，而这最终会超过他对你的利益的重视程度。因此，不信任的核心问题是利益冲突，出现在理应诚信的人的其他利益与他对你的利益的重视程度之间。因此，本书其他章节会着重讨论利益冲突问题（例如，第六、七章讨论的代理人与委托人利益）。其次，因为别人对你的信任程度取决于他对你的承诺的认识，所以，一个可分析也绝非仅凭经验而得到的事实是：如果对方察觉到你的欺瞒、骗术和不透明行为，那么将就此断送你获得对方信任的所有机会，取而代之的是对你的不信任。自己承诺的透明化，自己的承诺与那些出于为别人利益考虑而做出的其他承诺之间的利益冲突，在信任的两种定义中，无论认知角度的定义，还是互利角度的定义，上述两个问题都是完全符合逻辑，并隐含在其中的。

不信任与信任之间的不对等

根据定义，不信任是对信任的否定。A 对 B 的信任需要 A 之利益在某种程度上囊括在 B 之利益中。如果 A 与 B 之间存在着根本的利益冲突，那么 A 很可能不信任 B。尽管这两个定义具有相似性，但潜在的信任与不信任之间存在因果差异。

首先，不信任所需的信息少，如果你背叛对方一次，尽管他可能依然选择在你身上冒险——或者在别无选择的情况下被迫如此——那么从此以后，他很有可能就不再信任你了。然而，即使你在交流中非常合作，并因此显得诚信，下一次的交流中他仍旧不会信任你。

其次，在特定范围的交易中，与不诚信的人合作带来的潜在损失，通常远远地超出了与诚信的人合作而带来的潜在收益。例如，在囚徒困境游戏 1 中（见表 4—1），列游戏者采取欺骗行为时，行游戏者的损失远大于双方合作时的收益。因此，需要多次的成功合作，才能弥补对方采取欺骗行为而己方错误地合作所造成的损失。游戏 1

中，两次成功的相互合作（每次得分15，最终得分30）加上一次单方不履约的交易（得分为 – 25），最终结果只比压根儿不合作好一点点。许多情况下，需要多次成功的合作交易，收益才能超出单方的一次不履约行为带来的损失。的确，正常的经济环境中，成功交易的收益在风险价值中只占相当小的一部分（例如，据说杂货店的利润只有1％—3％），假如一位顾客没有付款，拿走商品，那么就需要多次的薄利销售，才能弥补遭受的损失。例如，假如每笔买卖的利润空间是5％，要保持收支平衡，不赔不赚，和未开店前一样富足，需要 25 次成功的买卖才能弥补一笔损失。

表 4 1　　　　　游戏1：囚徒困境及交易结果矩阵

		列游戏者	
		合作	不合作
行游戏者	合作	15，15	– 25，40
	不合作	40，– 25	0，0

历史上，针对这个问题，最重要的论点反映在托马斯·霍布斯（Thomas Hobbes）政治哲学的基本原则中。霍布斯认为，如果没有严格的政治权力，来约束人与人之间的关系，那么人与人之间彼此互不信任也在情理之中；因此，不信任蔓延开来，人们无法享受合作交易带来的益处。针对这个问题，霍布斯的解决办法非常著名，不是设法创造信任与诚信，而是建立合适的强权政体，确立秩序，确保私有财产权，如此一来，人们便会根据自己的生产能力进行投资，并因而获益（Hobbes 1651/1968，188）。因此，每个人都能通过自己的努力走向成功，每个人都能用自己的产品与他人之产品进行交易，并因而让自己生活得更好。没有政府，就不会有这样的生产结果。霍布斯认为，公民之间的信任与诚信并未丧失，只是需要替代性手段来保证秩序与合作。在这个基本问题上，霍布斯毋庸置疑是正确的，许多当代

作家却并非如此。

再次，如果有人信任你，从互利角度而言，也就意味着他认定你重视他的利益，仅仅因为那是他的利益。他会认为，除非你们之间存在利益冲突，否则你不会对他的利益本身漠不关心。因而，他可能不信任你，但却认为你不会仅仅因为那是他的利益就加以损害。因此，不信任不完全是信任的反面含义。仅仅因为那是某个人的利益，就采取损害的行为，此人一定心术不正，也活该得不到信任。有时候个人认为某个同事会恶毒至此，但生活中，这种恶毒之举往往不会毫无来由，定是有特别的缘由，损人不利己的行为在生活中相对罕见（尽管许多人对此并不完全陌生）。所以，总体而言，我们不应认为人人恶毒至此，不信任他们。

第一章提到，信任有两个条件：一是相信对方有能力做好委托之事，二是相信其做事的动机是为了某个人的相关利益。对不信任而言，除了能力与动机因素，还需增加对利益冲突的关注度。如果彼此利益不冲突，就会顺其自然地产生信任。但若彼此利益冲突，就一定会产生不信任。

因此，信任和不信任的信息量以及动机因素上，存在着实际的不对等。前者源于信息量不对等，确定相对诚信度是需要大量信息的，而确定不诚信则只需点滴信息。动机因素不对等是指交易成功后的得失与交易不成功后的得失往往不对等。表4—1中游戏1的囚徒困境及交易矩阵能够清晰地显示出动机因素的不对等。针对动机因素，很有可能利益冲突会阻碍对方考虑我方利益，或者妨碍我方关注对方利益。第五章会讲到一个涉及利益冲突的故事，故事简短却令人难过，讲述了一名来自中国的陈太太的经历，她因为陷入信用怪圈而投资失败。

信息量不对等表明，即使有足够的关系和信息量，可以产生信任（这是不可能出现的情况），不信任政府也在情理之中。动机因素不对等表明，一旦有人失信于我们，我们往往不会再与之合作。因此，偶然为之的欺骗行径可能会让有些人失去许多机会，损失惨重。需要确立诚信的诚信行为和不诚信行为的数量，与需要确立不诚信的诚信行为和不诚信行为的数量截然不同，情况也许并不真的如此。然而，假如我们有很多可以信任的潜在的交易伙伴，往往会很快地放弃那些未能完成委托之事的人。我们总是以低风险开始建立关系，放弃那些在此阶段辜负信任的人，逐步增加交往，承担更大的风险，与那些最初没有辜负信任的人建立关系（见 Cook et al. 即将出版）。因此，尽管单次交往中，与采取合作行为相比，最初采取欺骗行径的人用欺骗手段获得的利益多一些，但他们自此失去了机会，无法继续交易，无法获取更大的利润。尽管从逻辑上来说，弥补一次错误合作带来的损失需要多次的成功合作，但是风险增加的潜在前景有助于判断，并断定最初合作所冒的风险是正确的。

更为普遍的情况是：我们认为，从心理学角度溯源，怀疑的隐性扩散效力甚至比十足的信心更强大，这一定有某种心理因素。例如，对于苔丝德蒙娜（Desdemona）的不忠，依阿古（Iago）提供的证据细节翔实，却无法证实，不足为据，却误导了奥赛罗（Othello），而当时，她的忠心耿耿可是证据确凿，无可辩驳的（对于一般问题而言，见 Gambetta 1988，234）。的确，当依据的仅仅是毫无证据时，人们常常趋向于偏执性认知（Kramer 1994，1998）或者是对对方态度的负面评判，这都会引发毫无缘由的不信任，当然表面看来，似乎没有任何迹象，无法说明任何问题。这样做也许无可厚非，也并不是源自奇怪的心理动机，而仅仅是理性地判断自己利益得失的结果。如前所述，有些情形下，信任不当造成的损失大于信任得当带来的收益，缺乏信息的情况下，我们盘算后不是保持中立，而是持否定态度。我们需要法律保护等积极的支撑诚信的措施或者其他保证措施，去应对潜在的损失大于收益的不对称情况。因此，信任（或不信任）关系的信息量条件和动机条件相互作用，加剧了不信任。

一味地怀疑他人的诚信度，在很大程度上，可能会在需要依靠对方时，设法考验对方，或者揭露他们的不法行为。如果积极地不信任某个人，会迅速地减少与对方的交流，来规避合作破裂带来的风险。付出的仅仅是确定合作对象过程中产生的成本。心存疑虑的时候，就会继续维系双方关系，因此，假如最终证明这种疑虑毫无根据，不仅冒着背叛的风险，而且还有损害双方关系的风险。

信任与不信任之间的这种界限定义了人际关系，并借助一些危机类型来阐明其发展。然而，它们也决定了社会和组织结构的很多方面。希望能通过分析互利型人际信任关系的微观结构，推断、理解群体和社会层面上的信任现象。我们将探讨信任的这些社会效应，尤其是不信任的这些社会效应，首先简要讨论不信任的社会环境，进而探讨基于对政府不信任的麦迪逊（Madison）的自由政治理论。然后，重点考察政府对人际不信任的影响。最后研究信任崩溃问题、不信任盛行的社会以及各种风险严重的环境，其中潜在代理人和委托人之间存在巨大的利益冲突，不信任无可避免。

如果信任和不信任具有重要的相似性，那么有些信任理论和讨论就没有太扣人心弦的意义了，因为决不能把不信任与信任进行类比。认为不信任针对具体的人，因为他们与我们之间存在利益冲突，这似乎是明智之举。因此，不信任不是完全源于不信任的人的道德承诺或心理品行。这不符合信任的概念，即信任不是得到信任时潜在信托人的利益的作用（第十章进一步探讨这个问题）。尽管有令人信服的理由不信任 A，但是很多人却不这样认为，明智之举就是去信任从理性角度并不信任的那个人。

不信任的社会情境

一般而言，我们可能会更多地与那些自己信任的人接触。因此，我们往往把自己的交往范围缩小在特定网络中，比如左邻右舍或同族群群体。如果大家处在相同的环境，互相之间各方面都相当，那么就成功地划定了所属群体，并从实质上将其他人排除在外。很快，我们可能会有意识地与对方保持距离，而且不仅事实上保持距离，还称其为积极陌生人。再者，从某种意义上来说，不信任界定了群体界限（Brewer 2000；Hardin 1995，第四章；Hewstone, Rubin and Willis 2002）。本章将从以下两方面来进行说明。首先，群内人理所应当地得到信任，而群外人则得不到；其次，仅仅因为一个人是群外人，就不信任他。因此，群体界限会迅速加强并明确下来，群体会越来越排外。结果是：群体内外间的关系可能会变得冷漠异常，甚至呈敌对状态。最糟糕的状态是，对群外人采取有意识的敌对行为甚至会得到群内奖励。

一旦确立了群体界限，就不可能以个人的名义与群体外的任何人建立信任关系——或者至少不能与直接的群外人建立信任关系——因为对方视你为敌，群体盟友也视对方为敌。你将不再只是个人身份，而是有了群内成员身份。一旦认定群体是独立的，不与其他群体交流，也就为群体成员的积极敌对创造了可能，因为在群体关系中几乎没有或根本没有机会，去验证其他群体的任何成员的诚信度。对群外人的根本立场就是偏执性认知。

即使与其他群体的成员建立了信任关系，一旦两个群体的关系发生改变，就会危及成员之间的私人关系。例如，1990年以前，萨拉热窝（以及其他南斯拉夫的城市社区中）有许多跨种族婚姻。许多婚姻因为剧烈冲突而破裂了，塞尔维亚人和穆斯林在波斯尼亚争霸的战争中，这种情况尤其突出。同样地，1994年卢旺达的大规模杀戮暴动中，有报道记述了胡图族男人杀死自己的图西族妻子，以及混有图西族血统的孩子。在这两个例子中，激烈的种族冲突爆发之前，与同社区同族婚姻中的人际关系一样，跨种族婚姻中的人际关系本来可能并无异样。个人若要建立有悖于所属群体的规范的关系，面临着重重困难，而认同其他群体，也存在潜在的问题。社会环境对信任关系既有能动作用，又有限制作用。

若要与群外人建立关系,就需要与他们接触,并因而与之发展信任关系。如果双方有互补能力,那么就更可能建立关系。但如果双方能力相同,那么彼此间就没有特殊需求,缺乏共事的机会,因此也就没有克服彼此不信任关系的机会。特别极端的情况下,可能会像爱德华·班菲尔德(Edward Banfield 1958)的非伦理家庭主义那样,仅信任家庭成员,并与之合作,而对他人心存潜在的敌意。

社会凝聚力提供了产生潜在信任的条件。不信任则削弱了凝聚力。许多社会理论家认为,从全社会广泛认同的价值观来讲,凝聚力是社会稳定的要求(Parsons 1937/1968,89-94)。但也只有小型的相对同质的社区可能做到。整个现代社会的共同价值观究竟是什么,尚不明确。可以认为是社会秩序(基于共同的利益需求,即维持社会秩序),有助于实施合同的法律制度,公共设施的某种供给方式等。除了这些极其有限的利益之外,任何大型的现代化社会中可能都不存在广泛的共同价值观了。美国2004年的总统大选中,关注所谓的价值观造成了政治上的深度分裂。关注共同的价值观,将大家团结在一起,纯属桃花源般的梦想,似乎毫无希望。它们不过是手段,而非价值。双方都可以实现自身价值(尽管价值各不相同),原因在于:存在社会秩序、合理而完善的法律制度等。甚至所需的一切(或几乎所有)公共设施,包括公路、港口和税收制度,它们本身也是实现价值的手段。

在家庭、邻里、工作等各类有限的群体关系中,如果存在相对良好的信任关系,就可以借助共同的价值观,在这些关系中得到更好的发展。相互依赖,能从合作行为中获益,更轻松,成本也更低廉(交易成本、监控成本,等等)。很难说什么是全社会希望共享的合作行为——也许是赢得战争。因此,关注所谓的社会信任或一般化信任(普遍信任所有社会成员)确实有误导性。对我们自身而言,评估大多数人的诚信度也毫无意义,信任一般化他人显然毫无益处。只有那些诚信交往的人,才可因此而获益,而他们本身不代表全社会。所认识的人中，他们可能占据了一大部分，但却是全美国人中的一小部分，更不用说全人类了。

有人可能会说，社会秩序就是这类信任网络的某种联合，而且还能给出相应的建设性的解释。然而，通常来说，这听起来都太过正式了。这些网络有重叠的部分，而且每个网络只能满足部分需要，由此来讲它们都是零散的。每个人都是网络中的一员。研究整个现代社会的信任网络具有极度复杂性。例如，在美国这样一个将近 3 亿人的社会里，绝大多数人处在每个人的个体网络之外，事实上，绝大多数美国人甚至处在所有人的个体网络之外。[3]

如果有理由与网络之外的人打交道，那么就很容易将其接纳，而且风险不大。但是接纳之前，通常来讲都不信任他们 最低限度来说，不是不信任他们，而是不能确定他们对我们的潜在诚信度。仅仅因为那是我们的利益，他人没有理由为我们的利益服务，通常也无人认为他们会这么做。他们按常规做事，恰巧与我们方向一致时，他们的行为符合了我们的利益。但那与我们的利益毫无关系，只是正好符合了他们自己的利益，他们与我们往往素不相识。我们确实可以说，我们不信任他们中的一些人，因为与他们存在利益冲突。事实上，可能我们绝大多数人都不信任自己的许多同胞，就像休谟（Hume）认为的那样，我们应该不信任政府，至少也该对政府代理人心存戒备。

对政府的自由不信任

休谟、孟德斯鸠（Montesquieu）、麦迪逊（Madison）等实用主义自由论者认为，公民不应该信任政府（Hardin 2002a）。休谟（1752/1985，42）曾说："政治作家们信奉的格言是：在设计任何政府体制或是修订宪法时，人人都是无赖之徒，他们的所有行动都是自私自利的，毫无例外。"因此，应该设计出即便由无赖任职也运行良好的政府机构。

麦迪逊相当清楚,政府很可能落入无赖之手。因而他在为美国设计宪法的时候,有效地利用了对政府的不信任。麦迪逊在《联邦党人文集》第51篇中最常引用的一段话是:"除非人人都是天使,否则政府就必不可少。如果由天使来管制人类,也没有必要对政府进行内控外管。建立人管人的政府时,最大的困难在于:必须首先让政府能够控制民众,然后再迫使政府自我约束。"(Hamilton,Jay and Madison 1787/2001,269)

在《联邦党人文集》第10篇中,麦迪逊也认为,在管制州政府滥用权力方面,国家新政府力不从心,导致"民众日益不信任政府的公共服务,敲响了维护私人权利的警钟,钟声响彻了整个美国大陆"。(Hamilton,Jay and Madison 1787/2001,43)在《联邦党人文集》的第85篇中,亚历山大·哈密尔顿(Alexander Hamilton)重申了这个观点,新政府将阻碍"州政府的那些做法,……造成各阶层的公民间彼此不信任"(Hamilton,Jay and Madison 1787/2001,453)。麦迪逊和哈密尔顿那一代人尤其担心的是:国家管理长期仅凭国王兴之所至,缺乏监管措施,实施秘密专政统治。近来,在关塔那摩监狱(Guanatanamo),美国对阿富汗的俘虏也使用了这种手段。

在许多读者看来,休谟的禁令愤世嫉俗,其实他本人并不是那样。但是他从根本上认定,民众不得不恐惧的,正是政府的极端行为。因此,应该建立有安全保障的政府,抵制极端行为。他的主张是为了规避风险,绝非愤世嫉俗。也正因如此,休谟认为,我们不必信任政府的某些代理人。(霍布斯也认为,没有政府的社会中,需要坏苹果使其堕落至可怕的本质局面。他更进一步认为,臭名昭著的英国内战的经验表明,坏苹果无处不在。)

然而,早在休谟之前,洛克(Locke)就完整地表述了民众该对政府谨慎小心的观点(Locke 1690/1988,sect. 143),他反对赋予某个政府部门至高无上的权力(与霍布斯的想法一致),理由是:紧握权力是人性的弱点,这个诱惑太大,难以抵制。他还指出,人们往往追求优越地位，利用政府权力，谋求私利。事实上，他认为"要阻止面临致命诱惑、即将犯罪的人，最恰当的方法就是向他们展现可能会遇到的危险与不公"（sect. 226）。否则，民众就会造反，向掌权者表明自己的立场。

民众为什么不信任素不相识的政府官员呢？可能他们只是既不怀疑，也不信任。然而，一旦感到政府官员可能会滥用职权，谋取私利，就有理由认定，双方存在众多的利益冲突。他的利益可能只不过是想再次连任，可他的利益仍然超越了民众的利益。我们可能也担心政府代理人对民众的关注度会降低。因而，可以说，对于负责提供各类物品、制定各种规章制度（例如建筑守则中的消防安全规定）的政府代理人，公民应该小心谨慎，心存戒备，持怀疑态度。公民应该培养"良性"不信任意识，保证规章制度呈动态性，按需调整，因技术及其他条件的变化而异（Troy 2004）。

休谟或麦迪逊认为，拥有自主权就会腐败，造成恶劣影响，因此，理论上讲，不能信任政府官员，有时他们可能利用职权，谋取私利，这种做法显然有悖于公共利益，有悖于选民的利益（Hardin 2002a）。很难想象一种截然相反的通行的观点：从理论上讲，政府官员会为民众的利益服务。因此，仅从理论层面来理解，即便政府官员也许诚实守信，但是有些情况下，还是无法确定，信任对方是否是明智之举，因此就会选择不信任。因而，对政府的信任与不信任是不对等的（参见 Quirk 1990 and Kelman 1990）。对于政府，民众没有一般化信任，却有所谓的泛化不信任。

有大量并不断累积的研究成果显示，至少在有些民主国家（尤其是美国），民众越来越不信任政府（见 Contributions to Pharr and Putnam 2000）。第一章已然指出，许多资料认定，信任度下降不利于政府运作。对美国而言，这个假设其实令人意外：美国的宪法由麦迪逊等自由论者制定，他们认为政府不能也不该得到信任，因而明确地设计了一整套制度，尽可能地约束政府权力。他们认为管理有序的政府应当如此:权力受到严格制约,以免干涉民众的生活。有时候,人们认为,这种担忧为美国独有,有点儿美国特殊主义(King 2000)。其实,这也是英国人普遍担忧的问题,是休谟政治理论的核心(例如,Hume 1752/1985),也是约翰·斯图亚特·米尔(John Stuart Mill 1859/1977)和威廉·冯·洪堡特(Wilhelm von Humboldt 1854/1969)的自由意志主义的核心。虽然自由主义理论先于政治发展,但人们或许仍会认为,在自由论思想兴起的那个时代,真正的问题是现代国家的兴起。

很大程度上,自由主义政治理论的基础就是对政府的不信任,大卫·休谟、詹姆斯·麦迪逊甚至约翰·洛克等人都认为,采取不信任态度是公民对待政府的唯一明智之举(Bailyn 1967;Hardin 2002a;Morgan 1999;参见 Wills 1999)。他们的思想是自由主义不信任理论。正如埃德蒙德·摩根(Edmund Morgan 1999,39)调侃的那样:"1776 年和 1789 年之间,美国人用匍匐在公民之下的政府取代了凌驾于公民之上的政府。"在巨大压力之下(内战,两次世界大战,以及当前的反恐战争),政府已经设法脱离了美国公民的管辖,开始威胁公民的自由。不信任政府的方式有很多种,但民众仍然认为,政府的存在有助于促成各种交流关系,包括法律合同的签署,促进有关各方建立潜在的信任关系。也就是说,即使是不该得到信任的政府,也会使民众之间更容易彼此信任。

通常,我们可能不仅不信任政府,而且对某些特定群体持有相对的普遍不信任,尽管一般也不会声称信任任何群体中的每个人。因此,对任何实质性的群体,我们往往存在泛化群体不信任,却没有泛化群体信任。例如,一个族群的成员通常得不到另一个族群成员的信任。有些情境下,女性可能不信任男性。孩子们受到的教育是要提防成人,不要信任他们,尤其是素不相识的成年男性。许多美国人和德国人往往不信任科学家。许多人不信任各个阶层的商人。这些可能只不过是概率判断,但如果概率足够高,不信任可能是自然而然的态度

（Hardin 2004c）。事实上，可以选择不信任，这些情况下，不信任似乎是明智之举，这样说一目了然。然而，一般说来，只凭对对方诚信度的了解程度或缺乏了解，可以选择信任或是不信任，这样说反而难于理解了。一般来说，只能对他人的诚信度进行概率式判断或相对性评估。例如，我们可能会说，比起比尔，我们更信任玛丽，或对玛丽的信任度远远胜过了比尔。

互利信任观认为，你将我的利益铭记于心，部分是由于那是我的利益。政治家可以做到，但却很复杂，在现代民主国家里，他的工作中面临着各种各样的复杂难题。此外，当选官员可能会认为，他只对选举中支持他的选民负责，不对他代表的整个政体负责（Hardin 2000）。

一般理论认为，相对而言，政府官员都自私自利，这种自私自利是否超过了预期个别官员重视并采取符合民众利益的行动的程度呢？考虑下面的情况：魅力超凡的领导人。追随他的原因可能是因为某个问题或是因为利益较大。如果这个问题或利益也是我们所需，那么我们也许就会追随他。如果仅仅因其超凡的个人魅力，我们可能会期望他坚守这一承诺，这样一来就可以依靠他。对于工作中可能面对的许多其他问题，可能无法依靠他，甚至无法信任他，但在显示个人魅力方面，他还是可以靠得住，他要么做展现魅力的事，要么就丧失吸引力。

通常来说，政治家们只能在问题相对简单、数量相对较少的时候使用这种方式，无须简化复杂性。也就是说，比起普遍繁荣期，政治家们更可能在艰难时期使用这种方式，而在繁荣期，我们的利益不会仅限于如此狭窄的范围。这种方式也更有可能适用于采取明确道德立场的候选人，其立场更接近于意识形态，而非趋利。

假如领导人魅力非凡（许多情况下，更准确地说，是存在争议的领导候选人），其利益恰好与我们一致。领导人只有间接地推动相关议题，才能赢得选票，并从中获益。因此，马萨诸塞州的富豪参议员泰德·肯尼迪（Ted Kennedy）可以成为穷人追捧的领袖，投票的穷人对他都有一定的信心，认为他会重视穷人的利益。然而，很多情况下，我们也许认定，事实上个人只会代表自己所属群体的利益。因此，候选人很可能在扮演魅力领导人的同时，直接谋求私利。例如，大卫·杜克（David Duke）可能认为，他受害于别人偏爱黑人的行为，因而成了路易斯安那州白人至上主义者的可信领导人。然而，任何人只要能够调动资源，发起竞选活动，就意味着他相当富裕，无法直接真正地代表有些人的利益——比如，穷人和失业人员。[4]

政治人物的各种复杂利益带来了普遍的问题，这一点同样可以用来说明复杂公民自由背景下普通公民的情况。我们原则上认同：应该保护个人，使其免受政府某些行为的影响。但是，我们明白，有些特殊情况下，我们可能受利益驱使而忽视原则，有人或有些人的公民自由以某些方式冒犯我们或者甚至有悖于我们的利益时，就是如此。因此，不了解问题是什么，相关人员是谁，我们不想采取行动。当然，更有甚者，为了保护自己的自由，也不想让别人采取行动，为此，自己也不采取任何行动。在宗教信仰各不相同的国家，这个原则易于得到理解，美国宪法及早期的修正案中，明确将其编入保护公民自由的第一部分也许很自然。美国宪法是为宗教多元化的国家制定的，各个宗教派别更重视保护自己的宗教自由，而非限制他人的宗教信仰自由。但是我们经常期待人们甚至在没有宗教冲突的环境中理解这个原则，现代宪法一般都包括保护公民的自由这一条款。

政府与人际不信任

人类学研究的一个共识（广为接受的结论）：中央集权的国家有时会破坏传统社群的社会凝聚力，削弱合作力，损害人际信任（Taylor 1982；Gellner 1988）。若是如此，那么可以说，国家是社会不信任的一大根源。第一个论点（国家会破坏传统社群的社会凝聚力）并不存在真正的问题，尽管还有其他更重要的影响因素存在。现代环境下需要国家来建立社会秩序，自霍布斯以来，关于社会秩序如何成为社会合作的必要条件，存在很多令人信服的论断。因此，人类学观点认为，国家削弱了合作力，这是不恰当的。相对于诸如将军领导下的阿根廷，斯大林统治下的苏联，希特勒时代的大部分欧洲等，在相对有序的国家里，难以想象有可靠的证据能检验第三个断言（国家会损害人际信任）。当然，政府机关因其自身的性质和政府职员的缘故，偶尔也会成为破坏人际信任的主要影响因素，要么直接产生影响，要么破坏支撑信任关系的制度，间接地产生影响，这的确也是个事实。例如，现代政府经常会毁掉主要道路沿线的社群，或处于城区扩建的社群或主要大坝附近的社群，如目前止在破坏社群的中国三峡大坝工程（见 Hessler 2003）。

然而，19 世纪 30 年代由田纳西河流域管理局（Tennessee Valley Authority，简称 TVA）创建的湖泊网络和电网，却为贫困地区提供了电力，使得该地区繁荣发展。在这之前，与受益于田纳西河流域管理局发展的社群相比，田纳西和肯塔基贫困的种植户都曾经生活在与世隔绝状态下，彼此间的合作要少得多。此外，政府有时可能会创建一些论坛，供公民探讨政治问题，协助公民增进了解，彼此信任（Gutmann and Thompson 1996）。而公民却会借助这些论坛，动员起来，对抗资助论坛的政府。因此，从本质上说，政府可能破坏而非创造合作条件，任何此类的论断似乎都不合情理。中央集权的国家会排斥民众的自发性协调行为，他们往往依赖于小团体和密集型网络进行交流（Taylor 1982），然而，这些组织与大国政府的力量之间，恰恰会存在很强的正相关关系（见 Fukuyama 1995，62－63 and passim）。

1870 年至 1871 年的法德战争中，法国惨败，法国政府便开始实施儿童法语教学计划，结果破坏了几十种地方性语言（Weber 1976）。这必定会带来创伤和痛苦，在老一辈人与孙辈之间制造语言阻碍。许多社群或许丧失了合作力。然而与此同时，年轻人的机会增加了，可以从事更多工种的工作，迁居到法国其他地区也容易多了，迁居到法兰西岛大区更是如此。

这些变化一定会破坏有些社会组织与社会合作先前的格局。但是也许会创造更多的可能性。像田纳西河流域管理局那样，法国竭力使成千上万的法国农民成为讲法语的法国人，也一定会有混合效应。当然这的确破坏了某些特定的社群。然而社群总体上都遭到破坏了吗？抑或社群规模减小了吗？这可不是个小问题，回顾性调查难以实施，但是若不实施回顾性调查，这个问题实难回答。法国政府有误导性吗？这也不好回答。非洲的许多国家大概会教育子女，只讲一种语言，造福于子孙。如果要求社群保持封闭性，仿佛密封在肉冻中一样，那么社群就会形成严酷的价值观。这大概需要破坏有些信任形式和信任实例，建立其他的信任形式和实例。

规范的社群主义者往往忽视破坏性的强制规范，这些规范存在于家庭、村庄以及小镇内部。传统社群中，女性常常是父系社会秩序的受害者。家庭内部以及家庭之间的争斗表明，相互熟悉并不能产生信任或合作，实际情况恰好相反。夫妻纠纷可以引起许多不信任形式，甚至在弱国社会中也是这样（Brown 2004）。比起国家干预，国家不管不顾更有可能造成的结果，是班菲尔德（Banfield 1958）提到的无道德家庭主义。这些情况下，政府会降低人际依赖感，化解矛盾，这实际上促进了家族信任。国家能保护社会权利，减少存在风险的人际依靠，起着至关重要的作用。例如，政府提供的福利或医保缩小了服务范围，否则贫困群体必须依靠家庭或社群。

然而，最终，在破坏旧的信任格局方面，如果政府的影响深远，那么这种影响首先是通过经济变化的间接效益体现出来的，这种经济变化部分是由监督合同关系和提供基础设施的政府驱动的——有时是国家有意识设计的，共产主义世界就是这样。城市化以及后来的郊区化都是重要的经济和社会运动，源于个人和家庭决策，决定把家搬到有更多经济机会和社交机会的地方。城市社会缺乏小农社群的传统结构，正是这些社会（而非国家）的主要自发性运动破坏了小城镇群居的生活方式。乡镇通常遭到居民遗弃，而非政府强拆的。如果这样的社群生活如同有时所描述的那样艰辛的话，那么对这样的社群产生崇敬则显得很怪异。

卡尔·马克思（Karl Marx 1852/1963，123 – 125）似乎很清楚，乡村社会是多么单调乏味。比起社群主义者的田园生活，乡村社会与之前讨论的地方性不信任社会有更多的相同之处。如果我们都住在这样的社群里，那么如今的生活前景将会凄凉惨淡。如果这些社群能重新催生出曾经缺失的信任，那么这份信任的代价也太高昂了。但是，它们维持社会秩序的方式，似乎是通过压制性规范，而非信任（Amato 1993；Cook and Hardin 2001；Fischer 1982）。

信任与诚信度的崩溃

有人认为，当今世界之所以面临许多根本性问题，是因为信任缺失或信任崩溃：个体之间，群体之间，个人与国家之间，群体与国家之间，以及国家之间。例如，假如贸易伙伴之间缺乏一定的信任，市场效率就会相对低下。人们普遍认为，在国家内部以及各国之间，信任是政府政绩突出、经济繁荣及形势相对和平与稳定的基本组成部分。哪里有信任，哪里就更有可能向社群企业投入时间与金钱，从反腐运动到市政工程建设，再到对无助者和无家可归者的供给。显然，信任是润滑剂，能促成各种交易关系，有助于提出公用资源问题的解决方案，并能提高公认的代议制政府的效力。有些作者认为，信赖政府或公司等公共机构，会解决很多激励机制无法解决的问题。管理研究表明，在提高生产力方面，信任企业领导具有重大作用。

尽管详情并不尽然，福特汽车公司的越野车丑闻却愈演愈烈。这个丧失信任的案例极其糟糕，凡士通生产的轮胎（Firestone tires）不起作用，致使福特汽车侧翻，多人死于越野车事故。起初，大家似乎都认为，福特公司错误地使用了不足以控制此类大型汽车的轮胎，轮胎不稳定导致重型汽车发生侧翻事故。福特公司顺其自然地控告凡士通生产劣质轮胎。而问题也许主要出在普利司通（Bridgestone）接管凡士通后的劳工动荡时期，对凡士通充满愤怒情绪的工人们粗制滥造，出产劣质轮胎（Krueger and Mas 2003）。

因为轮胎要标明生产厂家和日期，因此可以找出胎面分离以及引起侧翻的轮胎（Krueger and Mas 2003，14）。福特探索者 SUV① 的轮胎产于多个厂家，但是在劳工动荡时期，与其他厂家生产的轮胎相比，产于迪凯特（Decatur）、伊利诺伊（Illinois）等厂家的轮胎导致车祸的可能性要多出 15 倍，而且，与从前相比，这些厂家在动荡期生产的轮胎更有可能酿成惨剧（Krueger and Mas 2003，17）。[5]由于轮胎做工粗糙，质量低劣，约有 40 人因此丧命，如果剩余轮胎未被召回，死亡数字将会翻倍（Krueger and Mas 2003，34）。

据报道，一份普利司通的国际文件声称，"（与联邦）保持良好的关系固然有益，但这已不再是本公司的利益所在"（Krueger and Mas 2003，34）。而轮胎召回后的四个月内，普利司通的股票市值从167 亿美元跌到了 75 亿美元。高层管理者全部撤换，迪凯特工厂于2001 年倒闭，普利司通考虑要放弃赫赫有名的凡士通轮胎生产厂。轮胎生产的手工制作流程中，工人们拥有很大的决定权（11），显然，他们的工作信誉对于公司的利益至关重要，对公司顾客的生命也同样意义重大。关闭工厂大概会使很多安分守己的工人丢掉工作，在动荡时期，他们勉为其难地坚持工作，却付出了惨重的代价。

尽管如此，很多信任益处或甚至信任必要性的呼吁还没有体现，有些并未表现出来。例如，正如第六章和第九章全面讨论的那样，即使没有信任关系，也可以顺利地进行一般性的市场交易。的

---

① Sport Utility Vehicle，运动型多用途汽车。主要是指那些设计前卫、造型新颖的四轮驱动越野车。——译者注

确，约翰·沃纳梅克（John Wanamaker）改变了零售惯例，为扩大销售额，支持退货退款保证，成了费城百货公司零售业的中坚力量（Mueller 1999）。[6] 同样，有些观点认为，信任度在下降，我们的境况也在恶化，这只是主观评价，毫无事实根据。仿佛给黄金时代的谬误——过去好于现在——蒙上了一层阴影。一个人或许不该对北大西洋国家的女人或非裔美国人说，20 世纪 50 年代是和谐、合作的黄金时代。

充满不信任的社会

意大利南部、墨西哥以及秘鲁的农民社群的多项研究表明，这些社群的成员会发展无道德家庭主义（Banfield 1958；又见 Aguilar 1984；Westacott and Williams 1976）。家庭成员彼此撒谎，互不信任。这些研究中的社会被更准确地定义为生存型社会，经历着令人望而生畏的贫困与饥饿。生活在这些社会中的成员似乎将生活看作是同他人的零和竞争。原因至少有四个：

第一，随着自给自足的农业经济的出现，这些群体就会蜂拥而上，依赖土地生产。从本质上来说，土地是零和的：如果一家的土地多，别家的土地自然就会少。第二，如果所有人都在生产同样的东西（如五谷杂粮），那么在家庭之外，就几乎没有机会实现劳动分工。因此，在自给自足的社会，没有复杂社会拥有的交易和合作行为机会。第三，这些社会的农业生产并不依赖于协作，因而不会自然而然地产生广泛的农业合作体系，并推而广之，在其他领域进行合作。第四，在自给自足的农业体系中，自然而然的明智之举不是在保证收成一般时尽量增加盈余产量，而是规避风险，采取措施，尽可能避免出现收成不好的情况，以免许多人挨饿。[7]

所以，这些社会中的人们不合作，一方面是因为在很多情况下合作没有任何好处，另一方面是因为他们很自然地将注意力放在关乎生计、具有竞争性的零和方面。如果合作毫无意义可言，那么欺骗、隐瞒或欺诈就会占据优势，扑克牌游戏等零和冲突中都是这样。除了家人以外，如果所有人都可能会欺骗我们，那么理所当然，也不应该信任他们。如果处在这样的零和群体中，人们会想了解朱利安·罗特（Rotter 1980）的研究结果是什么。在这样的社会里，最不信任别人的人往往最成功，生活得最幸福。罗特研究了相对富裕的美国大学生，最信任别人（或最乐观）的学生最幸福，或许是因为他们最富有，而且有幸福的家庭背景。

关于中度不信任的情况，考虑一下菲律宾的司法部门（Montinola 2004），其贪污腐败行为带来了毁灭性的影响。司法系统的腐败行为不仅导致民众对政府官员（波及整个政府）的诚信看法有所降低，也会降低彼此的诚信度。导致法律制度恶化，对其发展前景产生负面影响。民众对司法部门的负面评价可能会导致他们对政府的决策做出过激的反应，比如：民主选举的菲律宾总统约瑟夫·埃斯特拉达被逼下台的事例。信任与不信任的不对等性是显而易见的。政府机关的贪污受贿现象一旦败露，就足以使公民产生不信任感，因为信任有悖于大多数公民（不行贿的公民）的利益。尽管几乎没有任何研究成果表明，信任能从一个领域扩散到另一个领域这个通行的论点。然而，不信任却会传播。一旦民众了解到政府在一些方面存在腐败现象，就会认为整个政府部门都是腐败的。特别是，民众一旦听闻腐败事件，就会认定政府高层官员也已听闻这些事件。如果他们没有贪污受贿行为，就该采取行动，惩治那些贪污受贿之人。如果没有任何惩戒措施，任凭贪污受贿行为肆意蔓延，民众往往会得出结论：政府部门普遍存在贪污受贿现象。而对信任的概括总结中，不存在这样的论点。

一般而言，可以说：许多情况下，我们对你的信任不会比类似情况下对其他人的信任多出多少（胡图族人、塞尔维亚人以及其他发生冲突的部落的情况都是这样）。你可能不得不做一些特别的事以示承诺，表明自己比别人更有诚意。如果一般情况下都不信任，并在人们本希望信任的一些问题上产生了不信任，那么就不得不做出承诺，而且承诺必须可信，否则就无法得到信任。在马达加斯加，因为婚姻关系脆弱，夫妻间普遍互不信任（Brown 2004）。婚外恋以及离婚是司空见惯的事。所以，夫妻间互不信任，同父异母或同母异父的孩子间在财产继承方面也互不信任。出轨丈夫会做出非常郑重的承诺，甚至忽视自己社群的食物禁忌要求去接受妻子社群的食物禁忌，这因家庭而异。尽管现行规范不期望他做出这种承诺，但是他接受妻子的禁忌是想证明：尽管自己犯错了，但是他的确承诺于她。这种情况下，令人震惊的是，村民们共有的价值观系统并未使人们之间产生强烈的信任感。"事实上，这表明双方的诚信度是有限的。"（Brown 2004，178）就是说，人们并不相信并期望他们超越现行的规范和标准。

与其说血缘关系源于理性承诺或者算计性承诺，不如说源于道德承诺，这种观点普遍存在。因此，大环境似乎不太好，不利于建立互利型信任关系。恰恰相反，玛格丽特·布朗（Margaret Brown，2004）认为，家庭成员间普遍互不信任，而且，克服家庭内部不信任感的方法与克服其他情形下的不信任感的方法截然不同。她侧重家庭成员间的三种关系，本质上都是经济关系：婚姻中的共同收入管理，房产购买和谋取继承权。在她的群体中，市场体制很脆弱或者根本不存在，几乎没有其他能代替亲属的经济机会，而且几乎没有处理相关冲突的规范性制度。布朗辩解道：人们消耗体力和资源，以稳固脆弱而重要的血缘关系。一般来讲，在她的例子中，很具特色的是，不太诚信的一方必须找到非正规的方法给出承诺，确保彼此公平公正。最后，布朗认为，村民不得不努力保护血缘关系，这样就几乎没有机会与其他人发展信任关系。有人认为，血缘关系密切会阻碍人们与其他社会成员发展关系（参见 Banfield 1958），事实上，正是因为非常重要的血缘关系具有脆弱性，使得人们不得不倾尽所有资源去维系它，几乎没有额外的时间和精力与其他社会成员发展关系或网络。

高风险情形

在那种依靠信任风险太高的情形中——正如游戏 2 （见表 4—2）——信托方的欺骗行为带来的潜在利益非常大，托付方的承诺损失惨重——我们都希望能有强权机构来阻止欺骗行为。日常生活中，我们大多能保持平常的交换关系，是因为警察在保护着我们，免受严重欺骗，是因为在其他极其重要的领域里，合同法等法律措施会保护我们免受伤害。在这些领域里，主张人们彼此信任是不负责任的做法。显而易见，不信任是明智之举，通常也有益无害，这是面对事实的正确选择。人们未必要成为霍布斯论者，认为在面对如此残酷的冒险时，拥有强有力的国家背景，可以为维持社会秩序带来巨大的益处。

表 4—2　　　　　　　　　游戏 2：高风险囚徒困境交易矩阵

		列游戏者	
行游戏者		合作	不合作
	合作	1，1	−10000，10001
	不合作	10001，−10000	0，0

表格来源：本书作者。

如果人们可以阻止潜在的可怕结果，或者至少降低后果的严重程度，那么在小问题上就更敢于冒险。最初，无须在各种交易中信任潜在的合作伙伴；只需要在一定资源和时间投入上做出适度的承诺，冒险去合作。即使他们很谨慎，甚至往往不信任对方，还是必须冒这样的风险，甚至会因此而丧命。这不适用于高风险的活动。一般而言，如果风险系数高，可能会不信任任何人，这种做法是完全正确的。即使是亲密无间的朋友，在这样的事务中不信任对方也是明智之举。我

们不想因为彼此的要求太高，破坏了彼此间的友谊。所以，我们会借
助法律手段或制度措施，处理相关事宜，降低失败的可能性，以及损
坏彼此间信任关系的可能性。

如果我们在各种事宜上长期合作，而且合作领域也相当广泛，那
么合作风险系数的增加将改变彼此间的交易方式——例如，从游戏 1
到游戏 2。如果我们在 X 方面信任你，冒险合作，假如你不履行职
责，损失可能不限于 X 方面，面临新的风险时，我们就无法信任你，
甚至压根儿不信任。事实上，更高风险的活动可能会使我们的合作走
向终点，所以每个人都不希望首先采取合作行为，唯恐另一方违约，
获取高额利润，不采取合作互惠行为。我们可能会继续低层次的合
作，逐渐增加机会，参与高风险的合作，或者我们会认为，重大机会
来临会在一定程度上影响彼此的关系，因此不想冒险去尝试。风险系
数逐渐增加后，我们最终可能会进行高层次的合作，但也许并不希望
立刻转入高级合作，也不想冒着很高的风险，建立新的合作关系。我
们自己的个人经验表明，高风险合作和低风险合作的动因不同。有的
朋友可能立刻就忘了他给你买的那杯咖啡的价格，但是他可能不会忘
记借给了你 1000 美元（也许我们都有这样的朋友，他们也不会忘记
自己给你买的咖啡的价格）。

结　语

信息、权力、资源和替代机会等的不对等现象都能引发不信任。
如果我发现你（我在某个企业的合作伙伴），让其他人作为后备，一
旦合资企业中合作不成，我一定立刻认为，你不信任我，或者说你甚
至怀疑我，因此我一定也会立刻开始对你产生怀疑。在这样的关系
中，信任和怀疑都是相互的，事实确实如此。

请注意，怀疑和缺乏信任不会全然毁灭生活。这些通常可以正确
评估其他人的能力和动机，因此有助于我们调整自己的方式，努力与

人合作，依靠他人，同时为自身利益服务。在接下来的五章里，我们将会探讨各种方法，用来管理无法得到信任保证时的关系。小到人际关系，大到与大型机构和政府交涉的事务关系。一般来讲，接下来的章节中，我们认为：可以说，任何无法得到信任的机构，都可以用来处理不存在信任的各种关系。同样，有时人际关系上也是这样。

可以说，许多机构的实际结构及其存在都是合情合理的，而且，因为许多人缺乏诚信度，引发了许多问题，这可能激发了上述机构的产生。最显而易见的通用实例就是合同法，假如没有合同法，我们的社会将会出现赤贫，但是如果合同双方足够诚信，合同法也就没有必要存在了。还有个更典型的例子，就是 1787 年由麦迪逊等政府成员制定的首部美国宪法。合同法和美国政府已经成为人类历史上最伟大的社会发明。因此，如果我们希望了解社会及其制度，最佳的方式，还是首先声明，怀疑感的普遍存在合情合理，尽管不信任如此普遍，我们还是能够应对。假如首先探讨信任，效果往往要差得多。

第五章　不以法律和信任为基础的合作

　　本章开始探讨企业的核心问题，旨在解释：没有信任，很大程度上也没有法律制约，缺乏国家执行力来保障合作机制，有时候权力也不平等，完全有理由产生不信任，在这样的情况下，人们怎样经营他们的生活。乍一看，显而易见，国家和法律制度管理各种关系，能够代替信任，代替各种合资企业中自发的合作动机。国家制定法律，保持稳定，通常只能促进合作，却无法激发合作。实际上，这是霍布斯提出的君主专制秩序观的基本依据（Hobbes 1651/1968）。

　　国家规章制度或者法律机制失去效力，或者有局限性，常常能创造性地发展出一些非正规措施。例如，在第三世界发展疲软的状态下，出现了非正规经济[1]，但是这种非正规的"契约"交易也开始渗透到第一世界，一部分原因是法律条文太笼统，代价太高，不能涵盖普通商业协议的方方面面（Macauley 1963；Portes and Sassen-koob 1987）。有证据表明，中央政府乏力的时候，各地的非正式机构则很强大、繁荣。[2]我们的观点与标准观点截然相反，我们或许会认为，历史上看，商业或许曾经刺激了法律和法律制度的发展，但在早期的商业发展中，法律是不必要的（Mueller 1999，95 – 98）。亚当·斯密（Smith 1776/1976，412）相信大卫·休谟的独到见解，他这样评价城镇的崛起："商业和制造业逐步地引入了规则以及运行良好的政府，并随之带来了个人自由和安全感。"罗伯特·埃利克森（Robert Ellickson 1991，1998）认为，面对代价高昂的潜在冲突，地方规范通常能处理合作中的许多经济问题，而法律却不能有效地处理这些问题，或者说处理得并不好。在他列举的许多案例中，存在持续性的交往关系，意味着双方有可能建立信任关系，使得合作变得相对容易。埃利克森的研究是本书研究内容的基础，包括他 1991 年出版的书，尽管他探讨的是不以法律为基础的合作，而本书关注的合作既没有法律支持，也没有信任，问题本身难度重重。我们认为，许多活动最好受到规范的调控，法律自身也需要规范才能实施（Hetcher 2004，第二章）。

本章伊始将分析没有信任的合作，首先讨论个人层面和大多数自发性交往层面的合作，之后讨论相互交织的系统模式，但依然着眼于个人层面而非机构层面。实际上，没有足够的信任或者相当不信任时，很多社会实践容易被当作措施，来管理并激励合作。通常，需要与不信任的人合作。实际上，当然啦，没有任何理由相信社会中的大多数人，或许也无法相信那些必须打交道的人，既包括直接交往对象，也包括间接交往对象。如果能够运用法律处理这些关系，或许就无须再为信任的缺失而苦恼。但是想要建立的合作关系中有很多不受法律的保护，诉诸法律制度的成本或许超过了合作关系带来的收益。理想状态下，或许期望能够找到信任的人，但许多时候，这都是不现实的。因此，希望拥有一些不那么正式的措施，用来激发潜在合作伙伴的动机，激励他们采取合作行为。

本章讨论的大多数交往中，国家或许起到了一定的隐性作用，但是交往的规模或具体情况（有时候极为个性化）通常不适于法律监督体系。即使这样，国家制定的普遍性规范常常是设计这些方案的基础。如果没有稳定的秩序，民众就不会如此重视合作关系的建立，原因在于：与稍微改善生活水平相比，民众更关注自我保护。尽管本书讨论的所有交往未必不合法，但都不在法律监督之下。[3] 有时也许是制定法律的借鉴性原初律法（pre-law），例如，在没有强大的法律权威支撑的许多社群中，公共规范一定是起作用的。

　　许多可替代方案都依靠个人合作伙伴、代理机构（政府较少参与）以及其他正式机构的声誉效应，它们都采取措施，对不履约行为进行处罚，确保人人重视声誉。声誉的作用力并不只是过去行为的信息（诚信性情理论中它具有重要的核心作用）。相反，声誉的价值在于：让民众有理由相信，人人都希望维持良好声誉，以便日后能与他人建立合作关系。因此，每当论及声誉的效应时，总是指未来导向型效应。从这个意义上来说，就像互利诚信观所表明的那样，诚信声誉的价值在于赋了个人动机，采取实质的诚信行为。因此，也激励其他人去冒险，承担认可此人诚信度而带来的那些风险。

　　不论非正式还是正式的制度措施，都是第六、七、八章的内容，此处不再一一赘述。然而，需要说明的是，如果没有各种机构的支持，尤其是政府机构的大力支持，本章讨论的许多措施都不能有效地付诸实施。事实上，有执行力的政府做出的最强有力的宣言，就是让民众能够运用这些非正式措施。有些情况下，这些措施非常有用，例如，由于代价过高，标准的合同法不能处理交换关系，因此，如果没有高效运转的非正式措施，许多事情就不容易处理得当。有些非洲、中东、前共产主义世界的专制政府反对个人自由主义，阻止公民之间建立联系，造成了可怕的经济后果。良性的政府常常是社会中自发性合作能够成功的强大后盾。

　　控制社会行为的非正式措施（没有得到组织正式支持的措施）主要分为：道德承诺支持型准则；处罚支撑型规范（采取足够严厉的处罚措施，使得遵守规范符合个人利益）；利益型交往关系（有些活动中，个人在网络系统中彼此依靠）。首先将讨论社会资本，并从总体上说明：许多情形下，非正式关系为什么起作用？如何起作用？然后讨论各种措施，在某种程度上，其中许多措施或者全部措施都依赖于社会资本，讨论规范之后将分析社会措施，它们很大程度上源于利益，尤其是交换关系。规范和社会措施（尤其是交易性措施）往往是由发展成熟的社会资本促动的。首先比较规范与交换型机制，它们也许各行其道，自行运作，但都是公共组织的替代型结构：将对合作型公共规范与推动信任的网络体系进行比较。

通常不讨论道德承诺支持性准则，这种准则能够产生信任，源于对受托人道德承诺的判断和期待。因此，无须单独讨论该准则，因为它们源于信任，源于受托人道德承诺的诚信度。所有关于信任的标准理论，不论是互利观、性格品行论，还是道德承诺论，都一致认为，只要对方表现出明显的诚信度，信任对方就绝对没有错。因此，道德承诺支持型准则不能替代信任。因为如果遵守这些规则，所涉及的事情发生时就能得到信任。

本章讨论的交往形式，通常是 A 以某种方式诱导 B 激励 C 去做 A 希望的事情（或者，在某些情况下，B 激励 C 做 A 想要或认为有价值的事）。例如，在穆罕默德·尤努斯的格莱珉银行中，有这样一群邻居（通常是女人），她们互相激励，劝导对方去偿还贷款，从而使团队中的其他人得到申请贷款的机会。尤努斯及其银行（A），不需要辛辛苦苦地追着客户（C）讨要贷款，因为在一定意义上，贷款人本身对邻居（B）做出了承诺。对于格莱珉银行来说，贷款数额太少，无法采用法律手段，强制贷款人还款；任何情况下，在许多社会体系中，不论贷款数额大小，银行都无法运用强制性法律手段要回任何贷款。本质上说，格莱珉银行将借款人的左邻右舍变成了自己的网络资本（社会资本）。

现在讨论在缺乏信任的情况下管理合作的机构方案，在这个链条中，B 就是非政府机构，包括颁发专业会员资格的组织、正式的组织或者国家机关，它们都可以直接激励 C 去做 A 希望或认为有价值的事。通过严格地使用激励机制，可以确保内部工作人员与组织间的合作，确保其行为与组织目标一致，借助成员间牢靠的信任关系，也可以进一步促进双方的合作。假如能够成功地调整个人行为，使其符合组织目标，就可以预期：在相关组织的支持下，正式组织是靠得住的，能够激发民众与潜在合作伙伴之间的合作行为。

实际上，正如以下章节讨论的那样，这个模式捕捉到了社会资本的一个形式。在这个独特形式中，个人能够利用社会资本。对你（A）来说，动用社会资本，就会接近激励方（B），也就能激励相关供应者（C），采取符合自己利益的行动。发达的社会中，C 通常是个机构，往往是政府机构。B 通常也是机构，但大多是机构中担任职务的人。社会资本概念的确不明晰，但并不是毫无头绪，总是会有许多解释。许多学者认为，包括信任在内的许多无关内容构成了社会资本（例如，Putnam 1995a，1995b，2000；Brehm and Rahn，1997）。[4] 正如本书所述，社会资本的形式是个人可以获取它（Cook 2005），信任起到了极小的启动作用，但并不一定需要信任来启动。

这种情况是会因为特定的促动方（B）信任你（A），某种程度上，B 回报 A 的付出，激励 C 采取符合 A 的利益的行动。然而，即使没有信任，也可以做到这一点，因为 A 和 B 只是进行了一场交易，其中 A 付费给 B，去刺激提供方 C。一个不完全恰切而常见的例子是美国政坛，民众出资帮助 B 竞选政府职位，B 获胜后，管理政府机构，为民众服务。之后将详细讨论该观点的各种意义。社会资本可以促使没有任何信任关系的人做事——其实就是无须认识的人。这也是人们想利用社会资本的原因——要达到目的，这也是唯一可用的方法，当然，表述这种情况的词语因地而异。因此，在调动社会资本方面，信任至关重要，但是社会资本并不是由信任构成的。

激励合作行为的做法日趋稳定、有力，似乎有政府化倾向。例如，国际法律机构兴起之前，贸易管理必须采取这种途径：当时，管理贸易的非正式机构似乎是国家式的（见第九章）。更常见的是，缺乏政府强制力的情况下，有各种机制确保合作贸易关系，数量之多，范围之广，令人永生难忘，这就向为了机制正常运行而投巨资的人表明了其巨大的贸易价值。

公共规则可以激发方方面面的合作行为，在个人合作领域，几乎每个社区成员都起到了促进作用（例如，参见 Cook and Hardin 2001；Hardin 1995，第四、五章）。C 若不遵守对其实施的公共规则，就必定遭受处罚，承受巨大损失。最后，即使是在各种法律制度规范下的市场，也常存在质量和诚信问题，而这些是无法在合同中明确规定出来的，也无法由法庭负责执行，因此，其他非正式的机制有必要对此实施管理（Macauley 1963；Macneil 1980）。完整的合同都非常复杂，实际上也可以自行实施（Klein 1985），在规范具体的行为细节方面，合同和法规通常不太灵活，并且成本过高，因此具体行为必须依靠自发性约束。例如，与第六章提到的一样，在没有法律介入的情况下，业界就制定了职业人员和科学家的详细规范，相对来讲，这是极其罕见的，当然也有例外，侵权行为法中，不法行为诉讼案的出现就是如此。[5]

社会资本

近来，尽管研究政府的社会支撑作用时，各种观点的出发点都是说明社会资本的性质或其衰退，然而，社会资本的主要作用依然是促使民众完成个人和组织层面的事。社会资本的定义也千差万别，但是本书将其界定为两种形式。

首先是各种社交关系网形式（考虑到当前的目标，这也是更重要的形式），有些人可以借助关系网实现目标。许多作者把信任纳入社会资本的类型，当然，那是错误的。需要动用相关的交际网，来解决一些家庭问题或者宏观的社会问题，例如：怎样在教育体制内保护孩子，在这方面信任的作用不大。然而，关系网中有些人信任你，他们可能非常有用。因此，讨论信任时，这个问题似乎很普遍：如果依然存在风险的话，那么就是诚信风险而非信任风险。实际上，假如先前的交易行为中我诚实守信，那么你可能就会信任我，让我依靠你去完成一件事，假如我不诚信，你将会看不到未来、不想与我合作、让我从中受益，因为你不指望我会采取互惠互利的合作行为。此处提及互惠，表明了无须信任进行交易的可能性。因此，我们理解的社会资本还不全面。

文献研究中的第二种社会资本形式，是团队采取一些方式共同行动的能力。可以确定，团队可以拥有社会资本。这种资本蕴含在团队关系网固有的联系中，例如：假如成员彼此信任，都会冒险在集体企业中投资，其中涉及每个成员的个人利益。当然，组织不能过于庞大，因为无法与绝大部分人建立起足够深厚的关系，也无法相信他们，或者无法判断他们的诚信度。有人担心，社会资本在减少，他们必定想到了组织规模过于庞大所产生的种种问题。

应该注意到，并非所有的组织行动都依赖社会资本。一些组织自发协调，采取行动，其中任何人的行动都无须付出个人成本。例如：1969 年 10 月的一天，众多的美国年轻人从坎布里奇等集会地点涌向波士顿，去参加集会，反对越南战争。那是个出门的好日子，参加游行的人成千上万，许多人之间毫无关系，当然也有一些是夫妻，还有朋友相约而来，他们即便认识其他人，但也不会太多。游行场面令人愉悦，甚至许多支持越南战争的人也参加了游行。对许多人来说，参与重大事件是生活消费的一部分，相当于参加音乐会或者到剧院看戏，所付出的唯一成本就是放弃了参与其他活动的机会成本（见 Hardin 1982b，第七章）。组织游行的人或许会依赖自己组织的社会资本，去激发庞大烦琐的组织游行事件中的合作行为，但是参与者们无须由这种社会资本来激发，他们是主动参与的。无法想象的是，每个参与者可能会信任所有其他人。实际上，在整个集体活动中，除了组织者，任何人都无须切实地信任其他人。

个别学者很清楚，个人获取社会资本与组织拥有社会资本之间是存在差别的。詹姆斯·科尔曼（James Coleman 1988，100 – 102；1990，302 – 304）对此做出了区分（但有时难以区分），他举例说明，组织拥有社会资本，就能让成员采取集体行动。或许可以认为，许多组织都拥有"社会资本"。组织资本或团体资本是社会资本的显性形式，也是许多作家的核心关注点（实例请参见 Cohen and Prusak 2001）。近来，研究早期美国民主政治的过程中，托克维尔强调了团体参与的重要性，这或许正是研究中成问题的部分（Putnam 2000）。他认为，团体组织就是学习民主的实验室（见第八章）。然而，本书关注的焦点是第一种社会资本形式：个人能够获取社会资本，帮助自己实现目标。同样地，个人获取社会资本的形式就是 A 让 B 激励 C 采取符合 A 利益的行动。[6]

请注意，个人获取社会资本的形式是两件事物的相互作用。一是交际网达成自己想做之事的潜在有用性。二是交际网成员的潜在承诺，他们承诺要采取符合你的利益的行动。日常生活中，或许会涉及众多交际关系网中的许多人，某种程度上，这些关系网都是可用的社会资本。其中许多人（但也许不是全部）会说，在某些事件上，他们是信任你的。

从这个角度来说，个人拥有的这部分社会资本类似于物质资本，例如机械装置。所有实物资本都能完成许多事。如果个人拥有特殊才能，擅长操作，将会获益更多，同样的实物资本对你的价值与对别人的价值不尽相同。例如，或许你能用小提琴演奏出美妙的莫扎特奏鸣曲，而其他人则只能拉噪音。社会资本也是如此，起作用的不是演奏天赋，或者操作机械的技巧，而是所拥有的关系，能够获得可用的网络资本，并加以巧妙的运用。交际关系千差万别，为了同一件事求助同类关系网，结果也不尽相同。然而，可以想象一下采用不同方式使用同一关系网的情况。或许会有专业促动方，挖掘交际关系网，收取费用，为付费人提供服务。实质上，许多人为政客们的竞选活动奔走，他们就是专业第三方。提前收取了费用，并有望在下届选举时再次收费，而且获得了特权，进入相关交际网，解决各种问题。同样地，有些人能够召集社会资本，以某种方式互惠互利；你也可以，因为你也已经为此付费。

以这种方式看待社会资本，出现了两种互相矛盾的结果。一方面，运用社会资本能够解决日常生活中的许多问题，听起来社会资本是个好东西；另一方面，有些人进入关系网（尤其是与政府有关的网络）后，则高高在上，即使是在正规的民主政府内，许多政策的实施也都公平、公正，这些人获得社会资本的机会也会比别人更多，结果就不太公正了，原因在于：他们与政府人员过从甚密，而政府人员有实权，可以动用公共基金，或实施政治影响。显然，听起来社会资本又不是那么理想了。然而，得出这个一般性结论，人们应该不足为奇，从本质上讲，社会资本只是一种做事方式，没有理由认定，其作用就是实施善行或实现平等。也能用社会资本来作恶或者做不平等的事。工厂的机器可以用来制造武器，也可以用来生产消费品。同样地，社会资本既能够制定苛政式政策，也能制定利民的好政策。社会资本既可以为 3K 党（Ku Klux Klan）所利用，也可以被全国有色人种进步协会（National Association for the Advancement of Colored People，简称 NAACP）利用。

所有这些关系网都取决于社会秩序和人们掌握的技术。过去，关系网即使并非绝对是面对面的，也大多如此。现在，关系网的覆盖面更大，不过涉及程度极浅（Leijonhufvud 1995；Hardin 1999b）。然而罗伯特·帕特南（Putnam 1995a，1995b，2000）等人认为，一些发达民主国家的社会资本在减少。这正是帕特南所担心的问题，因为他认为，假如公民可以获得社会资本，就能提升政府的执行力。就像前面所提到的那样，公民获取社会资本的多少，体现在政府运作上，似乎会有厚此薄彼之嫌，就是对一些人有益，而对另一些人则没有。

一般来说，认为社会资本在减少的讨论中，许多观点都不正确。现代社会中，对许多人而言，个人获得的社会资本总体上都在增加而非减少。发达国家的公民拥有职场、邻居、大家庭、大学校友和其他许许多多的组织，建立了很多的联系。并且他们具备各种才能，可以确定各种环境中什么样的关系最能够帮助自己。有个证据能够证明我们之间联系紧密,那就是每人每年都会收到针对性的游说,劝说我们提供各种帮助,通常是捐钱。这些游说有的来自长期联系的网络,有的来自新近加入的网络。似乎每回复其中一个,就会再增加几个,几乎与回复邮件一样。例如,不论警署和医院的事业多么高尚,慈善活动捐款后,都相当于发出了劝捐邀请,未来几年(通常是晚饭时间)就会不断地接到劝捐电话,不堪其扰。这些网络常常利用我们,我们却不能轻易地利用它们。但是它们显示了我们的交际关系网,显示了我们利用各种网络的总体水平。交际关系程度的纵向长期变化是个非常值得研究的课题(见 Watts 2003;若要了解交际关系及其价值的通行观点,参见 Gladwell 1999)。

在个人和家庭层面上,个人利用社会资本,似乎是生活中完成许多事情的重要部分。本书探讨不存在信任的情况下,实现合作目标的各种机制。有些情况下,存在某种信任,推动事情的发展,但起主要作用的机制,并非信任和诚信度,信任未必能起到推动作用。像往常一样,假如存在信任,问题就会变得相对简单,但是信任也不是必要条件。这里讨论的机制是施加压力,让个人按照特定的方式行动,机制涉及面很广,大到强制实施硬性的公共规范(包括决斗规则);小到虚拟亲属关系,激励人们采取可信的行动,成为可信的人;再到各种确保公共贷款的机制。

所有这些自发性社会机制都在管理人们的生活,却都不在法律涵盖的范围之内。人们之间信任不足,许多情形下,只是没有太多信任,原因在于:利益冲突巨大,超过了个人之间的互利往来。许多关系中,互利型信任面临的最严峻挑战,往往就是利益冲突。如果这些交易有法律做支撑,交易各方之间也就未必需要信任了。但是这些情况下,法律还不充分——法律不健全,或者风险太低,法律机器太庞大、太昂贵,无法启用。本书将讨论其中之一:决斗机制,常常被称为原初律法。实际上,这里的许多机制都是原初律法,尽管大多数机制都依靠某种程度的社会秩序,假如没有社会秩序,我们生活中的边缘性问题不会得到重视。

合作与责任的公共规范

生活中常常会出现导致信任崩溃的大环境。紧接着就是关于信任关系的程式化社会历史记述（Cook and Hardin 2001）。生活中，规模较小的公共组织中，信任常常不成问题。实际上，12 世纪之前，英语中连表示"信任"的专门术语都没有，即使是现在，许多国家的语言中依然没有这个术语（Hardin 2002b，76）。群体成员相互认识，交往中彼此监督，公共规范能够确保可信度，而且群体内设立了惩罚措施，支持可信行为。与我做交易时，假如你不履约，不仅仅是我，所有人都会处罚你。这符合社会资本的范式：A 激励 B 敦促 C 为 A 做事。假如 C 在与 A 做交易时，是单打独斗的，A 就能引导整个团体（B），去敦促 C 对 A 更好，甚至对 A 做出某种补偿。

当代小城镇和大城市中，援助关系和合作关系的性质存在系统性的差异，这似乎体现了传统的信任历史（Cook and Hardin 2001），小城镇中，援助行为实际上并不互惠，而是纯粹的帮助行为或者公共规范，而在大城市中，同样的行为就具有典型的互惠特征了（Amato 1993）。此外，公共规范可以约束小群体中所有成员的行为，然而，大城市中，互惠行为仅限于特定的网络。人们采取互惠型行为，只帮助网络中那些同样情况下会帮助自己的人（或者是曾经帮助过自己的人）。小城镇中，社会网络是多元化的，网络成员比较稳定，责任规范也相对宽泛。而大城市环境中，网络呈现出专门化而非多元化的特点，成员之间的关系也没有那么紧密（并非完全交互式的），网络数量也更多，呈现出数量众多，而非多元交叉的特点（Fischer 1982），尽管大城市中也存在一些次级群体，带有小城镇生活的特征。

本质上，小城镇社群的合作行为与大城市环境中的合作行为存在差异，这显然说明：信任与诚信度产生了城市的互惠型交换关系，或者说源于城市的互惠型交换关系。要进一步探讨这个论点，需先探讨网络和团体中的一般化互换理论（Cook and Hardin 2001；Yamagichi and Cook 1993）。诚信行为的依据是利益、心理品行或道德承诺。因此，信任一定是源于了解受托人的利益、心理品行或道德承诺。

就像在小城镇中一样，假如援助行为的依据是规则，通过社会演化，相关规范就产生于团体内互惠的交换关系。对于教导孩子来说，这是很自然的过程，教授简单的规则也许更容易（规范中的规则），要他们理解他人利益的复杂性，以及这些利益如何与自身利益相关（尤其是自身的长远利益），要困难得多。事实上，许多成年人似乎无法理解迭代囚徒困境交易（交换）中所牵涉的利益逻辑（Hardin 1982a）或者说集体行动的逻辑（Hardin 1982b；Olson 1965）。除了某种程度的合作，公共规范管理的范围相对甚小，抑或其管理范围更加广泛，在这种情况下，与另一些人相比，可能对有些人更加严苛。例如，假如公共规范源于严苛的宗教原则，不仅涉及面广，而且极其严酷。本书关注的主要是合作规范，以及在没有国家权力时如何激发合作。因此，并不关心管理某个社群关系的整套规范，而只关注合作规范。

通常，公共规范也许是借助利益实施的，可能非常有助于其自身的存在发展，激发调动人们的积极性。援助性公共规范或诚信度公共规范可能源于互惠的交换关系，然后演化为普遍性原则，并且只有用作社群内部规则，才能在最大程度上得到不断的强化。大城市的规则也许没有那么规范，也更加公开化，主要源于持续性交际网络的互惠关系，而且可能一直保持原状，几乎从未推而广之应用到其他场合。对于大都市社群与小社区之间的关系而言，这些差别意义重大。

合作等正面事件类公共规范通常都是由繁杂的开除规则支持的，以确保成员忠实于集体。所采取的形式，就是惩罚不太忠诚的人或违背群体期望的人。处罚力度有轻有重，轻则进行温和的斥责，重则将其开除，排除在团体之外，还有个适度的中间方式，就是置之不理。

人们通常认为，控制群体成员的成本高昂，因此注定不会成功。出于几个原因，情况往往不是这样。与群体规则背道而驰的行为实际上令群体内其他成员感到不安，任何处罚都会收到立竿见影的效果，因而抵消了处罚产生的成本。例如，最近，在美国，有些印第安部落重新采用驱逐措施，将部落领土上的无礼成员驱逐出去。驱逐部分成员符合了留守成员的利益，他们保护自己，不受毒瘾和其他有违原则的行为的影响。① 居住在密歇根州的齐佩瓦族部落十分强大，假如成员触犯部规，将会遭到驱逐，部规不允许成员有以下行为，包括"加入黑帮、贩卖毒品、（在部落里）伤风败俗、破坏宗教仪式、偷猎或私自捕鱼，以及曾经遭到其他印第安部族居留地的驱逐等"。部落委员会的主席说："我们将自己视为大家族，因此有责任团结一致，共同努力，解决问题。"[7]

总之，小社区和大都市环境存在战略策略上的差异，解决互助问题的模式也会存在差异。小社区通常运用社群准规则，涵盖潜在合作关系的方方面面。而大城市社会则借助大环境中的持续性关系网络。其中任何一个网络都不全面，只涵盖潜在合作的某个特定领域，因此每个城市居民都参与了数目众多、形形色色的网络。城市环境中，在激励行为方面，信任和诚信度可能起到了举足轻重的作用，然而小社群中，发挥核心作用的是规范，信任的作用也许根本不值一提。

请注意，在这两种情况下，社会资本的形式也不同。在合作性公共规范中，可以动用的社会资本是动员社群其他成员，惩治违规的人。假如没有驱逐规则，人们就只能食言，从而避免与那些无赖进一步合作，经营企业。对无赖来说，那也许就是真正的机会成本，但是与大多数社群成员对他们避之不及相比，那点儿影响不足为道。完全回避或是驱逐出群可能会给他们造成灾难性的后果。

---

① ［美］莎拉·科肖、莫妮卡·戴维：《不堪毒品狂袭之风，各部落纷纷恢复古代刑罚》，《纽约时报》2004 年 1 月 18 日，第 1、26 页。

　　在城市社会的社交网络中，我们可以影响你在网络其他成员中的声誉，并可能实质上将你排除在网络之外。当然，那会影响到你本人社会存在中的一小部分。然而，事与愿违的是，如果你在他人中的价值高于我们，而我们又力图降低你的声誉，也许会导致自己被排除在外的结局，尽管的确是你辜负了我们的信任。可悲的是，假如遭到团队重量级成员的伤害，就有可能导致自己被排除在团队或网络之外。社交网络对其成员是具有价值的，仅仅因为它们能够促进成员间的合作，有助于提供成员所需。与一名成员合作的价值可能远远大于与另一名成员合作的价值，网络关系可能会因权力不平等问题而遭到滥用（见 Cook and Emerson 1978；Farrell，即将出版）。但是，网络发挥积极作用时，播发某人在有关事务（建立网络所要处理的事务）上辜负某个网络成员的信任，就会收到良好的效果，因为网络提供了增加成员资本的形式，或者说网络本身就是这样的一个形式。

　　下一节将要讨论的问题是：如何有效地使用社会资本，利用各种规则机制和网络机制，让团队中那些可信的人从中受益。

荣誉、决斗与复仇

　　历史上，对谋杀法的创立一直存在争议，当时，人际关系中盛行各种复仇制度，法律制度诞生之前，民众将谋杀法视为控制复仇制度的手段，法律制度诞生、发展后，就可以控制各种严重的暴力冲突。冰岛等大多不受天主教教会控制的中世纪国家的人际关系故事（Miller 1990）；北非柏柏尔人的田园社区（Stewart 1994）；19 世纪的美国南部（Nisbett and Cohen 1993；Schwartz, Baxter, and Ryan 1984）；迄今为止的阿尔巴尼亚（Hasluck 1954, 219 - 260；Anderson 1999）；[8] 黑山共和国（Boehm 1987）；欧洲其他偏远地区；并且，从较小范围上，甚至在英格兰——都在演绎着各种世仇与复仇制度的故事。阿尔巴尼亚的世仇，或者"库农"（kunun），就是血海深仇，类似于普洛斯珀·梅里美（Prosper Mérimée 1840/1989）的作品《高龙巴》中所描写的科西嘉岛的家族复仇风俗。这种风俗允许仇杀，或者对仇家的亲人采取复仇手段。

后来，复仇行为出现了奇特的"改良版"，法国、意大利和德国等相当文明的国家，贵族之中盛行荣誉规则，导致了决斗的发生，没有亲身文化经历的大多数人会认为，决斗似乎粗鄙不堪（Kiernan 1986）。克里特岛（大约公元前600年）的法典是欧洲最古老的成文法。当时的克里特岛已经蜕变到法典阶段，由法庭依据法典处理各种伤害事件，摒弃了世仇或复仇准则（Chapman 1984，28－30）。当时，英国也发生了类似的转变，创立了谋杀法，来处理极具破坏性的轮番报复行为（Fuller 1981，231－232）。法律取代了规范，致力于建立稳定有序的社会。

各个时期，许多地方都编写了各种决斗手册，供决斗人员及其随从参看，其中规定了哪些行为是恰当的、高贵的。1858年，曾任南卡罗来纳州州长的约翰·莱德·威尔逊（John Lyde Wilson）出版了《荣誉守则：决斗人员及其随从的决斗守则》。[9]花时间阅读这本手册有关细则的时间里，决斗者的狂热有可能会消失殆尽，使其免予一死。当时，威尔逊的决斗守则没有任何法律地位，并且可以推测的是，只有决斗人员心甘情愿去遵守，守则才会发挥作用。因为这个问题关乎荣誉，一旦各场所普遍采用该守则，拒不遵守就有可能声名狼藉。此外，如不遵守这些规则，可能会被指控蓄意谋杀。随从人员遵守的程序烦琐不堪，再加上必须小心翼翼地遵从这些规则程序，确保决斗双方明确其中的细则，假如能够遵从所有规则，在决斗中幸免于难，没有身负重伤，就可以趾高气扬地载誉归去。在包括非正式机构在内的许多决策机构中，这个准则都如同《罗伯特议事规则》一般。威尔逊守则或《罗伯特议事规则》的执行力都取决于接受程度：如果接受的人数足够多，那么人人都得接受，拒不遵守，定会窘迫不已。这样一来，一种社会秩序形式就此创立，可以对有些情况下的行为产生稳定的预期，维持秩序靠的是自发遵守，既不需要信任，也无须法律的支撑。

所有这些都属于准则，可以在相关社群内部实施，推动相关社群实现具体的合作性社会秩序。因此，也就成了公共规范。的确，这些规范强大有力，具有排外性（Hardin 1995，第四章）。也就是说，违反规则就会被排除在社群之外，要么杀之，要么避之（置之不理），要么遭到驱逐。与诛杀和驱逐相比，置之不理似乎不足为道。但是在没有太多资源、关系紧密的社会里，置之不理可能给违规者带来毁灭性的后果，因为被驱逐者无法轻易找到新的社区，维持生计。即使是来自南卡罗来纳州的绅士（历史上最暴力的人却被称为绅士，他们杀人以证明自己具有绅士风度），假如他违反了威尔逊守则，并且无法找到另外一个社会去生活，也会在自己的社交圈内颜面扫地。

早期条例显示，法律是相对公开的，非程式化的。尽管一个罪大恶极的人显然也违法了，而裁决他的依据可以是公共群情，而非法律。的确，在中世纪的英格兰，同辈人陪审团最初的意思就是社群同伴组成的仲裁委员会，人们认为，他们了解受审人的品质及潜在动机，可以据此判断其是否犯罪（Green 1985）。委员会成员的一致意见就是证词，尽管没有任何证据，向不熟悉该社群和被告的外人表明，证词内容属实，但是委员们还是会提供该证词。法律的人类学记载做出了类似的解释，遵从公共规则，制定公共决策（例如，参见Moore 1978）。

决斗之风盛行的社会中，其作用强大，能够诱发各种相关行为。任何享有盛誉的男人都可以得到"信任"，具有强烈的动机，不违背面临决斗挑战时的准则。决斗和仇杀是公共规范，以下事实说明了这一点：有些情况下，假如不遵守规则，就会遭到放逐，说明此人丧失了德行。比如，梅里美笔下描述的高龙巴，因哥哥长期在拿破仑的军队受到各种文明事物（尤其是文明生活）的熏陶，不愿参与仇杀，她就强迫他违背心愿，履行道德义务，杀死巴里奇尼兄弟（针对懦弱不敢参加决斗者的内部公共制裁措施，参见 Kiernan 1986，14－15，137，156，328）。马克斯·格卢克曼（Max Gluckman 1956，18）认为，在法律制度建立之前，这些规范也许曾起到过积极的服务社会的作用，他指的是非洲地区的"家族复仇中的和平"，其中威胁将世代为仇，这种灾难性世仇使人们的生活井然有序。在欧洲，决斗起到了进一步区分达官贵族和普通民众的作用（Hardin 1995，91－100）。任何有可能刺激他人决斗或者仇杀的事，都要付出代价，这通常也许会极大地阻止某些行为的出现。[10]

虚拟亲属关系

除了家人、好友及同事之间形成的社会网络外，还有一种虚拟亲属关系，将没有血缘关系的人联结起来，确定彼此承担责任、义务。尽管虚拟亲属关系往往无法得到法律的认可与支持，却是一种由宗教团体或社会群体实施的密切关系。许多国家都存在虚拟亲属关系，体现形式多种多样，既包括尊称父母的朋友为"叔叔""阿姨"，也包括帮派组织的"称兄道弟"，以及黑手党的"教父"。[11]

本章将详细描述一种虚拟亲属关系。肯尼亚西北地区居住着奥尔马族部落（Orma），他们传统的谋生方式是游牧业，如今却采取了定居型生活方式。因此，对他们来讲，照看畜群难上加难，畜群不能够长期待在一个地方，必须应时节之变化而迁移，赶到牧草丰美的地方（Ensminger 2001，186）。富裕的家庭选择让家中的男孩子上学受教育，不再成为牧羊人，因此就必须雇用牧人。这其中就涉及委托代理关系。在无法亲力亲为的情况下，人们需要代理人。奥尔马人需要牧人来看管远方的畜群。然而，他们无法迫使牧人采取合作行为，双方之间也不存在建立信任关系的基础。虚拟亲属关系成为克服这些障碍的手段。

传统上，儿子们定会照看好畜群，因为牲口最后都归他们所有。

雇主也想让雇来的牧人照看好畜群，但牧人面临严重的道德风险或利益冲突（Ensminger 2001，191，196）。他们可以卖掉牲口，然后谎称牲口死了，他们还可能不精心照看，畜群就会面临危险，遭到歹徒抢劫，野兽袭击。这些代理问题似乎妨碍了牧人与主人之间的合作关系。为了防止出现这种情况，奥尔马族雇主就公开收养牧人做义子，承诺给予他们社会保护，以及其他的报酬，作为他们将畜群赶到牧草丰美的地方时精心照看的回报。所采取的方式就是把女儿嫁给牧人。"收养"的牧人没有遗产继承权，但是收养人在世的时候，他们会收到礼物形式的馈赠（Ensminger 2001，195）。

虚拟亲属关系运行良好，收养的牧人得到了未来的期许，将自己的动机与义父的利益结合在一起。虚拟亲属关系也许会演变为信任关系，但却无须如此，因为这种机制在运行过程中，义子照看畜群，既符合自己的利益，也符合义父的利益，因为强烈的未来型动机激发了义子的可信度。假如的确产生了信任，那也是循序渐进逐步建立起来的，刚开始都会严厉监督，随着时间的推移，渐渐地放松了警惕（Ensminger 2001，198；Cook et al.，即将出版）。实际上，最终，随着主人利益与牧人利益逐渐地统一起来，也许最后他们连账都不记了。[12]

公共借贷

有些合作交往表面看来似乎不合情理，但是非正式的经济机制却对它们起到了促进作用：贷款给毫无保障的行动者，他们几乎没有任何资源来充当抵押品。用来确保这类贷款的各种机制中，有两种值得关注：一种做法是将新近搬来的移民融入族群社群，借助成功人士的一臂之力，让新移民不再一无所有；另一种是由赞助人或赞助机构建立组织，给穷困的创业者提供小额贷款。这些机制中，未必存在或根本不存在互利型信任，因为债权人与借款人之间几乎没有任何关系。

首先讨论滚动信用社表面上类似的做法。滚动信用社成立于穷人之间，其中没有一个成员是富裕的，他们似乎受公共规则的管理，因此无须真正意义上的信任。我们首先比较了多重公共规则与聚焦型网络，之后将探讨关系更为复杂的情况——例如，古巴信用贷款（Cuban character loans）和格莱珉银行等第三方债权人的情况。古巴信用贷款存在于定居在佛罗里达州的古巴移民中，贷款给新近定居的移民，而除了人力资本和一些亲属关系，这些新移民一无所有。古巴信用贷款和格莱珉银行都没有任何担保抵押，却一直存在，合理运作，原因是提供贷款的银行使用了社会资本，迫使借款人还款。

滚动信用社

滚动信用社的参与人员往往很少，他们定期缴纳一定的款项作为专项基金，之后这笔基金会轮流赠予每个成员。信用社成员的背景各不相同（Ardener 1964；Light 1972；Velez-Ibanez 1983）。此类信用社都有一些共同特点，将它们与其他各类合作行为（包括共同利益俱乐部）区别开来。有证据表明，这类信用社已有几百年的历史，普遍存在于许多国家。解决了一些人在银行和其他官方机构没有信用值的问题，也解决了歧视那些的确有某种抵押品的人所带来的问题，用实例表明了关系型承诺的存在，为经济发展提供了远景。

这些信用社也面临严重的拖欠贷款及窃用基金的威胁（Besley，Coate and Loury 1994；Hechter 1987），朋友之间甚至也会出现这种情况。在蔡凯莉（Kellee Tsai 1998）的研究中，提到了一位中年妇女陈太太，做小买卖，靠沿街叫卖豆腐为生。她讲述了自己参加由朋友发起组织的滚动信用社，却最终被骗的遭遇。"每个月，十位成员各缴纳200元钱，成为公共储备金，之后，其中一位成员拿走这笔储备金，共2000元。"陈太太想租一个固定的市场摊位，免得推着自行车东奔西走，靠车后座上拉的小车子卖豆腐。她加入滚动信用社四个月后，她的朋友没有像往常那样，如约在市场上出现，陈太太回忆说：
"我担心她病了。"但事实上，她的朋友就此消失了，无影无踪，杳
无音讯，陈太太总共损失了 800 元，相当于她一个月的收入（Tsai
1998）。总是存在拖欠贷款的危险，也一直会有可信度问题，甚至在
那些认为是朋友的人中间也是如此，陈太太的悲惨遭遇就是如此。

出现这样的结果，颇具讽刺意味，原因是成立这类信用社的初衷
也许只是想帮助有需要的个人，克服意志力薄弱问题，存钱来扩大生
意规模。每个成员都要求其他成员每周或定期缴钱，最终，每个成员
都会得到一笔钱，总数相当于自己的缴款总额。这个逻辑其实非常简
单，每个成员可以自己轻松地攒够这笔钱。大家合作起到了微妙的心
理作用，成员在公共处罚力的作用下，积极攒钱。谈到自己所在的信
用社时，一位多米尼加人说："信用社逼迫我们攒钱，因为我们对他
人做出了承诺。"①

假如我们意志力薄弱，也许会想，存款放在那些意志力同样薄弱
的人手里是否安全。假如信用社不是极其稳定，关系不太紧密，也不
期望每个人在遥远的未来依然是信用社成员，那当然不太安全了。在
这些关系紧密的信用社中，推动我们的，也许不是作为公共规则的信
任。假如有人很快会脱离信用社，规则可能几乎毫无作用。滚动信用
社的成员们力图将那些不可靠的人排除在外。通常，这种做法的效果
比不上社群内部严厉而有效的惩罚措施（Hetchter 1987，107 – 111；
Hardin 1995，第四章）。此类信用社几乎总是成立于居民稳定、几乎
不搬迁、彼此关系紧密的人们之间，包括一些族群社群或传统社会。

滚动信用社的激励形式，是由信用社其他大部分成员或社群其他
成员 B，来激励 C 合理公平地使用公共财产。只要未来足够长久，B
就可以做到这一点，假如 C 拖欠贷款，就会遭到有效的处罚。因此，

---

① 萨夏·阿布拉姆斯基：《新移民的储蓄与借贷》，《纽约时报》2000 年 10 月 22 日，
第 14 – 4 版。

即使成员之间互不信任，此类信用社也可以有效运作，当然了，有些成员是彼此信任的。[13]

信用贷款

既没有信任，也没有正常的市场激励机制的情况下，还有一种成为信用贷款的借贷形式。这种机制看似复杂，其实，移民社群希望鼓励新移民在该社区定居，标准金融体系又不为他们提供贷款，这种情况下，该机制也许非常通用。它曾经是迈阿密最先进的机制之一，为新来的古巴移民提供贷款，卡斯特罗发动革命前，这些移民曾在古巴经商。那些在迈阿密取得成功的古巴人，尤其是开银行的人，专为古巴移民提供贷款，给新来的移民提供信用贷款（Portes and Sensen-brenner 1993）。

提供商业贷款自然会涉及两个标准。首先，贷款一定会为借款方创造利润，让其具备还款能力；其次，认为借款人或借款公司承诺归还贷款，他们通常有担保抵押，保证还款，防止拖欠。移民曾经在古巴经商成功就是证据，证明他们在佛罗里达也能经商。至于还款承诺，迈阿密的古巴银行家不指望通过抵押担保来保证还款，他们靠的是借款人强烈的借款动机，用好贷款，之后按期还款。移民们没有标准银行需要的担保抵押，无法得到常规的传统型贷款，因此，如果他们还不上信用贷款，可能会被迫就此告别商界，永无经商机会了。

在这个交易关系中，债权人 A 期望 B（那些众人构成的大型社会，因 C 拖欠借款，而不愿意给其借款）刺激 C 还款给 A。B 完全是被动地在起作用，在丝毫没有意识到的情况下，接受刺激，产生作用。然而，实际上，B 是社会资本的组成部分，刺激他的不是银行，而是借款人。当然，银行收取贷款利息，从中获益，符合自身利益。银行帮助有能力的移民立足，从而扩大银行自己的业务。在这组关系中，实际上，银行可以信任借款人，相信他会还款（除非他的生意倒闭了），一方面是以为借款人重视双方关系，另一方面是因为假如他不还款，就别无选择。借款人具有极强的权力依赖性。大多数银行放出贷款后，都靠法律机制收回贷款。而佛罗里达银行提供信用贷款后，不得不靠庞大金融社区的社会资本，来确保还款。

因为借款人别无选择，他希望继续与银行保持业务关系，因此就乐于还款。然而，严格来讲，借款人并不囊括银行的利益，他可能更希望贷款到期前，银行就破产了。一旦借款人生意兴隆，就可以还清贷款，也就有了担保抵押品，确保可以从任何一家银行获得贷款，于是，未必看重与信用贷款银行保持持续性的长期关系。因此，信用贷款运行机制的基础未必是互利型信任，银行无须信任借款人，机制依旧运行良好。

在古巴，债权人不是靠过去的可信度声誉来收回贷款，他们靠的是借款人的经验和创业能力，是他们在经营企业生意中的可信度。1973 年，信用贷款终止了，一个主要原因是新来的古巴移民没有新近的从商经验。因此，没有任何依据，无法判断他们能否成功地经营一家公司。如果新移民得到信用贷款，也有正确的动机，但是却缺乏相应的经商能力。"信用贷款"这个名称本身也恰如其分，因为贷款是给那些具备商业头脑的人，一旦无法判断对方是否具备那种素质，贷款也就丧失了这层含义。

微型贷款与格莱珉银行

在既没有信任，也没有正常的市场机制管理的情况下，另一种贷款形式就是格莱珉银行及同类银行的做法。与佛罗里达的古巴银行一样，这些银行提供基本的商业贷款，资助处于创业起步阶段的小生意。1977 年开始，穆罕默德·尤努斯（Muhammad Yunus 1999，62 - 63）在孟加拉国创立了格莱珉银行。该银行如今的运作模式如下：一群朋友（通常是 5 位女性）组成小组，分别提交各自独立的项目企划书，申请小额贷款，用作创业资金。通常，银行从每个小组中选出两个人，提供小额贷款资助（贷款数额很小，也许只有几美元）。至少要等到第一批得到资助的两名成员开始认真地还款，而且每周按期还款，还到六周之后，小组的其他成员才有资格申请贷款。定期还款类似于按揭还款，不要求最后一次性偿还贷款总额，尤努斯认为，后者让人望而却步，寄予的期望不太合理。

这种体制产生了团队责任，赋予了其他成员强烈的动机，确保第一批贷款成员诚实守信，合理地使用贷款，努力工作，创造经济效益，并开始还款。这种机制实际上实施了全局性监督，与普通银行贷款的机制完全不同。整个过程在尤努斯设立项目之初并不明确，或者说银行的账面上并不能完全显示出机制是如何运行的。使用他所称的援助团队也是后来的发现。但是显而易见，整个机制提供了一套复杂的激励措施，可以提高生产力，格莱珉银行资助的小组成员之间具有凝聚力，她们相互竞争，力图做成小生意。古巴信用贷款没有抵押担保来确保还款，甚至也没有法律保障，是因为贷款额度小，而法律资源昂贵，动用法律得不偿失。佛罗里达银行拥有法律资源，来惩处那些生意成功后不按照合同还款的借款人。格莱珉银行则必须完全依靠社会资本，来激励还款行为。

本章开头提到，格莱珉银行（A）无须费力向客户（C）追讨贷款，因为从某种意义上讲，银行已将还款动机委派给几个左邻右舍的朋友（B）。银行运用巧妙的管理手段，使得借款人的朋友成了银行社会资本的组成部分，并将这部分社会资本运用到社区，或多或少地改善了社区全体居民的生活状况。银行通过申请贷款的邻居小组内部产生的社会压力，成功地实现了这个目标。在一些小组中，信任或许有用，但其实无须信任，这个机制在运行过程中，根本无须信任的作用。然而，最终，获得格莱珉银行贷款后，做成生意的小组成员之间也许会产生信任关系，使她们一起经营互利型合资企业。产生这样的结果：市场经济一派繁荣，最终取代公共准则，活跃生产活动，促进交易发展。

格莱珉银行的运作是否就是理想的模式，学界对此褒贬不一，存在大量的分歧。尤努斯的账目显示，还款率高得出乎意料（Yunus 1998；1999，70；Holloway and Wallich 1992）。批评家们却认为，格莱珉银行得到了捐助人的大笔捐助，填补了许多借款人拖欠贷款造成的损失（例如，参见 Contributions to Bardhan 1999，特别参见 Morduch 1999）。几乎没有确凿的证据，表明共同承担责任或"同伴监督"带来了社会压力，成就了格莱珉银行的成功运行（总体情况请参见 Ghatak and Guinnane 1999）。然而，即使格莱珉银行的贷款拖欠率很高，也并不意味着它不成功。有些贷款人之所以拖欠贷款，并不是因为刺激还款的激励机制不成功，而是因为他们的生意没做成，这种买卖不成的情况普遍存在于所有的社会。即使格莱珉银行无法保证借款人做成生意，但它的运行模式也许切实可行，效果卓著。

顺便提一句，格莱珉银行本身也是调动社会资本的结果。正如尤努斯（Yunus 1999，117）所说的那样："尽管孟加拉国的人口达到了一亿两千万，但管理权却掌握在少数人手里，他们大多是大学时代的朋友。孟加拉国的社会和政治特点一再地协助了格莱珉银行，克服了其他专制体制不可能克服的障碍。"尤努斯很高兴自己是那小部分人中的一个，促成了格莱珉银行的成就。他曾反复提起自己与那些认识已久、监管国家金融政策的人的偶然碰面或专程会见（Yunus 1999，89-91，117）。并反复提到他与这些人之间的友谊是有助于格莱珉银行的，有时是经济资助，有时是放松了刻板教条的专制管制，要不然，小额贷款的代价将会很高昂，也不那么可行。

所有这些机制（滚动信用社、信用贷款及格莱珉银行）都是自发创立的，面临的是以下状况：穷人手头拮据，一贫如洗，而国家规章制度和法律条例却无能为力或存在局限性，而这些机制能让他们获得资金资助，改善生活状况。可以看到，这些机制的运行效果显著，在既没有信任，很大程度上也没有确保实施合作行为的法律或政府保障的情况下，这些机制的管理效果卓著，充满了创造性，当然了，有时候也存在权力不平等现象，人们往往有充分的理由互不信任。

结　语

有些情况下，据说社会资本等同于金钱（Portes and Sensenbrenner 1993, 1324）。几乎可以将社会资本与人力资本进行类比，原因在于：它们都是越用越有价值。社会资源构成的社会网络会组织各种活动，促进社会资本的发展。同样地，在个行业中，人力资本越是加以使用，越能增值，因为相关人员得到的实践机会越多，越能提高自己的能力。

詹姆斯·科尔曼（James Coleman 1990, 180 – 188）描述了第三方调解者的作用，把人们聚在一起，经营合资企业（参见 Hardin 2002b, 140 – 142）。本章自始至终，B 是第三方调解员或促进方，或者更确切地说，就是第三方，是其刺激 C 采取了符合 A 利益的行动。第三方的调解作用也许仅限于将双方撮合在一起，也许建立合作、信任关系。大多数人也许会受益于这个中介方的服务，与其说是中介方，不如说是撮合方。不过，依据本书的记述，显然，从根本上讲，对于理解几乎没有或根本没有信任的合作关系，侧重关注中介方是至关重要的。所有人都偶尔需要第三方，靠他们让那些三心二意、心神不宁、不怀好意的合作人采取符合自己利益的行动，需要形形色色、数目众多的其他人的帮助，但却与他们互不信任。许多时期，许多地方的人们创建了一系列非同寻常的机制，来代替信任，促进与他人的无信任合作。

第六章　替代信任的制度性措施

　　一些极其重要的环境中，第五章中讨论过的那些途径和其他确保合作的自发机制，以及政府的直接监督（第八章），所起的作用并不大。这就需要中间机制。很多情况下，往往依靠非政府组织来管理一些人群，确保他们采取可信的行为，来达到目标。也许需要的只是专业人员、商业代表、科学家等人的偶然帮助，根据互利信任观，因为无法监管他们，也没有持续性的交往接触，所以无法信任他们。对他们中的许多人，不能实施恰当监督的最主要原因是对他们了解不多，有些情况下，即使全程跟踪他们的行为过程，也不足以正确地判断其行为的性质。寄希望并依靠他们的原因就是：如果他们诚实可靠，就可以为我们做些重要的事情——那些我们渴望完成却不能亲力亲为的事宜。通常面临的问题并非是让对方因为那些利益是我们的就将其考虑在内（那是不可能的），而是将对方利益与我方利益协调一致。因此，所需要的机制实际上可以替代诚信度，将双方利益协调一致。

　　通常将这些行动者界定为我方的代理人。双方关系中充斥着委托代理关系中常见的问题：利益冲突。通常，代理人违背我方利益，才能将自身利益最大化，委托给代理人来负责并确保我方利益，这种做法本身符合我方的利益，假如代理人背信弃义，辜负委托，就会将自身利益最大化。本章自始至终侧重探讨的是各种代理人与其客户之间的利益冲突。之所以将其作为核心的关注点，是因为在互利信任模式中，对方利益囊括我方利益，或者我方利益是对方利益的一个部分，而且通常符合所委托的代理人的愿望，即对方愿意与我方保持良好的关系。对方乐于采取可信行为，这源自双方关系本身。正如第一章中所提到的那样，信任是相对的，在很大程度上，信任源于对双方关系的珍惜。无法轻易判断代理人的行动，或监督其行动，双方利益没有太大关系的情况下，需要采取处罚措施或其他保障利益的形式，来限制代理人的行为，确保他们采取符合我方利益的行为。如此一来，对方乐于采取可信行为的原因就不再是双方关系本身，而是外在因素了。

本章探讨了二种促使代理人可信的主要制度结构：专业人员规范；科学的竞争性自律；以及商业领域的市场规范。接下来的两章将探讨组织结构和政府。总之，本书的关注点是创造利益形式，赋予代理人行为动机，促使其采取我们称之为可信的行为方式，而无须认为对方利益囊括我方利益，而信任关系则要求对方将我方利益囊括其中。

根据各种标准的诚信度观点，个人难以信任政府或大型机构，这些观点包括：互利观；特定的品格心理倾向；特定行为方式的道德承诺等。普通人难于信任是因为他们对大型机构及其主管毫不了解，无法根据这三个标准评判其诚信度。实际上，规模小的情境中也存在这种毫不知情的情况，不得不依靠专业人士、科学家或商业管理人员或公司。这些代理人具备专业才能，对我们而言极具价值，因为我们不具备专业才能，往往无法评判他们。在能力方面，评判商业管理人员和公司的另一个障碍是：他们所做之事大多保密，保密有助于他们在竞争性的市场中获得利益。

因此，对于这三类专业人群，我们是病人、客户和消费者等普通人，无权评判他们的诚信度（要么是能力，要么是承诺），但我们却急需他们的服务。因此，我们乐于建立各种机制和制度，确保这些专业人士采取可信的行为。有时，这些人充当代理人，我们期望他们采取有利于我方利益的行为，然而，双方的利益往往会发生冲突。这些人行为的核心问题是：出于自身利益考虑，他们理应得不到信任，原因在于：他们的利益超过了我方利益，也不囊括我方利益。

对利益冲突的管理

就组织内和组织外的关系而言，至少有四种可能控制这些人在专业和组织岗位上的个人行为，使其利益与委托人利益一致：简单的利己主义，组织产生的自我利益，通过监管机构依法实施，以及个人的诚信度承诺。个人的诚信度承诺与一些标准的信任观点吻合，包括代理人的信任道德品质承诺或信任性格品行承诺。事实上，各行各业似乎都高调地宣称，他们信守承诺，自我鞭策。依据所有标准的信任观点（尤其是互利信任观），组织产生自我利益，通过监管机构依法实施，可视为单纯信任和诚信度的替代途径。第七章将会深入探讨组织产生的自我利益，涉及各种组织中普遍存在的种种内部问题。

简单的利己主义

简单的利己主义成功地操控了绝大部分相关行为，尽管我们已渐渐习惯了它所起到的作用，却很少关注它。亚当·斯密认为，"它并非出自与我们晚餐息息相关的屠夫、啤酒制造者、面包师的善心，而是源自他们对自身利益的关注"（Adam Smith 1776/1976，bk. 1，ch. 2，sect. 2，pp. 26 – 27）。亚当·斯密的简单自我利益操控限制也许适用于小商店的店主或其他众多的个体户。当个人的获利动机与组织利润或客户利益发生冲突时（包括各种专业领域的利益冲突等），自我利益操控限制显然无法引发恰当的商业行为。例如，近几十年来，有些公共基金管理人员不惜以投资者的利益为代价，攫取财富，想想这些令人质疑的做法吧。①

　　组织利益与男女平等、种族平等及环境保护等更广泛的社会问题之间发生冲突时，简单的利己主义也常常无能为力。强调这些社会问题也许会降低各种组织、大学和工业企业的生产力。因此，往往期望组织竭力回避这些问题，以免承担执行社会政策的重担。

组织激发的个人利益

　　为了有助于实现组织目标，组织通常设置内部激励机制，激发各部门工作人员在不完全诚信的情况下采取可信的行为。一些流水线生产组织中，内部激励机制的透明度最高，最具效力，工人只要偷懒怠工，就会被发现，也许会受到处罚。然而，各种组织都需要类似的内部激励机制。例如，分级奖酬制度能激励雇员为了得到晋升和获得高额奖酬而更加努力地工作。一些销售组织直接按照销售业绩发放薪酬。其他各种组织必须设置岗位，在一定的程度上，岗位为员工赋予了动机，在其位，谋其政，履行岗位职责，为组织的成功运行做出贡献。组织安排的核心问题是设置岗位，调动真正能促发雇员为组织服务的动机，按照岗位定义或岗位目标，采取行动，履行岗位职责。

依法实施

　　毋庸置疑，法律制裁起源于古代，是当时运行的主要机制，许多商业环境中，都可以采用法律制裁，包括由政府强制实施的证券行业利益冲突标准。然而，总体来讲，在确保组织承诺方面，法律往往笨拙不堪，难以实施，主要有三个原因。

---

　　① 《利益问题触及公共基金之痛》，《纽约时报》1994 年 8 月 7 日，第 I－1 版；Dwyer 2003。

第一，采用法律手段处理小事成本高昂，程序繁杂，冗长烦琐，而小事频现，总体而言也至关重要。因此，为了提高效率，组织必须找到应对绝大多数自身诚信度问题的方法。

第二，法律往往滞后于问题产生的速度。例如，许多组织行为问题，和各种熟知的外界因素一起，造成危害，从而使我们明白，法律应该是什么。新型企业形式日渐主导美国的经济生活后，才制定了公司法，目的就是应对新型企业的兴起（Berle and Means 1932）。直到1949 年，美国法律中才出现了利益冲突概念（Luebke 1987；参见Davis 1982）。原因无非是它已经成为一个主要的问题。在法律发展的过程中，往往是先出现问题，后制定法律。

第三个原因也许最重要，法律与组织内部产生问题的复杂原因互相抵触。因为法律意义上的责任概念不会真正转移到其他环境中，因而需要更深入地进行探讨。法律追究责任的通用因果模式在刑法中运行良好。[1]按照这个模式，追究责任的目的，是找出原因，即导致死亡或组织犯罪等反常结果的系列行为和条件中的异常现象。该模式想当然地认定，许多行为和条件都有可能导致重大的结果，因此，我们并不真正地想完全了解前因后果，而只想了解关键的焦点部分。

法律因果模式无法用来管理诚信度，理由很简单，没有类似于法律制度的执行机构（Hardin 1988，155－160）。因此，法律模式应用到许多专业领域和企业环境中，就缺少了法律使用中强烈认同的一种价值观：尽管使用法律的过程高度程式化，但倾向于最终有个确定的结果。由于我们需要秩序和最终结果，来制订计划，进行投资，因此这一点在法律中至关重要。我们期望法律制度能解决问题，好让我们继续下去。法律常预先告知我们，什么样的行为会导致犯罪，因此，法律激励我们，为了长远利益，采取更好的行为。假如法人组织中没有可信、稳妥的执行机构，就无法做到这一点。

除了特有的法律特性，法律责任模式还有一个强制性的特征：回避合成型谬误问题，这不利于简单地解释法律责任。无论探讨什么，都必须解决这个问题。因此，将首先撇开合成型谬误问题，转而全面探讨组织的因果模式。然而，要全面阐释重要组织行为的因果模式，就需要宏观性的解释，这远非任何个人代理的能力所及。假如情况果真如此，代理人就无法负责地采取恰好符合组织目标的行为。因此，代理人的行为必须符合标准规范，符合那些为了达到预期的结果而制定的规则。财务制度等规范可由外部代理机构监督执行。

个人的诚信度承诺

大多关于组织的著述（特别是流行的关于商业组织的著述），都侧重反复强调诚信度承诺或相关的道德准则。也许该由心理学家来决定这样做是否有望成功，但是乍一看来，四种机制中，这似乎最不可能激发符合组织利益的行为。即使可以反复灌输各种价值观，显而易见，这并不能解决组织常常面临的各种复杂问题。

针对个人与组织化行为之间的关系，最简单的理论认为，仅仅将个人行为全部聚合在一起，就合成了集体性的组织结果。然而，至少有两个宏观原因，证明这种理论没有说服力。第一，认为每个人都服务于某个组织目标（包括为组织的客户提供特定的服务），因而将共同达成组织目标，这是个合成型谬误（Hardin 1982b；Olson 1965）。恰恰相反，每个人也许不得不运用策略，采取行动，表面看来，这些行动似乎都与组织目标毫无关联。例如，你采取的行动与我截然不同，但是只有你我双方的行为共同作用，相互作用，才会为组织目标做出贡献。第二，基于许多目的，控制个人行为是偶然因素的作用，而非直接与那个人有关。例如，抓捕达到规定酒精度的酒后驾车人，使他们远离道路，可以极大地减少交通事故，仅仅惩罚交通事故肇事人远不及这样有效。有些道德理论认为，无论酒后驾车者是否造成伤亡，都有充分的理由对其实施惩罚，这样才能减少无辜死亡的人数（Hardin 1989）。

　　力图反复倡导组织行为准则或其他行为准则，使其超越个人服务于自身利益的动机，一个重要而特殊的做法，就是力图让一些专业人士按照行为准则行事。公司的会计、审计员和其他代理人往往都在此列，他们的利益与公司利益或老板、股东或管理层的利益相互冲突。针对这些专业人员的研究，文献浩瀚无际，题目太大，涉及面太宽，本书就不再一一赘述了。然而，有一点貌似合情合理：在公共生活的各个领域，个人利益与组织的岗位职责要求发生冲突，这个冲突领域最重要，且悬而未决，包括近来安然公司（Enron）、美国泰科公司（Tyco）、世界通讯公司（WorldCom）等在内的巨额财务欺诈案，都清楚地表明了这一点。例如，至少在部分案例中，解决这些利益冲突的一种方式，就是改变审计工作的方式，使其面向公众更加透明，更加易于管制个人，杜绝个人的错误行径，消除利益冲突。

　　请注意，认为个体的良好行为共同作用，即可达到良性的集体性组织结果，就相当于认为：商人、专业人员与公职人员毫无职业道德差异。也相当于认为，他们的职业操守与普通人毫无二致，或是认为，所有的专业行为规范应当毫无二致。[2] 也就是认定，引入复杂的组织结构来完成各种工作，根本不会有明显的效果。这些观点也许都是正确的。但我们也许应该假设与该观点截然相反的观点——出于各种目的设置的岗位职责架构需要各不相同的岗位行为守则（Bovens 1998；Hardin 1991a，1996a，1998a）。制度设置的关键，似乎就是确定岗位和岗位职责，使其符合机构目标。

　　首先简要讨论专业人员行为规范，之后将转而探讨机构设置过程中科学家和商人的行为规范问题，只要监管得力，机构设置就能大体上确保他们的可信度。因为先前已详细探讨了这种情况下的职业规范，这里将再次简要回顾，然后深入讨论其他两种主要的社会体制。[3] 然而，总体来说，这是很好的初级制度规范模式，与专业人士行为规范对比，可以更好地了解其他机构监管的局限性。对科学领域的讨论最为深入——是因为目前的科学操作规范很成问题，相对而言成了广为关注的热议点。一百多年以前，美国的医生和律师建立了联盟，成为美国医学会（AMA）和美国律师协会（ABA）的前身，这些组织势单力薄，面临来自其他同类组织的竞争。在几乎没有任何个人原因的情况下，科学家们全力地自发组织为自律性的专业队伍，获得了巨大的成功。但是现在，面临政府规范的威胁，他们试图管理自己的行为，取代政府管制。的确，面临国际恐怖主义的威胁，在防止政府干预、规范研究工作方面，美国生物学家们处于守势（Malakoff and Enserink 2003）。

专业人员

非政府组织确保诚信度方面，最为深入的研究是许多行业中为规范职业行为而建立的组织，法律界和医学界更是如此。确保这些行业的专业人员与客户打交道时的诚信度问题，甚至出现在了近几十年来信任研究领域最早、最重要的研究成果，即伯纳德·巴伯的《信任的逻辑与局限性》（*The logic and Limits of Trust*）（1983）。尽管巴伯与大多数作家一样，几乎一直在探讨信任而非诚信度，但他的论述主要侧重于诚信度，探讨的是控制代理人行为的机制，认为在提供专业服务的过程中，代理人必须可信。巴伯（Barber 1983，14）注意到了诚信度概念中的两个问题：执行被委托事宜的能力和做出相应的承诺。能力包括"专业知识、技术设施或日常行为表现"，承诺"涉及对受托人义务和责任的期望，期望社会关系中的有些人具备道德义务和责任，将他人利益置于自身利益之上"。

捍卫美国医学会（AMA）和美国律师协会（ABA）等机构的人们通常认为，这些机构能确保从业人员的道德承诺，这个观点略显牵强（例如，参见 Berlant 1975；Larson 1977）。约翰·贝尔（John Bell）是 1847 年诞生的首部美国医学会准则的起草人之一，他称之为"医药道德论"，意味着这是符合道德行为规范的各种原则的汇编，其中似乎成问题的，是相关专业代理人的行为，而非其行为造成的后果（Chapman 1984，106）。从理性的角度看，制定行为准则的原因，也许被视为源于道德因素，因为专业人员和客户之间往往存在利益冲突，显然，法律界尤其如此。提供医疗服务的大型医疗机构兴起之前，传统的医疗实践中，这个问题也相当严重。事实上，当时的医生可以决定如何治疗，很大程度上，也可以决定收取多少费用。因此，作为病人的代理人，医生也面临着主要的利益冲突，通常称之为"道德风险"。如今，大型的保健组织（HMOS）可以制定医疗保健服务标准，确定收费标准，因而存在利益冲突，有自身的道德风险，当然其初衷是提供的服务低于收费标准，而不是高于收费标准。这些冲突再次成为几乎所有代理机构关系中的核心问题。例如，这些冲突是美国医学会制定的"医疗道德伦理守则"的核心关注点。[4]

对许多人而言，获悉律师的从业动机首先是从道义上关心客户，定会惊讶万分，同样，对另外许多人而言，得知医生出于道义而关心病人，也定会惊讶万分。人们会乐于认定，美国律师协会（AMA）和美国医学会（ABA）的主要作用，就是进行职业教育，形成职业规范，反复对此进行强化，以提高从业人员的能力。这些职业协会不仅为医学院和法学院设定了标准，而且正式地、明确地规定了学校的作用，就是反复进行强化，向学生灌输道德承诺，承诺在与客户和病人打交道时，要遵守行业规范。因此，这些协会的倡导者都无形中支持基于受托人道德承诺的信任观。这种承诺也许会通过反复的教育得到强化。直到最近，美国几乎没有哪一所法学院和医学院依然教授道德伦理或行业职责，这种情况当然不包括在内。因此，其中隐含的观点与所采取的相关行为并不相符。

然而，职业组织的主要任务，似乎是对实际的从业行为稍加监督，而不是严密监控法律的实施，而法律或许会影响从业人员。即使一些医生和律师具备道义动机，更好地服务于病人和客户，普通病人或客户也不会轻易了解到这一点，许多人也许想知道，除了可能的道德承诺外，医生和律师是否具备强烈的动机，采取恰当的行为。治疗不当引发的诉讼案的确为他们提供了动机，甚至有限的规范监督措施也提供了某种动机，激发医生采取适当的行为。对公众而言，专业组织最重要的作用，也许在于监督，监督未来职业人员的教育和培训。他们实施监督的初衷，也许是有助于确立自己在专业领域内的垄断性控制地位，借助法律权威，确定从业人员是否具备从业资质，得到业内认可，以此实施垄断。（Berlant 1975；参见 Chapman 1984，105 - 112；Scott 1965）。他们监督人才的培训，因此国家赋予其特殊权力，国家就是他们的强大后盾（Larson 1977）。

　　过去，人们曾经认为，职业行为规范就是规范从业人员与客户或病人之间一对一的个人交往关系，认为只有这样，专业人员才能成为可信的代理人，根本不考虑实际情况：客户或病人往往无法判断专业人员的能力和承诺。[5] 因为公众以及政府官员——无法全面监督或者管制职业行为，职业人员具备专业知识，因此声称自己承担了大部分工作。备受争议的是，在确保职业人员的能力方面，人们公认，职业行为准则与规范的教育要求都相当成功有效。在确保职业人员的承诺方面，却并不那么有效。本书将侧重关注职业人员的承诺，这是互利型信任的核心内容。当然，主要是因为在医疗界和法律界，相对而言，从业人员的专业能力似乎都较强，他们的确备受关注。

　　20 世纪后半叶，医疗界和法律界所谓的伦理准则从关注从业人员与个人转至关注组织。[6] 大卫·休谟（Hume 1739 - 1740/1978，bk，3）认为，从业人员的职责日益人为化。也就是说，他们履行具体职责不是天职使然，假如他们履行职责，一般都会收到良好的效果。然而，良好的效果开启了与他人行为相互关联的方式，特别是关联到综合性医院、保健组织以及保险公司等组织中的工作人员的行为（也见 Hardin 1991a）。行为准则的变化反映了这些行业随后发生的结构变化，不再是先前一对一的私人关系，取而代之的是日益融入大型的机构环境，由专业人员组成的专业队伍来提供医疗服务。人们都说，医生和律师与其他人一样，负有天职，但是这些天职并非是他们的职业所特有的。希波克拉底誓言严禁医生与病人发生性关系（参见本章附录）。然而，医生并非唯一受此限制的职业，并没有什么特殊待遇。

医生和律师假如不为病人和客户谋利，是找不出任何正当理由的。因此，明智的做法是将医生和律师视为代理人（将病人和客户视为委托人）。因此，他们首要的职业规范不仅源于医疗规范或法律规范，而且源于组织或机构的制约性规定。早期的医疗准则条款和法律准则条款，往往旨在规定：通常情况下，医生或律师个人应该做什么。这种规定似乎是说，医疗界和法律界的做法都一样，不存在具体案例具体对待的情况，也不存在偶然情况。美国医学会（AMA）准则和美国律师协会（ABA）准则的修订本（分别于 1980 年和 1983 年生效）中，删除了很多此类条例，侧重专业人员如何采取符合大型组织或公司利益的行为。

专业人员采取的自律形式是什么？专业监督的关注点往往是程序和专业人员的总体品行，而非专业行为的实质。假如律师与客户发生利益冲突，即使在为客户辩护时，没有当场败诉，可能也会因此受到惩罚。作为客户的代理人，律师的败诉被视为利益冲突产生影响的证据。假如存在利益冲突的情况没有完全透露给客户，就不能简单地认为利益冲突是败诉的原因。下面举一则法律实例。歌手迈克尔·波尔顿（Michael Bolton）控告美国威嘉律师事务所（Weil Gotshal & Manges），在一起侵犯版权案中，这家事务所代表他的同时，也代表了他的唱片公司和出版商。单个案例中出现这种多重代理的现象并不常见。但是波尔顿坚持认为，出版商和保险公司之间达成交易，保险公司只在审判裁决时保护出版商，协商解决的情况下则不维护出版商。波尔顿认为，他最终被判负有法律责任，原因仅仅是威嘉事务所的合作人隐瞒了协商和解的机会。在这一案件中，本应要求波尔顿签订一份"弃权声明书，表明他了解其中的利益冲突"。①

　　职业行为规范的核心准则是规定哪些行为在许可范围之内，哪些行为是明令禁止的。因此，表面上看，行为规范似乎是义务性的，与美国医学会（AMA）准则所秉承的规范一样。但是，之所以对某种职业有需求，就是因为它有益于潜在的雇主。其关注点必须是为病人提供服务，而不是从医人员。此外，假如不考虑采取惩罚性行为可能造成的后果，就无法理解两种历史最悠久的职业行为规范的现代修订版。

　　通常，对美国律师协会（ABA）来说，若要评定律师在处理客户案件的过程中是否尽职尽责，可谓难上加难。但是，作为普通人，人性的特点就是首先考虑自己的利益，因此，尽可能采取措施，防止有损于客户利益的行为，往往会产生良好的结果，这样做合情合理，绝对是明智之举。尽管如此，即便双方存在利益冲突（例如，律师在客户起诉的公司中持有大量股份，或代理该公司的其他法律事务），律师也许仍能尽职尽责地处理客户的案件。[7]美国律师协会（ABA）的"模范准则"只要求律师对双方的利益冲突进行说明，以便客户自行选择，决定是否依然委托该律师来代理。[8]当然，制定职业行为准则，惩罚各种不当行为，符合律师们共同的集体利益，原因在于：假如客户对律师充满信心，认为律师会采取符合客户利益的行为，而不会顾及其他的利益，总体上讲，客户委托律师代理的案件数量就会增加（Barber 1983）。因此，所有律师都会获益，制定恰当的行为规范后，个别律师即便不遵守或钻法律漏洞，也会因此受益，更加富有。既然所有律师都从中获益，就有理由确立执行机制，杜绝有人钻法律漏洞，而带来负面影响。

----

　　①　卡伦·多诺万：《大型律师事务所侵害客户利益》，《纽约时报》2004年10月3日，第3-5版。

科　学

假如科学家的自律与律师或医生的自律完全相同，也一定会关注程序和性格品行（参见 Hardin 1999a）。就科学界的欺诈事件来讲，关注这些方面绝对是正确之举。以两个案例中的问题为例，第一个是大卫·巴尔的摩（David Baltimore）和同事泰瑞莎·今西－加里（Thereza Imanishi-Kari），他们被指控编造数据，撰写了一篇极其重要的文章；[9]第二个是罗伯特·加洛（Robert Gallo），他被指控窃取了法国同事的艾滋病病毒样本，然后声称样本是自己发现的。[10]此类案件可以归入做科研记录、应对其他科研人员的竞争性研究的程序规则。然而，与法律界或医学界不同，科学界的问题似乎首先是所有科学家都关注的问题，而不是竞争性科研项目中的相关成员所关注的问题，更不是受托人对某个具体客户的责任问题。历史上，职业行为守则的部分关注点就是从业人员内部的问题，但更核心的关注点却是受托人的各种责任。而且，支持自律的道德论观点认为，必须反复向医生和律师灌输相关的客户服务准则。

对那些可能屈从于利益冲突的科学家来讲，正确的做法也许不是去探讨他们的行为动机，而是探讨其科研工作中的缺陷：研究方法不佳，统计检验不当，数据明显有误等。这些缺陷可能源于唯利是图，也可能源于马虎大意，后者不仅会影响面临利益冲突的研究人员的研究成果，也会影响所有科研人员的研究成果。书桌凌乱是否意味着不遵守职业道德？在信封背面漫不经心地做记录，这是否也是不遵守职业道德的标志？采取此类做法也许效率低下，也不是明智之举，无法控制利益冲突，原因在于：有些科学家是公认的马虎大意，而有些研究人员则真正有罪，屈从于利益冲突，歪曲科研成果，前者的数量总体上远远多于后者的数量。利益冲突与马虎大意没有任何关系。

科学的目标就是追求真理

科学家们普遍认为，真理是衡量一切的唯一标准，他们也许会赞同查尔斯·桑德斯·皮尔斯的观点（Charles Sanders Peirce 1935，3），他写道："具有科学精神的人首先渴望了解真理，这种渴望胜过一切，为此，他热切渴望清除现有的暂时性信念（所有信念都是暂时性的），然后努力工作，以达到追求真理的目标。"[11]若用本书的语言来表述他们的观点，可以说科学家们是可信的，因为他们与真理同在。科学真相往往就是科学家的行动指南，规定了他们应该说什么。例如，争论控制严重污染问题的制度方面，科学家的立场通常是采取普世主义论，讨论可能会让全世界满意的管理规范。相对而言，他们的模式和假设与政治无关。政治家则常采用族群主义立场，反对一些污染测量标准和测量方法，以免给本国带来控制污染的负担。政客常玩的手腕仿佛就是要战胜其他国家。为理想而战的科学家应该为真理而言，各国也许将围绕真理而共同努力。

讨论科学家的承诺时，他们为真理而献身的精神被视为标准，仿佛科学家是人类的异族，他们特立独行，主要由价值观引导，而非利益驱使。皮尔斯观点中的意图很明显。但是，科学家们具备追求真理的动力，这不仅仅是一贯的承诺，实际上，与追求真理本身相比，承诺的作用微乎其微。许多情况下，科学家高度关注真理，是因为他们发现：真理实质上就是自身利益问题。他们的雄心壮志与真理密不可分。发现真理是符合科学家的利益的，因为假如他们发现的不是真理，其他科学家很可能就会证明他们是错误的，至少在重大问题上是这样的。例如，各种冷聚变观点的情况就是如此，假如有可能实现冷聚变，作为一种廉价能源，冷聚变将会具有多么重大的商业意义。由于风险太大，许多科学家对冷聚变观点提出了挑战，当时的其他科学家也无法进行复制，做出同样的实验。

　　科学家自己往往能够判断哪些科学家可信，他们甚至认为，假如没有任何利益冲突，单纯从事科学研究，所有科学家都是可信的。为了说明自身利益和真理之间的关系多么紧密，来看看近来贝尔实验室的简·亨德里克·舍恩（Jan Hendrik Schön）和劳伦斯伯克利国家实验室的维克托·尼诺夫（Viktor Ninov）的学术造假案。他们的职业生涯因公布了其他人无法检测的科研结果而被葬送。舍恩提出高温超导电性和分子水平在有机材料薄膜中转换的现象。尼诺夫声称，发现了第 116 号元素和第 118 号元素原子核存在的短暂生命迹象。这些学术造假案非常令人不安，因为这两个人都有几个合作者，这些合作者本应能够注意到造假问题（Minkel 2002）。他们的造假行为遭到披露后，民众也许会质疑其他高水平的科学家是否可信。而发现他们科研造假行为的，正是其他的科学家。物理学家（极其简短地）报道了第 113 号和第 115 号元素存在以后，又小心翼翼地声明，在其他实验室证实这两种元素的确存在之前，切不可完全接受他们的研究成果。

　　科学家的职业前景就是开启真理的大门，很难想象正在总体上形成一个更有力的激励结构。在科学界，真理、利益和热情往往必须结合在一起。因此，也许正如丹尼斯·弗拉纳根（Dennis Flanagan 1992）所说的那样，在主流的科研环境中，造假泛滥显然是个不正常的病态现象。不幸的是，科学家们常常面临内在的利益冲突，出现在别人未来获取的知识（例如，这些人也许会发现他的研究成果是错误的）与他目前的地位和收入之间。例如，学术造假后马上出版、发表，能即刻让科学家获得终身职位。也就是说，科学家的眼前利益也许会与未来利益发生冲突。在这方面，美国和许多其他大学的终身聘任制度产生了负面影响，而且不止存在于物理学和生物学领域。

　　长期以来，物理学家们一直争论不休，反对那些制约他们行为的规范，他们的理由是：假如制定的激励机制恰当有效，就足以防止学术造假，尽管未必能防止小错误。现在，一些物理学家怀疑，这种观点是否很幼稚。[12]无论物理学家面临什么样的情况，他们通常都无法从研究中获取巨额利润，而生物学家则常常面临巨大的诱惑，他们守住底线进行研究，而非为了抽象的科学进行研究。一项针对德国科学家的调查研究发现，个人的学术行为不端是临床研究（80%）和生物科学（59%）中的主要问题，而在物理学领域（4%），则不值一提（《自然》2003 年）。生物学研究能带来大量的财富，金钱诱惑造成了学术腐败。

企业的科学

不幸的是，科学家在许多问题上存在分歧，针对因果效应或解释性模式的事实基础，他们的观点也许截然相反。政客、公共利益群体或公司自然会选择最符合其利益的科学家。例如，烟草行业擅长挖掘那些宣称没有证据表明吸烟和癌症有关系的科学家，并聘用他们。因此，科学家似乎总是与利益联系在一起，仿佛他们的科学取决于与具体利益之间的关系。因此，公众开始怀疑支持任何政策决策的科学界专家的意见。也许这就是公众常说的他们不信任科学家的原因之一。假如有一千名科学家一致同意分析结果报告，建议调整或标定出 X 物质，而只要发现一位科学家持不同的见解，他也许就会因利益受影响而得到一个平台。

也许还有个问题更为糟糕：一旦专家的意见针锋相对，公众也不具备判断是非的能力，或者说，公众甚至往往不知道，持一种观点的专家人数要比持相反观点的人数多得多，或在科学界的名望要高得多。目前相当盛行的说法是，与历史或社会学一样，科学也存在分歧。尽管科学界本身并没有给少数声名狼藉的科学家提供多少余地，让他们鼓吹烟草或铅等行业的商业利益，但是新闻媒体却常常提供大量篇幅，频繁地报道截然相反的观点，这种做法令人不安。

因此，设立职业行为标准的一个主要原因，是相关公众不具备信息，以判断专业人员可信度。因为公众（和政府官员）不能充分监督或管制专业行为，专业人员自己承担了这其中的大部分工作。也许合理的解释是科学家之所以承担监管工作，就是防止公众来监管，专业人员一贯的自律做法似乎表明了这一点。科学家的自发监管需要集体行动，来取得巨大成功。当然，这不只是科学家的自发行为，还是美国物理协会（APS）等专业组织的行为，它们可以鼓动政治行动。

如果真理一直发挥其影响，从不出错，那么所有错误都会立即被发现，当今科学界也许就不存在学术行为不端的争议了。但真理不是这样起作用的，如今，科学正踏入职业自我管理的道路，而且毫无传统依据（或者也许更有可能），科学正在步入公共代理机构管理的道路，并最终取代职业自我管理。在许多科学领域（工程学除外），职业守则还是新生事物。很早以前，土木工程师们就意识到，他们的工作实质上是为公众提供服务，他们是在大量的公共监督之下，为公众客户工作的（Bella 1987）。1965 年，美国化学组织（ACS）采用了"化学家信条"。1994 年由《化学家行为守则》取代。这两个文件都很简短。[13]内容含糊不清，反复劝告化学家，要注意："利益冲突和科研行为不端都是违反守则的，包括捏造、弄虚作假、剽窃等行为。"美国物理协会（APS）的《职业行为指南》也是篇幅短小，含混不清。

科学家振振有词地认为，由国会议员约翰·丁格尔（John Dingell）（D-MI）组织的听证会所做的公众管理很滑稽，他的政治改革运动是防止某些假想的邪恶势力的发展，而其他物理学家的制约终止了舍恩和尼诺夫的造假行为。[14]此外，科学家无须《职业行为指南》，就能做到这一点。要过渡到更广泛的公共监督，面临的核心问题是利益冲突的威胁，而不是舍恩和尼诺夫貌似病态的行为。利益冲突一直是医疗实践中的问题，但在传统职业中，法律实践和法律操守方面，利益冲突最为突出。[15]然而，也许对科学来说，法律实践并不是可以借鉴的宝典。

当然，企业科学家在一些方面不同于律师。长期以来，美国律师也曾是美国司法部和大型律师事务所或企业的员工。批判这种做法的人认为，律师在司法部反垄断司等机构寻求舒适的环境，几年后，他们要格外小心谨慎，以免把未来的潜在客户伤得太深。但是对于那些过去善待自己，而未来不会再行善举的人，未来客户也无意于进行经济方面的回报。他们乐于雇用那些在反垄断法中展现出巨大创造能力的律师。其他事情上也是如此，离开司法部后的业内佼佼者，在司法部工作时可能就已崭露头角、才华横溢。在这一点上，企业律师和科学家截然不同。科学家的观点也许有助于在企业谋得职位，而律师的才能在于依法辩护。律师可以改变基本立场，却丝毫无损于其颜面，而科学家却不愿这样。

利益冲突

科学家的事业和机会取决于曾经做过的科学论断的质量，因而，他必会站在科学真理一边，对真理感兴趣。在企业科学时代，由于期望科学家做不符合科学范围的事，对其他利益的追求会超越这种兴趣。但这个问题与律师的利益冲突问题不同。律师的利益冲突直接涉及客户。科学家的做法之所以很成问题，恰恰是因为符合了客户的利益，甚至为此违背了科学（Marshall 1990）。打个比方说，科学家的利益冲突与他认可的真理概念密不可分。

不幸的是，我们也许能确定一名律师的股票持有量，却不能以同样的方式规定或甄别真理。只有通过争论和分歧，我们才可能更好地理解科学。因此，我们必须常常期待科学问题上存在观点分歧。如果科学家的作用是发现有益于集体利益的知识，那么无形中就在不同的观点之间引入了竞争模式。通常，我们不希望科学观点存在模式化结构，来规定什么样的观点或方法符合真理的伦理道德，什么样的必须排除在外，就像中世纪结束很久后，当时的天主教在其他领域所产生的影响那样。

为企业工作的科学家致力于开发能够创造利润的技术，标准的市场力会产生作用，使这些科学家们同时受到真理的制约，至少可以检验以下情况是否属实：他们开发的技术是否如同广告宣传的那样有效。只有当技术产生未加说明的外在效果或隐蔽的直接效果时，科学家的角色才开始产生利益冲突，影响广大公众。在客户不知情的情况下，律师和医生对其造成伤害，科学家们带来的隐蔽性直接效果与此类似；对方一旦知情，这种伤害就会破坏信任关系。为相关企业工作的医生和生物学研究人员也许会告诉我们，烟草不会引起肺癌，儿童接触少量的铅也不会引起智力和其他方面的缺陷，或者非常昂贵的专利药比有同等药效却廉价的一般药物更好。我们不能肯定地说，由某一方支持的科学家的研究一定会受到这方利益的影响。持不同意见的独立科学家也许会得到需要类似观点的利益人的支持。例如，早期阶段，克莱尔·恩哈特（Claire B. Ernhart）和桑德拉·斯卡（Sandra Scarr）批评赫伯特·尼德尔曼（Herbert L. Needleman）的作品，尼德尔曼认为，儿童接触少量铅会受到伤害。争论后来变得极富讽刺意味（参见 Palca 1992）。恩哈特和斯卡的后续研究得到了铅行业的支持，甚至直接得到了咨询费。这个问题持续政治化。[16]

1998 年，美国联邦法院制定新的规定，假如游说人员给公职人员送礼，不能仅凭这一点就认定其行为不合法。① 相反，必须表明赠送礼物后的确从官员那里得到了好处。法院提出的标准极其严格，毫无通融的余地，确实违背了立法的要旨，限制了利益冲突本身，芝加哥市的道德伦理准则和许多相似的原则也是这样。我们也许渴望禁止科学家们去支持各种包含利益冲突的做法。然而，在科学界，制定严厉的政策，防止利益冲突，造成了直接的后果，导致科研经费锐减，或技术变革的质量急剧下降。科学家无法为企业工作，甚至也许无法

----

① 琼·比斯丘皮克：《高级法院重审埃斯皮调查案裁决结果：关于公职人员收受礼物的争论》，《华盛顿邮报》1998 年 11 月 3 日，第 A1、A4 版。

为政府工作。所有的科研费用都只能由科学家个人承担，或由毫无利益关系的基金会（包括大学）资助。防止利益冲突的硬性规定所带来的后果与这些规定本身背道而驰。因此，我们似乎不能期望，科学家会和律师一样处理利益冲突。如果仔细审阅律师职业规范中的许多其他具体规定，我们也许会同样地认为，这些规定不适用于科学家。为律师制定的处理利益冲突的一般性规定的目的，是增加律师为客户利益服务的前景。在这个有限的意义上，一些科学家的作用至少和律师们很相像：只有认为其行为有益于相关客户，才会给予支持。相对而言，客户也许是广大公众，而不只是诉讼案或刑事案的具体涉案人员。

一些科学家的生活中，也许还有其他更重大的利益冲突：大学或者公司等雇主的利益冲突，这些机构或许发现，处罚科学家可以自保，符合自身的利益。外界很难判断这类案件。有个臭名昭著的案例最终遭到了《华尔街日报》的曝光，英国联合博姿（Boots）药业公司赞助加利福尼亚大学旧金山分校（UCSF）做价格昂贵的药品左甲状腺素钠和同类廉价药的对比研究。研究人员董贝蒂（Betty Dong）发现，这两种药是可以互相替换的，联合博姿药业公司每年靠左甲状腺素钠赚取 60 亿美元，这个研究结果对其利润造成了威胁。联合博姿控告了大学，校方让步了，拒绝给予董贝蒂法律援助，联合博姿药业公司逼迫她撤回了已发表的科研成果。①[17] 在这个案例中，科学家被迫卷入了利益冲突，出现在真理与昂贵法律诉讼费用的商业之间，即使她打赢官司，也会因此倾家荡产。[18] 为了应对很多此类案件，13个主要生物医学杂志的主编"不再发表签约型研究成果，即研究人员没有自由发表成果的权利"（Michaels and Wagner 2003）。资助的结果还表明：资助人总想如愿以偿，得到期望的结果（Krimsky 2003）。

───────────────

① 津伯格、拉尔夫·T. 金：《苦药的余味：医药公司如何先期资助大学研究，之后又暗做手脚的》，《华尔街日报》1996 年 4 月 25 日，第 A1、A3 版。

幸好董贝蒂没有受到资助结果的影响。

作为集体企业的科学

科学界的核心问题是如何使它变得可信。显然,历史上这从未成为主要问题,大部分原因是:曼哈顿计划制造了原子弹,20 世纪,高科技医疗科学得到了发展,而在此之前,科学并不会对政策产生直接影响。这些都得到了公众的大力支持。公众支持科学的最突出的特点,也许是作为所谓大科学的科学实践已经发生了翻天覆地的结构变化。早期,流行的科学界形象是研究者个人追求真理或声誉,特别是渴望得到同行的认可。布里奇曼(P. W. Bridgman)于 1946 年获得了诺贝尔物理学奖,仅在一名长期助理的协助下,他就完成了几乎 230 篇重量级科学论文的大部分研究工作(Holton 1996,75 – 76)。在曼哈顿计划中,科学变成了大科学,之后不久,布里奇曼就获得了诺贝尔奖。曼哈顿计划戏剧性地表明,当代现实迥然不同。如今的大多数科研工作都是由大型科研团队完成的,他们有大量的资金支持,拥有大型机构的研究设施。重要论文的作者可以涵盖全世界许多机构的数百名科学家。[19] 如今,杰出的科学家几乎很少待在实验室。的确,霍华德·休斯医学研究所(Howard Hughes Medical Institute)最近的一项研究显示,55% 的调查对象说他们没有时间浪费在板凳上,剩余的大多数人每周待在实验室的时间不到 5 小时(Papon 2003)。

当代的现实情况是:越来越多的科研工作由大型科研团队承担,而且历史上,大多数科研工作都曾经是集体事业或社会事业,实际上,如今的情况依然如此(Hardin 2003;Holton 1996,71 – 75)。土木工程师大卫·贝拉(David Bella 1987,117 – 118)描述了工程师的状况,可以由此推而广之,所有科学家的境遇都是如此。他们依据的是社会创造的知识,其中大多是他们无法个人验证或证实的。因此,贝拉写道,"职业诚信涉及的不仅仅是个人诚信"(见 contributions to

Schmitt，1994）。假如在那些无法直接判断科学的人眼里，甚至是科学家自己的眼中，科学家个人还有些许诚信，那就必须建立诚信的制度或社会进程。这样的公共性事业需要公共机制或某种激励机制内的诚信度（要么源于互利，要么源于道德承诺，或性格品行），来确保可信度。

布里奇曼长期同他的研究助手合作，他们之间必然会产生极高的诚信度。在现代科学中，同几百人的合作中，没有人具备监督所有实验的能力（例如，在许多高能量粒子物理中，或者人类基因组匹配的浩大工程中），几乎根本不可能有根有据地判断合作者的诚信度。因此，在大科学中，霍尔顿（Holton 1996）的"信任演变过程"（evolution of trust）本质上是在脱离信任关系，并朝着外部约束行为发展。这可能意味着，普通市民等不从事科研工作的人能对科研成果充满信心。但这或许更不利于科学家内部的信任，因为大科学涉及的是专家团队，他们各有所长，研究的领域各不相同，不可能具备监督彼此工作的能力，近来舍恩和尼诺夫事件中团队成员的情况就印证了这一点。

自我约束与公共规范

要规范科学家的诚信度或可信度，可以采取三种各不相同的形式或将三种形式融为一体：一是采取公共规范的形式，由拥有政策权力和处罚权力的公共机构执行；二是职业性自律，由科学家组成的专业组织执行，（可能无法设置任何机构，切实执行这两种规范形式中的任何一种）；三是仅限于科学家的自律，以及由于其他科学家自发的竞争性观点而产生的自律。如果说第三种形式可以自行实施（正如科学家一般认为的那样），可能就没有任何理由去建立任何其他规范形式了。

对真理的追求是自发性的吗？在很大程度上，我们必须假定是这样，正如之前的观点所宣称的那样，这符合科学家自己的利益，因为没有一个科学家想被证明是错误的，也许尤其不是欺骗性的错误。因此，在科学发现方面，科学家应该是可信的。他们自己的利益确保了他们的可信度。长期以来，美国物理协会的官方观点认为，这个动机足矣，但近来的事件从某种程度上颠覆了这种观点，因为所有案例中的动机似乎并不能成为总结性的结论（Service 2002），一般来说，我们听闻过太多的事件，其中科学家情愿犯错误，也要服务于特殊的雇主。在纳粹时代，一些德国科学家乐于低估犹太人的科学发现，仅仅因为他们是犹太人。但是对于坚守科学名誉的科学家来说，研究成果在几年后被发现是错误的（还是很快就被发现是错误的），则可能没有多大关系。他们一点儿也不希望自己的错误被披露。

对于为商业公司工作的科学家，真理为什么不是他们自行实施的呢？他们的收入取决于购买者的期望和理解。假如购买者的头脑中不确定批评制造商的观点是否可信，至少有些科学家会得出有利于制造商的结论。这种情况下，科学家建议公司追逐利益，可能是为了科学家自己的利益，而不是为了发现科学真相，当前许多研究的焦点问题在于：存在极大的不确定性，导致真相的标准也不确定，对于广大公众来讲尤其是这样。因此，对于诚实的争议有空间，对于不诚实的争议有动机。对于烟草生产者等企业，公开提出吸烟和肺癌有关与提出质疑性异议之间的差异在于：也许即使几年后真相最终发现，但企业已经借此赚取了几亿美元的收入。

虽然在不远的未来，社会规范会在深度和重要性方面得以发展，但科学家们认定的许多负责行为规范很可能仅限于自律，由科学家个人以及质疑他们的人制定。显而易见，我们似乎不能够明智地建立机构，来复制全部或一些重要科学发现。历史上，一般来讲，可能会实现这种复制，在大学物理或化学实验课程中，所有大学生都学到了这一点。100 年前，米利肯（Millikan）的油滴实验被验证了无数次。但近来的实验更多的是由大型科研团队负责实施的，证明在巨大的加速器中存在新的粒子，或证明十几代果蝇的基因转换，这些都是不能轻易复制的。

美国当前的科学体系中，科学家个人的处境类似于没有美国医学会（AMA）规范的医生的状态。当然，许多科学协会采用了行为准则，但是这些准则有时有名无实，不能与时俱进，几近陈腐，内容空洞，与希波克拉底誓言毫无二致（医学界的规定，见本章附录，全文在 Lloyd 1950/1983，67）。然而，与医生和律师一样，科学家也在高度体制化的规范下工作。因此，他们的行为规范主要参照制度设置而定，20 世纪 80 年代，对律师和医生的主要职业道德规范进行修订，以响应制度规则的约束，当时的情况就是如此。

目前也许只是个过渡期，由完全自律的原始状态向公共代理机构的法治化管理形式过渡。医生和律师不仅受到法律的监督，而且也按照职业规范来自律，在美国，虽然玩忽职守的法律诉讼案在逐渐增多，医疗界的行为规范也在不断合法化，但医生和律师仍想方设法以自律为主。科学家在职业自律方面的创造能力总是趋于缓慢，也许是他们犹豫太久，因而不能首先获得直接的公共管理。近些年，对医生的公共管理中，主要关注医疗费用以及医疗保健的分配情况。科学家的公共管理也许会很快呈现出许多问题的方方面面，这些问题在其他监管制度中也事关重大，包括针对医生、律师和公司的监管制度。

想象一下，假如没有职业守则，科学家应该如何行动，考虑一下，假如医学界没有美国医学会（AMS）的行为守则，医生该怎么做。如果你是一名医生，没有这种职业守则，你该遵从什么原则？脱口而出的回答也许是：做些实际原则规定的事也许或多或少都会有益。但这种回答毫无逻辑性。只有假定受管理的其他各种人都履行职责，按照职业守则的规定做才是完全正确的。单靠你的个人行为无法确保这一点。而且，你不可能花时间制定出职业守则的原则，守则的制定需要很多人，拥有多年的实践经验，花费几年的时间。的确，这也会违反明显的伦理因素，你将时间全部花在制定职业守则上，而不是给有需要的人提供医药保健服务，毕竟那才是你实际所学，受培训所做之事。最好的体制设置也许是由专家判定各种实践中的道德问题，并确保医生的诚信度。

没有行为守则时，作为医生的你该做什么？显然，医生的行为应该有益于他人的健康，而不是有害于健康，这种行为才合情合理。一般来讲，应该避免利益冲突，它会让人受到刺激，觉得医生不顾病人的利益，例如，也许不该开医院、实验室或药房等，将病人介绍过去，① 也许不能完全避免固有的利益冲突，推荐病人由你做手术，或其他情况下不妨碍你照看病人。你甚至想不到，给病人开处方到自己名下的药店买药也涉及利益冲突（例如，按摩师给病人推销所谓的保健药，病人一旦购买，他们就从中获利，他们也许意识不到利益冲突）。但是如果有人指出其中存在利益冲突，并说明内中门道，医生仍然坚持说不存在任何利益冲突，也许有理由怀疑医生的诚信度。美国医学会（AMA）制定的行为规范中，有许多规则并没有清楚地说明理由（极个别的规则附有情况说明，对我们所以为的医疗责任有个简单的说明），我们不应断定，即使美国医学会没有公布规则，医生也应该自己心中有数，并根据其行动。

请注意，没有官方职业守则的情况下，医生必然会将服务态度与对服务对象的真诚结合起来。一般来说，科学家也许能采取合乎情理的行动，无外乎是将个人利益与真理自然地结合在一起。但是在制度化科学阶段，除了积累科研成果之外，还存在职业风险，机构利益常常直接和真理发生冲突，单靠这种结合显然不够了。科学家没有看到其他科学家嘲笑和推翻自己的发现，利己思想也许会继续约束他们的行为，但是现在，必须加强科学家研究领域外的激励措施，或者说，科学家必须受到追求真理的规范化管理。在大科学时代，很可能从制

---

① 参见《年度伦理道德操守与医疗事务会议（1992）》，伊曼纽尔和斯坦纳，1995年；罗德温，1992年。

度上讲，与灌输服务意识相比，在科学家研究领域之外，设计、执行正式的管理体制更容易。公众无法知道，哪些领域可以通过激励发现真理而得到充分的管制，哪些领域可以借助机构管制，来防止因科学家与雇主存在利益冲突而造成伤害。因此，将科学家的行为与追求真理协调一致的四种机制中，不可能去遵从灌输规范的方法。规则失效时，我们期望可以利用激励机制来诱发适当行为。

商　业

对于商业公司而言，主要的可信度问题是利益冲突，出现在组织利益与组织服务对象的利益，以及受组织外部因素影响的人群的利益之间。一般来讲，探讨组织内部问题的方式可以用来探讨所有组织的问题，包括商业公司或其他正式组织（见第七章）。通常，组织内部激励机制能减少对信任关系的信赖程度，也能降低对道德承诺的需求（Hardin 1996a）。然而，顾名思义，本质上讲，商业组织的目的是增加利益，将利益最大化，因此将面临方方面面的宏观问题，需要采取符合道德规范的行为，让组织利益适应大环境。

这里将不探讨能力问题，总体来讲，能力是判断诚信度的主要方面，而只侧重探讨动机问题，这也是本书的整体关注点。此处将探讨成功的公司及其经理或公司所有人的主要问题，即他们的利润与对顾客的承诺，以及受其外在因素影响的人之间的冲突。

组织内部的利益冲突

组织内部存在一个主要的利益冲突问题。简要回顾一下曾经讨论论过的将组织动机与相关行为进行匹配的四个策略：简单的利己主义，企业激励机制和岗位定义，法律制裁，以及准则灌输。对于商业组织，这四个策略中，最重要的可能是在组织内部为各种岗位设计相关的激励机制。机制中对某些岗位的设置可以特别巧妙。试想一下，从一定意义上讲，组织领导者的岗位所生产的产品就是利润。公司的激励机制奖励那些为公司带来利润的人。首先，听起来似乎与奖励销售业绩的激励机制一样简单：只是简单地根据销售业绩给销售员提成。这个机制能让销售人员相对可靠，为达到企业目标而努力工作。但是企业领导人不只生产利润，利润是整个公司的运作所得，大多属于股东，而不属于那些无股权的经营者。然而，将公司资源交给旨在为公司股东创造利润的经理管控，就给他们制造了各种机会和动机，滥用权力，攫取大量利润（Berle and Means 1932，354–355）。

组织内部奖励也可能起到负面作用。试想一下，例如，最近绯闻缠身的安然公司（Enron）、美国泰科（Tyco）、世界通讯公司（WorldCom）等许多公司，这些公司经理的奖金就是公司股权。奖金额度取决于公司的业绩或公司股票在证券市场上的价值，市值也是衡量公司业绩是否良好的有效尺度。因此股权本身就是有价值的，是公司股票价格的直接效果。这提高了公司（及其他许多公司）高管层的积极性，采取行为，使本公司股票在市场中升值。一种方法是通过营利性生产和市场营销运作来实现。另一条途径更容易，但有时是违法的，那就是采取在公司账目中做手脚等手段，使公司利润虚高，造成公司股票的市值也更高的假象。很多公司的经理都发明了很多操作方法，使得公司利润明显提高，来将公司股价抬得很高。达到一定的点后，这些公司隐藏的债务危机就会显现，股价会大幅降低，有些情况下，实质上降到了零。

早期制造这种骗局的人是"电锯"阿尔·邓拉普（Al Dunlap），他的绰号指的是他分解了成千上万的雇员，甚至包括他曾经管理过的公司。他用欺诈的手段，制造盈利假象，获得巨额的奖金报酬。在奈泰克纸业公司（Nitec Paper Corporation），他伪造经营业绩，"震惊了股东们，奖励他120万美金"。在苏格兰报业公司，他以同样的手段伪造账目，骗取了 1 亿美金的奖金，之后才披露出他瞒报公司负债 9900 万美金的真相。美国证券交易委员会（SEC）控告他，在桑比姆公司（Sunbeam）他使用了同样的欺诈手段，骗取了数百万美金，致使公司破产。①

简要回顾一下这种激励机制的滥用程度，《金融时报》（*Financial Times*）对 1999—2001 年间 25 个顶级商业公司倒闭案做了调查。结果显示，"这些倒霉的公司里的某些高级行政主管和负责人卷走了大约 33 亿美金，包括工资、奖金以及抛售股票和股权获得的利润"（Cassidy 2002，64）。平均每家公司损失 1.32 亿美金。股价崩盘后，这些公司里其他股东的股票一文不值，利益被盘剥一空。

人们也许认为，由于创造了收益，经理们应该得到奖励，但一定要承担相应的责任。难点就在于怎样确定他们的实际贡献。提出的可行性建议如下：将可选的所有股票或同行业股票按道琼斯指数或纳斯达克指数进行期权价格调整（Rappoport 1999）。这样一来，公司股价上涨时，边际增值利润才可视为是经理们的个人领导力所创造的，他们由此获得奖励。20 世纪 90 年代，几乎所有股票价格均一路飙升，所有的行政主管都比前辈做得更好，这一点令人难以置信。然而，即使参看股价的总体水平，经理们都能因各种偶然原因获得高额奖励，与他们的业绩毫无关系（Cassidy 2002，77）。令人不可思议的是，经理们甚至在股票下跌时都能通过股权赚取巨额收益（Cassidy 2002，72）。

这里有个小失误：把股权分配给经理们，是对他们作为股东们的代理人的一种刺激，来激励他们增加公司股东们的财富。这些经理们被赋予动机，可以采取任何措施，使公众认识到公司价值更大，包括从长期来看会减少或者甚至破坏股票价值的措施。最终，受到

---

① ［美］弗洛伊德·诺里斯：《"电锯"阿尔如何避开安然公司式的公开账目做法》，《国际先驱论坛报》2002 年 9 月 7 日，第 11 版。

操纵的股价易于跌落。事实上，潜在的一次性巨额收益会造成最后阶段破坏性的结果，经理们从中获得巨额利润，留给别人来收拾烂摊子，他们则在欺骗许多曾经信任他们的人后，着手开始自己的生活。20世纪90年代，股市泡沫破灭的时候，许多经理人在正常情况下都诚实守信，但在股票大升之后，有泡沫破裂威胁下，他们没能抵挡住巨大的贪欲，违背了代理人的职责，拿走了一切，导致委托人破产。他们是美国泰科公司的丹尼斯·柯兹洛斯基（Dennis Kozlowski of Tyco）、环球电讯公司的加里·温尼克（Gary Winnick of Global Crossing）和安然公司的安德鲁（Andrew of Enron），他们不惜触犯法律，采取非法手段对公司进行掠夺。然而，有些贪婪至极的掠夺行为与法律打擦边球，牺牲无数股民的利益，攫取巨额利润，与它们相比，刚刚提到的犯罪行为真是小巫见大巫了，这一点令人沮丧。例如，柯兹洛斯基（Kozlowski）从美国泰科公司私吞基金，购买艺术品，他被控告首先是因为采取违法手段逃税，没有缴纳艺术品销售税。

20世纪30年代，阿道夫·伯利（Adolph Berle）和加德纳·米恩斯（Gardner Means 1932，354 – 355）认为，现代公司中，经营权和所有权分离的制度会带来严重问题。这一现代经营形式创造了"一系列新的关系，赋予了拥有控制权的人群绝对的权力，在使用权力方面没有任何相应的职责来进行限制"。因为经理对公司拥有绝对的控制权，"他们可以采取符合自己利益的方式来运营公司，并可以将一部分公司资产挪作私用"。"侵吞公司"的可能性显现了出来。伯利和米恩斯一定很吃惊，因为在他们写下这些几十年后，这种侵吞猖獗到无以复加的程度。在屠夫、酿酒师和面包师采取传统经营的年代，关注自身利益，就足以约束其行为，不可能出现他人掌控、肆意侵吞公司的现象。但现在却很容易出现这种情况，除了简单的利己主义外，需要其他由市场实施的机制，调整商业市场中潜在的不合理行为。

组织的外部冲突

公司造成的外部伤害至少有三种截然不同的形式。最为明显的就是公司故意地直接将污染环境的垃圾排入空中、陆地和河流。例如，很多公司（尤其是化工企业，当然还包括其他企业）将有害物质排入河流。美国通用电气公司有意将数千吨多氯联苯排入哈德逊河。杀死了河中众多的水生生物，损害了下游人民的健康。[20]

公司引起的第二种形式的外部伤害，是为了降低成本而危害员工生命安全。很多公司将员工置于高危环境，没有将保护工人纳入公司章程。例如，炼铜厂的员工长期接触高度砷危害，矿工们都易得黑肺病，肺炎成了"矿工的朋友"，而当时还没有使用抗生素来治疗肺炎，矿工们长期忍受肺气肿的折磨，痛苦不已，虚弱不堪。对员工造成的这些外在伤害屡见不鲜，日益严重，因为高管层设置了对工人造成危害的工作环境，但只有基层管理者才了解其危害程度（参见 Wagenaar 1996，139，Passim）。

第三种外部危害形式，是由于在运送、开采、加工等环节采用了冒险的方法，有时（但并不总是）造成的严重危害，或多或少是意外性事故。许多最有新闻价值的环境灾难，都是公司采取冒险但未必有害的操作方式造成的结果。例如，埃克森石油公司"瓦尔迪兹号"油轮（Exxon Valdez）在海上漂荡并向阿拉斯加海域倾泻了数千吨原油，污染了原生态的海岸、无助的鸟类和其他野生生物，起因仅仅是听从了一个臭名昭著的醉鬼发出的命令。人们往往认为，这次事故完全是埃克森石油公司的道义失责，令人奇怪而又与此相反的观点是，市场激励机制应该减少类似的事故率，毕竟，埃克森石油公司所耗费的成本比他们在海上油运中赚取的总利润还多（Wagenaar 1996）。

"瓦尔迪兹号"事故大体和"泰坦尼克号"沉船事故一样出人意料，当然对埃克森石油公司利益造成了巨额损失，公司做出了明确的市场响应：变卖所有的运输船队，杜绝此类事件再次发生，以免继续造成巨额损失（Wagenaar 1996）。我们可以理智地推断，如果埃克森石油公司继续控制着船队，并将损失内化掉，最后的结果肯定是面临更大的风险，此类事故将不断发生。凭着雄厚的经济实力，埃克森石油公司弥补了"瓦尔迪兹号"油轮漏油事故造成的部分损失。[21] 如今，一些小公司分担了埃克森石油公司的油运业务，假如未来再次发生漏油事故，其中任何一家小公司都会就此破产，因为小公司都不具备能力承担事故所带来的损失，那些损失将几乎全部被外化。

然而，最糟糕的外化企业损害的违法行为，并不太具有新闻价值，就是为了减少生产成本，故意造成危害的行为。在很多情况下，与企业造成的危害程度相比，节约的成本相形见绌。尽管许多公司投入资金来避免类似危害的发生，实质上，似乎有必要借助政府执行力从总体上杜绝类似事件的发生。我们探讨的其他措施（普通市场激励法，灌输原则法，和组织产生的自我利益法），都不能完全将公司的利益同公众、顾客、员工甚至一般股东的利益契合起来，这一群体大部分都在公司官员和董事会的掌控之中。

乔治·罗文斯坦（George Loewenstein 1996，215）认为，面对损害公司利益还是损害外人利益的问题，经理们不得不无私地选择减少对他人的伤害；"实际上，经理们的经营行为提供了无尽的源泉，在个人福利与他人利益之间制造了不平等的交易状态"（参见 Hardin 1996b）。罗文斯坦激烈地探讨了行为决定理论，"描绘了一幅毫无希望的暗淡景象，总体上不可能做到大公无私，尤其是管理层的大公无私"。因此，最后，企业不法行为带来的这些问题迫使我们认识到，贪婪会有力地战胜诚信度，并且认识到，在市场机制显然无效时，贪婪必须受到强大的政府管理制度制约，除此之外，对于说明信任和诚信度几乎毫无作用。这也许是本书讨论的案例中最能说明问题的一个，提出要实现互利合作行为，需要找到其他机制，而不单单依靠诚信度。

结　语

　　为了增加规模，个人不再监督影响自己的其他大多数人的行为。常常是，普通人知道，一些大型机构只有或多或少面临灾难性破产时才运行不良。互利型信任理论不适于我们与大机构之间的关系，其他信任理论也是如此。我们有充足的理由不相信大机构。但我们也有充足的理由对大机构心存期待：能使我们做出其他状况下不能做的事情，带给我们早些时期无法想象的繁荣。

　　在商店店主等个人企业家时代，或者发展个人实验和理论的个人科学家时代，激励结构和传统经营的屠夫等一样粗略。假如他们想获得高额报酬，就必须好好工作。[22] 激励结构起到了有力的规范作用，使得他们的行为相对可信。在代理关系时期，显而易见，代理人就像商业经理那样，采取各种途径，损害委托人利益，自己从中获利。或者像为铅厂或烟草公司等单位工作的一些科学家所做的那样，损害公共利益，实际上，他们也许了解事实真相，但却提出相反的观点，从中获利，造成危害外部的后果。

　　法律中的制度和技术变化不像医学界的变化那么剧烈，但美国法律已经分解为大公司法和个人从业法律（Heinz and Laumann 1982），美国律师协会（ABA）的许多"模范规则"涉及大公司法。大公司法最初用来应对大型公司。个体律师和小公司的律师主要处理离婚案和家庭纠纷、小公司、小案件、合同和兼并等案件。

　　当代社会中，医疗保健和法律大多关注各种行为的功能效力，提供制度规定或限定的相关服务类型。法律界和医学界提供的主要服务就是继续关注客户和病人的利益，尽管关注范围日益扩大，覆盖了广大公众，医学界尤其如此，所消费的国内产品不断增加，过去几年中，美国医学界每年消费的国内产品占了13%（国家健康统计中心2002，表113），甚至占了政府支出的一大部分。对于科学界而言，几乎没有任何理由关心对特定客户的服务，毕竟总体而言，客户就是公司，有足够的能力监督自己聘用的科学家的工作。的确，我们也许担心，他们的真理与公司利益发生冲突时，为公司工作的科学家会陷入危险。科学家自身的诚信度要求他们首先是为广大公众提供服务，这也许会导致与自身利益及公司利益发生冲突。

职业组织为医生和律师制定了严格的规范要求，他们似乎根本不受管制。如果公司经理受管制（代表公司持有人、雇员或者公众的利益），最有可能起作用的机制，似乎是首先剥夺他们的许多权力，即伯利和米恩斯（Berle and Means 1932）赋予的那些权力。例如，可以为独立公司设置财会机制，实际上，使经理无法通过奖励会计的手段，获得控制权。[23]财务账目更加公开化，方便股东和公共机构等外部利益群体查看。实质上，假如制定的所有机制要起作用，就需要改变经理们的动机，有些情况下，只需要改变先前导致他们采取投机行为的动机。

通过一些公司经理的小违法行为，我们已经听闻他们谋取大量私利的交易，通用电气公司（General Electric）的前任总裁杰克·韦尔奇（Jack Welch）的案例中，是通过他的离婚诉讼获悉相关信息的。[24]大多数人的薪水和其他收入都是合法的公共记录。例如，一些州立大学教职员工的薪水已经公布。一些州立公司的高层主管也通过法律手段公布了他们的薪水额度。仅仅公开柯兹洛斯基和温尼克的交易，与其说是令他们本人颜面扫地，不如说让公司董事会颜面尽失，这也许会改变他们的行为。然而，公司代理人与股东、员工及公众之间的利益冲突将会一直存在。科学家之间的竞争很可能主要规范一些领域的科学不端行为，包括宇宙学或高能物理学等不可能产生巨大经济收益的科学领域（相对于众多基因科学领域而言，其中突破性的进展将可能拥有巨大的市场价值）。像舍恩和尼诺夫这样的例子，与其说是自己的利益所在，不如说是近乎病态的追求，因为他们的发现是该领域极其重要的课题，其他人基本上都必然会试图复制，并因此发现他们的成果涉嫌造假。

就像美国律师协会（ABA）和美国医学会（AMA）例子中表明的那样，对科学家而言，依据职业组织的行为规范进行自我管理，由正式的合法实权代理机构进行公共管理，也许在本质上截然不同。人们普遍认为，美国律师协会（ABA）和美国医学会（AMA）以及其他有关的专业组织几乎从不实施严惩措施，往往视成员为俱乐部的组成部分，保护他们，不受外界投诉的影响。例如，美国的刑事律师公然违背职责，未能有效地代理客户的案件，有时候，他们不负责任，造成客户被误判有罪，造成严重伤害，也无法采取有效措施，让他们负法律责任。梅雷迪思·邓肯（Meredith Duncan 2003，1255）说："大部分刑事犯罪案件很难胜诉，刑事辩护律师享受特殊的标准，他们的违规行为可以免负民事责任。"当然，大多数法官从前都做过律师，控告律师的案件很难胜诉。在美国，有些情况下，假如出现了没有原告的治疗不当的诉讼案，充当专家证人的医生会面临丧失职业会员资格的危险。①

成立美国律师协会（ABA）和美国医学会（AMA），都有助于进行垄断性控制，决定谁具备从业资格，侧重点依然是保护协会的成员。[25]公共机构对专业人员也许相当不友好。另外，对于名气不大的科学家，科学家们也许会严格实施伦理道德守则。公共机构也许不太尊重科学家的声誉，甚至发现，惩罚举足轻重的科学家，极具新闻价值。如今这个时代，公共官员和公共机构高调地管制科学家的现象比比皆是。然而，这种管理也许具有破坏性，存在相对的不平等，高度扭曲。就像议员约翰·丁格尔攻击某些科学家所说的那样。

市场和科学家的竞争性自我管理可以是极强大的力量，但它们在企业时代有严重的局限性。职业人员可以（但也有观点认为不是）

---

① 米歇尔·安德鲁斯：《违规操作行为愈难加以证明了》，《纽约时报》2003年12月21日，第3—8版。

由专业组织进行有效的管理，专业组织更侧重为成员辩解，保护他们，而不是限制他们。任何一个专业领域外的普通公民普遍不能信任有关人员。因此，民众常常认为，政府机构实施外部管制，更能让专家和专业组织采取可信的行为。当然，有时候，公民个人急需许多人提供的服务，却无法与他们建立信任关系。他们不指望那些人的利益中囊括他们的利益，但他们仍然想依靠这些专家。

美国律师协会（ABA）和美国医学会（AMA）仰仗其专业成员，对他们感恩戴德，没法指望他们会好好对待客户和病人。例如，在与制药公司合作中，或者开发基因产品的创业公司工作中，科学家面临采取行为，获取巨额利润的前景，不能期望科学家为了广大公众，控制自身行为。商业领导人也不全是像近些年的阿尔·邓拉普或安德鲁·法斯托（Andrew Fastow）和其他贪婪的主管，轻易地让顾客、雇员、股东成替罪羊，他们自己则谋取暴利。在这些关系中，信任不是问题，也没有方法使信任地位显著。我们希望有其他选择，替代信任，因为我们信任的那些人往往并不诚信——我们处于他们的位置时，也有可能不诚信。因此，大多数人能毫不费力地理解他们的唯利是图和他们与我们利益冲突的根本。

附录　希波克拉底誓言

誓言很简短（Lloyd 1950/1983，67），大部分内容与医疗保健无关，只是发誓要效忠于老师，保守秘密等。其中有一条规定是不能与男人或女人有性关系。具体的医疗禁令如下：

我愿尽余之能力与判断力所及，遵守为病家谋利益之信条，并检束一切堕落及害人行为。

我不得将危害药品给予他人，并不做该项之指导，虽有人请求亦不与之。尤不为妇人施堕胎手术。

凡患结石者，我不施手术，此则有待于专家为之。

第七章　确保可信度的组织设置

　　本章将探讨那些单靠信任关系来确保实现目标显然不妥的情况。中级组织设置中包括一些手段，可以在大多数职场中代替信任关系，提高生产力，保证产品质量，行政单位和公司里更是如此。这些场所都是产生委托代理问题的典型，通常也存在权力不对等的上下级关系。一般情况下，由于双方关系中必然存在利益冲突，存在潜在的盘剥可能性，委托人和代理人之间不存在任何信任基础，反而有理由互不信任。双方利益一致的首要途径往往需要组织驱动的自身利益，本书最后一章会探讨这个问题。个人行为会受到限制，机构设置等一些能评估绩效和执行力的机制会确保个人行为促成组织目标的实现。即使按照本书的定义，代理人不诚信，内部激励机制和监管机制也会使他们可信。

　　然而，具有讽刺意味的是，正是在这些与信任关系格格不入的环境里，即存在权力等级关系和利益冲突的环境里，有时会出现信任关系，来补充监管和约束机制。针对工人对工作和老板的态度，信任关系能缓和不利于生产的结果，减轻等级监管带来的消极外因。用非正式的信任关系和互惠关系来补充正式的制度，雇主能激发员工潜力，提高员工忠诚度。自弗雷德里克·泰勒（Frederick Tayor）起，整个管理科学的分支似乎都致力于探索新型更优质的制度，来使代理人更热衷于与委托人合作，提高生产力（Bassett 1993；Perrow 1972）。组织研究中反复探讨的议题就是组织内彼此坦诚相待，有利于提高积极性，增加产量。机构仍然处罚那些怠工偷懒的人，但是减少了监管，赋予了员工更多的自主权。

接下来将阐明组织环境中制度与动机何时互换、何时互补、何时与信任关系无关。第六章已阐述四个管理利益冲突的主要方法。本章中，我们认为，组织激发的自我利益是决定员工可信度的主要因素。自我利益和法律保障执行是两个可能用来代替信任关系的途径，却不可能把委托人和代理人的利益有效地统一起来，本章和本书最后一章都会详细阐述这一点。然而，组织激发的自我利益的制度设置常常会增加投机行为或其他功能失调的后果。因此，许多组织理论家考虑，将引入个人诚信度承诺或信任关系作为确保可信的补充方式。我们认为，信任关系和诚信度至多也就是组织诱发动机的补充。

组织的制度与激励机制

组织设置中必须尽可能考虑到可信度。通常，确定制度时，采取的形式是确立动机，确保行为得当。因此，本质上讲，几乎或根本不需要直接采取监督或制裁措施。而且，组织的所有代理人都会有多重动力，他们的自身利益和组织目标是一致的。制定制度包括监管制度和处罚制度，在有些组织内或者对于有些组织的行动者而言，制定制度也包括确定自主权的大小。相对复杂的组织中，制度几乎不可能面面俱到，但是有些流水生产线属于例外情况，其中的制度差不多能做到基本完善。

尽管公司和行政单位并不总是涉及政治，但是那些成绩卓越者可以享受拿奖金、涨工资等优待，而那些偷懒怠工或效率低下的人会被降职、扣薪甚至开除。规章制度和法律创造了组织的外部环境，规定某些行为是犯罪行为，要受到民事处罚，法律还会影响到动机和能力，继而影响到可信度，代替信任关系，成为协调利益的方式。那些管理公司、行政单位、政党、政府等复杂组织的领导人，他们的个人目标与组织的官方目标或公众利益相悖。这种情况下，管理者常常会建立专属该组织的提高可信度的制度性激励机制，本书最后一章论及律师、科学家、医生和商人的部分将会详细探讨这一点。

然而，依靠外部机制确保执行所带来的主要问题，是几乎不可能撰写一份内容全面、切实可行的合同的。很难将可能出现的所有情况都囊括其中。雇主和员工签订正式的合同，是个良好的开端，预示着彼此的期望，通常，这也是法律所需。但是在多数工作情景中，还需要组织特有的其他规则加以补充。这些规则也不是很明确，取决于主观判断、良好的忠诚度等下文提到的关系契约涉及的因素。

上一章探讨了各行各业的企业管理和组织管理，其中人人工作相似，地位大致相当。本章主要讨论权力不对等的情况，组织管理需要完善内部制度，激发员工积极性，最大限度发挥员工主动性，并能降低与员工签订合同条款及监控其行为带来的交易成本。既要提高效率和生产力，又要降低监管成本和监督成本，设计各种这样的组织管理和制度时，政治经济学家们不仅采纳了罗纳德·科斯（Ronald Coase 1937）的见解和奥利弗·威廉姆森（Oliver Williamson 1975，1985，1996）拓展后的科斯式方法（Coasean approach），还吸收了许多具有社会学和心理学视野的神学家（Gulick 1937；Simon 1947）的观点。[1]科斯坚持认为，经济学家不应该将生产视为投入—产出型黑匣子。他认为，企业协调的成本低于价格机制协调的成本时，市场经济中的公司应运而生。这就是威廉姆森所称的等级与市场之间的选择，并称为管理问题。管理问题不仅包括决定何时垂直整合比水平整合的效率更高（Williamson 1975），还包括使股东（委托人）能够激发高管层（Holmstrom 1982；Jensen and Meckling 1976）的更高生产率以及管理层（委托）员工（代理）的更高生产率（Holmstrom and Milgrom 1994；Williamson 1980）。

本章的重点就是组织内上下级之间的等级关系。委托代理观阐明了委托人和代理人之间合作的可能性，但是也只有在以下情况中才有可能合作，那就是有合适的强制、可信承诺、激励机制等措施来解决信息问题，并制定有利于相当于专业人员和科学家们使用的规则和标准。机构也为认知捷径、信誉确立和社交网络提供基础，因此可以解决诚信度评估方面的问题，除了家人和亲朋好友之外，至少可以解决其他人的所属类型和行为问题。

确保代理人可信度的机构设置

　　私有公司和公共机构有许多共同点。都有委托人，包括出资人、董事会和首席执行官，他们确立组织的目标，拥有雇用、解聘员工的最终权力。都依靠那些开展组织日常工作的代理人。各种机构都有大量潜在的委托人。在公司里，有些委托人是公司所有人，还有些委托人是首席执行官，即所有人的代理人。在政府机构里，一些委托人是由选举出的官员任命的，一些委托人本身就是选举出来的官员。甚至还有多重委托人，政府机构里通常都是这样（Gulick 1937）。政府机构是对议会负责还是对总统负责抑或对二者负责？服务代理机构又该对哪些公众负责？管理者（主管或经理）和员工之间的关系也具有委托代理关系的特征。凡此种种，机构调节各种关系，其本身也因组织的性质及其所调节的关系而异。

　　就技术、薪水和自主权而言，代理人也各不相同。代理人都是组织的员工，更重要的是，某种程度上，他们都是下属。都必须履行合同规定的义务，接受一定的监督。即使专业人员对工作具有相当大的控制权，对委托人拥有一些权力，并有极大的自主权，但他们的利益和忠诚度或许也与管理层不同。电影《惊爆内幕》（*The Insider*）讲述的就是这样一个故事。一位化学家的职业规范要求他为了提升健康而工作，但是他却开始怀疑自己服务的烟草公司的目标。他是专业人员，也是良好公民，却不是可靠的公司代理人。[2]

　　尽管委托人和代理人的种类繁多，但事实上，所有制度规范都是为了能最大限度地激发员工，管理因工作绩效不佳而带来的风险，并建立过失究责制度，以应对失职情况。随着时间的推移，在复杂而又存在等级关系的组织内，委托人和代理人之间形成了三种制度性机制，来产生激励相容性：选择代理人的程序；奖惩制度，包括用来提高工作积极性的解雇威胁；监管和执行措施。这些措施的作用和效果因工作性质和代理人而异，但是有的机制几乎适用于所有的组织。尽管这些机制的概念截然不同，但是在具体使用时通常互相交织。

起初，雇主往往选择那些可靠的员工，但是在很多情况下，他们并不能确定，从长远来看哪些员工是可靠的，更不能判断哪些员工值得信任。所以他们必须建立一些机制来对潜在雇员进行判断。大多数招聘都有信息不对称的情况，体现为逆向选择问题：应聘者比雇主更加了解自己的资质、品行以及承诺。应聘者的能力是不易观察、不易验证的。也就是说，应聘者的能力无法"事前在合同中进行（零成本）描述，也不能事后在法庭上进行鉴定"（Laffont and Tirole 1993，211）。所以雇主必须采取措施，挖掘应聘者隐匿的信息，以此来了解其为人。

对于逆向选择问题，惯用的解决措施降低了风险，但是没能高效率地分配人力资源，也不能调动员工积极性，最大限度地发挥其能力。认证应聘者的边际成本过高的情况下，雇主经常把所有应聘者都看成是有高风险的（Akerlof 1984，31–33）。由于对应聘者的评估成本过高，雇主可能会给他们分配低等的工作，签订短期雇佣合同，而且付低薪，全然不顾应聘者实际所掌握的技能或工作积极性。这就如同保险模式：没有遭遇火灾的人与遭遇火灾的人缴纳同等数目的保险费。挖掘信息的其他机制还包括调查潜在员工可以接受的工资水平，以及他们是否经常推卸责任，原则上讲，这可以显示出应聘者的素质。标准经济学理论认为，效率低、没有竞争意识的员工可以接受低于工作应得的报酬，由此可以断定，这些员工的素质不高。[3]芭芭拉·埃伦里希（Barbara Ehrenreich 2000）在服务行业做低薪工人的经历就是很好的例证。她曾做过餐馆服务员、医院护工、清洁工，还在一个大型的卖低端商品的沃尔玛零售店工作过。这类工作只有两个要求：一是调查员工是否忠诚，是否遵守规则（容易驾驭）；一是药物测试，也是确定员工是否能够遵守规则。

由于背景调查的成本过高，雇主不会通过选拔程序来淘汰那些不适合的工人，发掘那些特别有发展潜力的员工。相反，他们把决定权交给下层监管人员。这些下层监管人员借此滥用职权或谋取个人利益。有的甚至以此换取性关系，额外收取费用。这样做的后果之一就是损害了监管人员与员工之间的潜在合作关系，甚至是信任关系。另一个可能的后果就是企业长期充斥着一帮低能低薪工人，或导致失业率居高不下（Gibbons and Katz 1991；Montgomery 1999）。逆向选择和升职解聘等重要决策权力的委任可以帮助个体雇主解决可信度问题和管理风险问题，但是对一个组织来讲，这些方法未必是最佳选择。

这种委托代理关系包括激励机制，旨在调动员工积极性，同时谨防道德危机（即防止那些损害组织利益行为的激励机制）。也就是说，激励结构应该诱导人们努力做好工作，而不是去引发卸责、偷窃或其他一些投机行为。起初，工资和雇佣合同是员工激励机制的组成部分。合同是赔偿和解聘的主要依据。原则上讲，合同规定奖励尽职尽责的员工，处罚失职的员工。合同可以是内隐而非正式明文规定的。员工很难依照合同来开展工作，雇主也很难依据合同对员工进行监督。合同很少是很全面的；合同中经常存在漏洞，存在不恰当的负面激励机制。很久以前，工会就发现，他们可以煽动工人怠工，即只完成合同中规定的工作量，组织合法的怠工活动。

鉴于以上这些问题，许多组织和监管人员制定额外的规定和机制，鼓励特定情境下的诚信行为。例如，委托人可以制定制度，设立月度最佳员工称号，奖励并认可员工的高效率工作。监管人员也可以通过改变工作环境，鼓励员工相互竞争，鼓励员工提供信息和创新观点，从而改进产品，或增加工作绩效。富兰克林·德拉诺·罗斯福（Franklin Delano Roosevelt）总统曾采用这一策略，当时，他要求两名职员（甚至是两位内阁成员）对同一问题进行调查研究，并分别提出各自的建议（Neustadt 1980/1990）。

组织制定激励机制的局限性

如果如我们所想的那样，制度安排通过奖罚分明的机制，可以有效地发挥作用，那么也就不急于寻求确保可信度的其他措施了。然而不幸的是，不能总是想当然地以为，制度安排是切实有效的。同时兼顾多重目标进行管理的情况下，要制定适宜的激励机制，难上加难。制度设置和激励结构经常会带来意外后果，比如：道德危机、目标错置以及其他一些结果都会产生负面刺激作用。监督和监管会导致反抗而非服从。

马克斯·韦伯（Max Weber 1968）的理想行政组织体系中，有效运作的前提是一些先决条件，包括货币化经济、普及化教育体系，以及一定程度的民主。如今，世界范围内仍有许多政体不具备这些先决条件，面临着严重的组织设置问题（见第九章）。然而，即使具备了这些前提条件，激励机制的正常化也困难重重。设计一个理想的组织如同制定一份完美无缺、面面俱到的合同一样，难上加难。

不恰当的激励机制

很久以前，马克斯·韦伯（Max Weber）（1968，956 - 1005）就注意到，制度能确保官僚政治机构公正地对待职员，但却与服务于职员利益的灵活性互相矛盾。很多学者（重点参见 Blau 1995，232 - 241；Merton 1957/1968，195 - 206；Perrow 1972）先后说明，官僚机构功能失调，强调通过确立适当的标准来衡量工作绩效的困难性。他们还记录了一些调整工作目标的现象，原因是雇员一味地遵从机关制度，没有想过怎样做才能更接近代理机构的原定目标。在官僚制度和激励体系中，努力使员工更加可信的做法，实际上也许会加重道德危机，增加员工对监管者的抵触情绪，甚至会促成其他一些行为，降低员工的潜在诚信度。

倘若合同只对工作的一些方面进行补充，会出现"功能失调行为反应"（Prendergast 1998，8，25－28）。彼得·布劳（Peter Blau 1955，36－56）举了一个经典的例子。雇佣机构依据数据统计来衡量雇员的工作绩效，减少了员工之间的信息分享行为，他们会只做那些可以简单地归结为完整案例的工作。另一种普遍的功能失调的组织性行为是奖励那些遵守规章制度的人，打击那些有创新行为的人。这些制度会有效地促进一种形式的可信度，而不利于其他形式的可信度。经典的事例（但略带曲解）就是田中耕一（Koichi Tana-ka）的故事，他当时就职于日本的岛津公司。他构想的质谱分析法极大地推动了抗癌药物的研发。在公司的赞助下，质谱分析法获得了专利，田中得到了一点儿奖金。他一直是个"低调的员工，津岛公司保守的上级官僚们没有认可他的才能"——直到他获得了诺贝尔奖！（Watts 2002）

在公共服务机构中（实例请参见 Brehm and Gates 1997；Feldman 1989；Lipsky 1980；Weick 1969），客户是哪些人，如何为他们提供最好的服务，在组织目标中，这些似乎模棱两可，没有明确的说明。商业公司、律师事务所和金融机构也是如此。通常，这些机构的工作复杂，行为的结果根本无法完全预见（Simon 1947），因此评估异常困难。员工也许忠诚，也许尽职尽责，也许受过良好的培训，技能娴熟并受过良好的教育。所有这些因素都增强了他们的能力，但却不能确保其能力。此外，借助团队合作的生产形式，用制度安排来弥补个人不足，实现责任到人，就几乎没有任何可能性了。

关于控制的悖论

由于雇佣关系中存在固有的利益冲突，组织机构惯用分层管理、正式合同和严厉监管，来诱发雇员的可靠性。然而，过度依靠制度和规程会产生"控制悖论"（Miller 2004）抑或"信任悖论"（Murnighan, Malhotra and Weber 2004）。管理制度越规范，代理人越有可能对委托人产生抵触情绪，却不会提高代理人的工作绩效。

此类实例不胜枚举。20 世纪 50 年代，一家石膏厂的工作环境高度官僚化，因而，不信任现象比比皆是（Gouldner 1954）。"凯伊电子"（Kay Electronics）是日本一家消费性电子产品生产厂家虚构的名称（Sewell 1998；Sewell and Wilkinson 1992），通过对这家电子公司的系列研究后发现，公开任务完成情况，会增加员工对公司的服从度，却不会提高生产效率。布劳（Blau 1995）描述了监管和评价机制缺乏人情味、干预过度的情况下，会对公共机构的产品质量产生负面影响。监管者的权力不断增加，雇员会感到无法行使自主权，更容易因自主而受到惩罚，受到伤害。

布劳（Blau 1995）所阐述的变化旨在提高生产力，进行变革。这样的变革似乎常常事与愿违。美国一家大型技术公司的实验室采用全面质量管理（total quality management，简称 TQM）项目，从事科研工作的科学家们采取了抵制、违反相关规定的行为。而公司其他部门的日常运作因工作较为常规，全面质量管理项目运行良好；科学家们认为，他们与其他非专业人士不同，不能囿于严格的考核（Sitkin and Stickel 1996）。

委托代理关系和传统的管理模式都依靠命令和控制来进行，在这种模式下，激励措施很大程度上是物质化的，对员工进行严密的监管，并威胁处以严厉的惩罚。但是，监管是一把双刃剑。衡量是否升职和加薪时，工作绩效考核非常关键，但也是缺乏信任的表现，绩效考核甚至就意味着不信任。在一般企业中，绩效考核会给员工造成一种印象，即管理者是敌人而非合作伙伴。对于那些认为自己地位低、权力小、自主权小的员工来说，尤其是这样（Fox 1974；Kramer 1996）。监管者的态度体现在为下属制定的"工作规则、监管、监督等约束机制"中（Fox 1974，26）。结果就形成了一个不断恶化的恶性循环（Fox 1974，27），正如阿尔文·古尔德纳（Alvin Gouldner 1954，160）所看到的那样："监管者认为工人缺乏动机；于是严密监视并进行指导；导致工人愤怒不已，更加漠不关心，监管者的监管徒劳无益。"

监管越多，产量越低，认为这二者存在必然联系的机制似乎在很大程度上是心理作用。监管及工作不确定性甚至导致正常人萌生偏执狂般的社会认知想法。在别人眼皮子底下受到严密监控的人会变得过度警惕，疑神疑鬼，容易犯不良归因错误，并以更加怀疑的态度评判他人（Kramer 1994；1998，262-263）。结果就是员工更加心生怨恨，甚至怠工（Brehm and Gates 1997；Cialdini 1996；Kramer 1999，590-593）。另外，也会造成组织中员工之间减少信息共享行为，降低解决问题的能力等后果（Zand 1972）。

管理哲学中，职场实验及创新的长期经验表明：很难建立有效的激励机制，用以规范上下级关系，并确保雇员全身心地投入工作，忠诚敬业（Perrow 1972）。如果组织设置运转良好，机制就会约束雇员，或者提供信息和动力，从公司角度讲，员工也更可信；然而，另一方面，制度安排显示：如果管理层不信任员工，那么就有可能导致员工采取抵制行为而非合作行为，如此一来，就很难确保员工的可信度及诚信度。

建立信任关系

激励机制带来的意外性功能失调后果并不仅仅是设计上的缺陷。

如果及时得以纠正，或更容易理解，就会出现更多持续性的良性实践，减少有关最佳组织管理系统的争论（例如，支持这一论点的研究项目，Gibbons 2003；Baker, Gibbons and Murphy 1994）。委托人与代理人之间的信任关系是一种手段，用以鼓励生产，抑制投机行为，提高员工对公司的忠诚度，在整个机制中，信任关系是对价格与权威的补充。(Barnard 1938；Bradach and Eccles 1989，104；Brehm and Gates 2004；Breton and Wintrobe 1982，4 – 6；Fox 1974；Miller 1992）也就是说，职场内上下级之间越是彼此信任，雇员越能发挥潜力，为单位服务，也更加诚信，起码会更加可靠。

在三种基本的职场关系中，我们考察了有关"诚信源于信任和/或诚信"观点的论据。在这一过程中，我们将这些观点与不同的信任观——互利信任观进行对比：在特定职场中，信任网络及关系存在于个人之间，旨在分享信息，商定事宜，长期提高工作效率及效力，只有在这种情况下，才会有助于正规的组织设置，弥补组织设置的不足。如果信任网络及关系造成上下级之间采取保护权益的行为，妨碍组织快速有效地实现组织目标，这种情况下就对组织有害无益了。尽管最后这一点不言而喻，但有些人将信任在组织中的作用浪漫化，往往忽视了这一点。

员工间的信任

职场内，员工之间往往会产生横向信任，但也并不总是这样，而且即使确实产生了信任关系，也并不总是能长久地维持下去。信任关系并不总是能为组织领导层带来益处。

员工招聘机制甚至有利于员工间建立信任关系，入选员工会认为他们相互之间具有相似性，这是建立关系甚至信任感的基础。这种群体效应显而易见，而且在那些精英教育机构中位处高层商业地位的人士之间（Whiteley, Thomas and Marceau 1981），以及工业环境下的员工之间，得到了很好的诠释（例如，Goldthorpe et al. 1968）。在低收入的工场中，这种效应甚至更加明显。芭芭拉·埃伦里希（Barbara Ehrenreich 2000）不久后发现，其他员工在并未对自己有深入了解前，就会主动帮助她，给她提建议，并认为，与老板和至交密友相比，彼此间可以互惠互信，诚信可靠。

这种信任关系有助于部门之间的合作，对公司或机构都大有裨益。例如，一项针对 194 名经理和专业人员的实地调查证实，情感型信任对提高工作绩效具有重要意义（McAllister 1995）。社会关系会使员工更愿意分享信息，互相帮助，互相指导。布劳的研究表明，国家机构内更具社会凝聚力的部门中，也会出现这种有效分享信息的现象（Blau 1955，71 – 72）。

然而，员工之间的信任也可能会对单位不利。有凝聚力的团队可能会控制信息外流，然后再利用这些信息实施控制，或者在与管理层谈判时增强自身谈判力。米歇尔·克罗泽（Michel Crozier 1964，153 – 154）的研究表明，在法国工厂的维修工中就出现过这种状况。维修工不让其他人接触机器，他们运用的是找不到科学依据的经验知识，而不是公众能得到的使用说明或者使用手册，并使用强制性的内部规章制度，约束并控制员工。正如克罗泽记录的那样，"为了保护维修工团队，保证他们完全控制机器故障，这些做法十分必要"（Michel Crozier 1964，153）。警察的例子却大相径庭：警察小团体各个成员相互包庇，隐瞒贪污受贿、暴力行径等非法的不当行为，控制信息外流，蒙蔽管理者和公众，维护自身利益（Brehm and Gates 1997；Lipsky 1980；Meier and Close 1994；Reiss 1971）。这两个案例中，团队内部成员拥有信任关系，但这却是建立在对他人的不信任之上。第四章已然说明，区分"集团内"与"集团外"，所制造的界限加深了集团间的不信任感，抑制了跨集团合作。

通过家庭、族群及工作交往建立的信任网络和关系，往往是成立工会的基础，同时，成立工会的基础条件也包括不信任关系、能够产生物质刺激以及强制性机制。这种情况下，信任网络和信任关系是各个机构相互联系的关键因素，有助于增进团体凝聚力，对抗管理层。国际沿岸仓库联盟（International Longshore and Warehouse Union，简称ILWU）就是很好的例子（Levi and Olson 2000；Nelson 1988）。那里的工作需要各个团队在大量的重复性交往中相互依靠，但是工人间的凝聚力渐渐地与管理层产生了冲突，1934 年的罢工就是个典型事件。罢工取得了胜利，工会得到了认可，由工会管理的招聘大厅取代了老板挑选员工的做法，开始给工人分配工作。工作稳定了，但是能不能得到工作还得看是否是工会会员，而取得会员身份的过程是很严格的。参与到社交网络中，就能获取信息，满足工会对其潜在成员诚信度的要求。工会管理的招聘会所有助于建立信任关系，工人们每天参加例会，领取工作任务，并分享信息，增进友谊。

　　对于实现管理者的目标，国际沿岸仓库联盟（ILWU）是起了阻碍作用，还是促进作用？这是因情况而异的。与管理层相比，依靠工会合作可确保工人拥有一定的权力，但是罢工、怠工或抵制管理方面的创新显然对雇主不利。然而另一方面，有时候，协商会达到意大利经济学家帕累托所说的优化改进。1950 年管理人员在欧洲西海岸率先采用集中箱运输，就属于这种情况。管理者不得不对工人进行补偿，但是反过来，就可以用低廉的成本引进一项主要的技术革新，而全球其他地方，工人们拒绝与管理者协商，导致成本较高。

　　有时候，尽管雇员之间似乎容易建立横向信任关系，但这种关系也往往脆弱不堪。用来平衡职场的权力不对等，反对管理层干预时，信任关系更加不堪一击。基于此，管理者往往会调整制度，采取分而治之的策略，抑制工人间的彼此信任关系，制造竞争感和不信任感，破坏他们的有效集体行动。例如，管理者可以引入晋升机制，刺激工人相互竞争（Breton and Wintrobe 1982）。

　　工人们彼此信任的情况下，非正式的职场制度和规范往往会带来副产品，促使工人们采取集体行动，并将其延续下去。但是，只有当主管和高管同样存在互补的合作关系时，这种信任关系才可能提高机构的总体效益。因此，接下来要探讨的是雇员之间的上下级关系。

主管与下属

组织学者讨论信任关系的重要意义，指的是上下级之间的关系，他们将信任关系作为激励和监控的补充手段。第三章探讨了权力不均衡的情况下决定信任关系的一些因素。内在的利益冲突和权力差异未必会阻碍员工的共同利益，但在这些情况下，真正的信任关系是否依然是合作的基础，仍然是个问题。

有两种似乎合情合理的观点。第一种观点是，如果下属认为主管是诚信的，那么他们很可能忠心耿耿，并提高生产效率来报效公司。下属也更有可能"礼尚往来"：努力工作，忠心耿耿，不会只是达到最低标准，敷衍了事（Akerlof 1982；1984，145 – 174）。这既是一种制度过程，同时也是一种心理过程。第二种观点是，如果主管对下属表现出充分的信任，那么下属就很有可能因此而可信。这似乎就是一些学者（Ayres and Braithwaite 1992；Braithwaite and Makkai 1994；Braithwaite 1995；Miller 1992；Pettit 1995）所谓的"信任"会带来"诚信"。根据这个推理过程，如果主管赋予下属自主权，减少对下属的监管，或者采用其他的方式对待下属，相信他们对公司的忠诚度，相信他们的积极性，那么员工就有可能更加努力工作，对组织更加忠诚。这两种观点与互利诚信观吻合，都建立在持续的个人关系之上，提供了彼此信任的双方相互交往及未来声誉的相关信息。但是这两种观点是否有实证研究的支撑呢？现在就来探讨这个问题。

近来对第一种观点的研究证实，员工的可信度与他们对管理层的诚信判断成正比（Brehm and Gates 2004；Dirks and Skarlicki 2004）。监管行为可以表明主管考虑和保护下属利益的程度。这种监管行为包括发展人际关系、显示仁慈程度，以及管理部门保证雇员免遭失业、增效等困扰。很多高层似乎的确在努力构建、管理甚至保持人际诚信形象（Elsbach 2004），但是这些信号可能具有一定的欺骗性。更可信的做法是表明他们关注下属的福利。这个结果是一项关于上下级关系的系列重要研究项目得出的（Brehm and Gates 1997，2004；与 John Brehm 的私人谈话，2004 年 11 月 8 日）。监督者安排培训，在组织内设立适当的下属行为规范，保护下属的自主权，进而在分配任务的时候获得更大的自由度。这种保护甚至需要监督者对监督对象的行为负责，并给予政治"保护"（Brehm and Gates 2004，43）。

刚刚描述的是一些基本概念，经济学家称这些概念为关系契约（Gibbons 2001，339 – 343；Macaulay 1963；Macneil 1980；Williamson 1975），而有些社会科学家将其描述为职场的非正式组织（Barnard 1938；Blau 1955；Gouldner 1954；Simon 1947，1951），或称为隐形契约（for example，Shanteau and Harrison 1987）。关系契约是一些自行运作的规则和规范，产生于具体的工作场所，取决于缔约方的局部了解程度，以及他们之间不断发展的关系。关系契约产生于不确定和关系脆弱的情景，借助双方对声誉的关注，促进双方共同考虑彼此的利益。关系契约为缔约双方带来声誉，使双方产生信心，继续交往。因此这与互利型信任并无二致。

在组织中，这些非正式的关系契约是正式合同的补充。契约中既包括付出太少就终止合作关系的条款，也包括额外付出就进行奖励的条款，但是与正规合同相比，评估政绩时，这些关系契约通常"包含更多的主观信息"（Levin 2003，835）。最近一些实验性研究证实：长期的关系合同不仅比其他的合同更加有效，而且还会依赖于合作关系，达到赢利的目的。一开始，雇主用高薪报酬来吸引雇员，他们往往诱使员工更加努力地工作。同时，"逐步增加彼此间的信任，促成长期的合作关系"（Brown，Falk and Fehr 2004，27）。按照我们的逻辑，关系契约是一种互利型信任，因为关系契约取决于随时间推移而继续保持双方关系的意愿。

第二种观点也有一些初步的研究成果。主管用积极正面的态度可以影响雇员，即使对他们的性格、能力一无所知，也表现出对雇员百般的信任。减少监督，软硬兼施，赋予员工决策权，这些都表明，主管尊重员工并赋予员工决策权。这样做的结果是，工作效率高，逃工率和怠工率低（Ayres and Braithwaite 1992；Braithwaite 1985；Brehm and Gates 2004；Scholz 1984）。比如，一份统计详细的，基于采访澳大利亚私人疗养院的访谈研究表明（Braithwaite and Makkai 1994），监控者对监控对象采取主观上的信任态度，能让监控对象采取诚信的（作者的术语）行为，温和慈善，甚至顺从监控者的意愿。一项研究南澳大利亚附近相对贫穷的白人的详细报告显示，政府官员对待那些委托人和索赔者时，不是把他们当成骗子，而是显得似乎相信他们的诚信度，就能让他们更诚实、更坦诚，甚至更加顺从政府的需求（Peel 1995，1998）。

即使在这些研究记录中，"信任"也远远不够。高压的机构提供了可信的承诺，如果有必要，监督者会加强规则，确保其他人合作。这是先前研究中最常见的观点（实例请参见 Braithwaite 1985；Levi 1997，22 – 23）。私人疗养院的督导以及附近的居民意识到，如果有必要，调节员和社会工作者会采取强制性手段。即使这样，倡导该观点的人认为，这恰恰与互利型信任不同，各级主管不必过多地了解那些委托人、索赔者及其下属。只需要将他们看作是诚信的人，采用恰当的方式对待他们，在多数情况下让他们顺从即可。

诚信的监督者对员工有信心，所产生的效果很可能因工作而异，因教育、培训及雇员的性格特点而异。遗憾的是，几乎没有对场景做过系统的比较。在组织中，关于信任和诚信度的研究项目，有一个很重要的问题。虽然我们好像知道，等级越垂直，上下级之间差距越大，诚信度越低，一方面，要尊重工人，另一方面，我们对此知之甚少，不知道为什么要在有些职场中引入更大的权力不对称，而在其他场景中却不需要（Argyris 1957，1964；Crozier 1964；Gouldner 1954）。

从历史角度来看，规则、规范系统因管理理念而异，因领域、承担各种角色的员工的诚信度而异（Barber 1983，14－17；Creed and Miles 1996，重点是表 2.2 and 2.3；Fox 1974；Kramer 1999，577－578）。国家之间的组织类型存在巨大的差异，雇主给雇员设立的界限更是截然不同（Gordon 1996；Hall and Soskice 2001；Maurice，Sellier and Silvestre 1986）。然而，要说明职场中的权力不对称是否有体制方面的原因，这些发现还远远不够。

上下级在工作上有紧密的联系，只有在适宜的情况下，二者才有可能建立彼此信任的关系。只有双方利益相互关联，涉及双方名誉，彼此相互理解的情况下，人们之间的关系才会持续，才会逐步加深理解、建立起信任关系网。关系契约以及其他建立信任关系的非正式机制，都可能成为官方组织设置的补充方式，促进组织的生产力。但是，在缺乏关系契约的情况下，上级的诚信度或信任赢得了下属的信任，进而确立了下属的可信度，从中可以得出什么结论呢？虽然，的确有证据表明，某些上下级经过相互考验，一起承担更高的风险之后，会建立起彼此信任的关系，但却并没有确凿无疑地肯定上述观点。相反，证据更加表明，上级显示出信任下属，并承诺优待下属，下属就会做出积极的响应。上级若要激励下属，提高工作业绩，增加忠诚度，采取的方法是互惠互利的形式，或者可能是合作原则，而非信任关系本身。或者，至少迄今为止，还没有观点表明，信任关系起着关键的作用。

高级管理层

高级管理层能够赢得员工的信任，这样的论断更成问题。员工通常有理由不信任管理者。无论管理者是精明的官员（口头禅就是"是的，领导"）、杰出的企业家或者仅仅是冷漠的执行总裁，员工都有充分的理由小心翼翼，并且怀疑他们之间是否存在巨大的共同利益；互利必然是毫无根据的。管理者们只关注短期利益，管理变化带来了不确定性，增加了员工的不安全感，这些因素都加深了不信任的程度，激化了职场上的冲突和愤恨。

即使是身处高层的员工也会注重管理者的诚信度。针对团队协作生产和其他实现股东和执行总裁利益的方法的研究文献中，也阐述了这个观点（Alchian and Demsetz 1972；Jensen and Meckling 1976；Miller 2000）。员工和管理者之间关系破裂的例子比比皆是。丹尼尔·S.戈尔丁（Daniel S. Goldin）认为，自己肯定能成为波士顿大学的校长，但即将上任时，董事会对他的领导力产生了怀疑，并因此迅速解聘了他，仅仅赔付了 180 万美元的遣散费。[①] 在几大金融公司中，高级管理者如果没有得到应得的年终奖，就会辞职（Levin 2003，836）。

本章讨论的重点中，着重强调了高级管理层与员工之间的关系。切斯特·伯纳德（Chester Barnard 1938）认为，值得信任的领导力具有重要的意义，它能够激发员工努力工作，这个观点再次得到了普遍的认同，甚至应用到了判断可以得到"信任"的组织领导力方面。现在流行的一个关系版本来自"信任—尊重博弈"（trust-honor game，"信任"这个词的使用很模糊）。在这个博弈过程中，只要高层管理者承诺，对于那些表现良好且忠诚的雇员，为了"尊重"他们的"信任"，付给他们合理的薪水，提供相对安稳的工作环境，给予公平公正的待遇，员工就一定会拼命工作（Kreps 1990）。可采取的方法众多，有些情况下，双方能够达到双赢。一种方式就是创造企业文化。高级主管坚持原则，考虑员工的利益，为自己赢得声誉。这样就可能得到回报，员工积极工作，提高绩效（见 Miller 1992）。这个逻辑与民众的认识一致。例如，最近一篇有关裁员的新闻报道称，

---

① ［美］巴特利特、萨拉·赖默：《波士顿大学的高层乱作一团》，《纽约时报》2003年 10 月 27 日，第 A－16 版。

那些"尽量不裁减工作岗位的公司赢得了员工的忠诚度，提高了生产力"。①

为了让员工们相信自己可以为"企业文化"做出贡献，管理者们必须坚持这些原则，以此来保证自己的声誉，同时还要创造其他形式的可信承诺。方法不可胜数、多种多样。将自己的薪水和职务晋升与员工的利益紧密挂钩，便是显示管理者可信度的方式。此类的例子在商界不胜枚举。2001 年 11 月，亚圭拉的行政人员主动降低自己的补贴；达美航空的总裁与飞行员协商、放弃利益的过程中，也损失了2004 年一个季度的工资。社会运动联盟的会长们协助制定宪法条令，但同时在领取报酬方面受到了宪法条令的限制（Levi，即将出版）。对雇主的可信度坚定不移，可能需要他们必须做出可靠的承诺，绝不将短期利益最大化，而雇主只能将重要的职场决定权授予受雇的管理层（Miller 2000，319；2004）。例如，有些规定确保股东被动地获取剩余价值，同时也允许管理者制定并与员工签订隐性合约。这就使管理者更愿意"礼尚往来"，他们会做出承诺，不随意解聘员工，并允诺付给他们高于市场正常水平的报酬，对于那些表现优异、忠心耿耿的优秀员工，减少监督和监控（Akerlof 1982，1984；Miller 2004）。

领导层还能做出别的可信承诺，向员工保证他们会维护公司的企业文化原则。领导人员通过限制自己的权力，主动限制自主权，事实上，他们或许会因此增加自己的权力。有些例子中，采取提高工人和经理承诺的可信度措施，将处理劳资管理冲突的机制制度化，或许能增加信任，当员工和管理者的承诺可信时，甚至还可能促进合作。另一方面，有些机构做出承诺，让公司参与平等竞争，却没能做到，就会激发不信任，加深不信任的程度（Levi，Moe and Buckley 2004）。协商失败后，也会造成同样的结果。第四章列举了凡士通轮胎的例

---

① ［美］丹尼尔·奥尔特曼：《裁员可能产生负面影响》，《纽约时报》2002 年 12 月26 日，第 C－1 版。

子，清楚地表明了这一点。

一般说来，机构领导层与工薪阶层之间的距离太远，在互利信任机制的基础上建立企业文化，难上加难。高管层无法发展私人人际关系/信任网络、关系契约。企业文化似乎的确包括"互惠"，其中员工只要相信，顶级管理层遵守了蕴含在企业文化中的原则，并能够履行协议，员工就会为公司做出更多的贡献。但是，证据更多偏向负面，而非正面。当管理层未履约时，员工可能觉得上当受骗了，导致员工工作业绩不佳，对企业不再忠心耿耿等不利的结果（Darley 2004；Frey 1993，1994；Krammer 1999，592 – 593）。还有一系列实验进一步支撑了这种说法，实验采用两个拍卖会的情况说明了以下情况：雇主为什么在劳工状况表明该降工资时，反而未降，原因是经理担心降工资行为会被工人当作不友好的标志，而且会产生消极互惠（negative reciprocity），也就是负面的互欺关系（Fehr and Falk 1999）。

从积极的方面来说，高于市场水平的工资会让人更加卖力地工作（例如，见 Fehr et al. 1998），同样地，高级管理层的信赖也会让工人更加卖力地工作（Dirks and Ferrin，2002；Dirks and Skarlicki 2004；Miller 1992，2000）。[4]然而对于大多数员工来说，非常可能成为信任关系参照对象的，不是高级管理层，而是他们的顶头上司，因为员工与他们有长期的个人交往关系（Dirks and Ferrin 2002）。

能促进互惠和合作的企业文化并不总是能轻而易举地创造出来，并保存下来。即使管理人员似乎值得信赖，而且关心员工，但是员工很可能处在高度警惕的状态中，因为他们考虑到要是他们看错了老板的目的和信用，那就会给自己带来巨大的损失。除此之外，工业、选举等其他环境的改变也容易降低管理人员的判断力，管理人员有这判断力就能保持长远的名声来支撑企业的原则。例如麦克唐纳·道格拉斯公司和波音公司的合并削弱了波音的合作企业文化。波音公司的工程师不再步入管理行列，管理人员也不再分享他们的价值观了。波音公司的总部从西雅图迁往芝加哥，这种迁移是领导层与高层专业技术人员之间产生距离的又一信号。这种企业文化转变也是 2000 年波音公司工程师大罢工的一个原因，那次大罢工是美国历史上规模最大的一次私人白领举行的大罢工。

将信任看作是员工与高级管理层之间问题的关键，这种情形难以想象。尽管在员工看来，名誉与可信承诺能够提升高层管理人员的信任度，而且能促使员工更加卖力地工作，激发员工对企业更加忠诚等积极互惠的反应，但是这里很有可能还是没有信任。员工没有理由信任管理人员，他们与这些管理人员没有私人关系，也就不再期望有互利的基础。

结　语

乍一看来，就业为我们提供了一个关于原则的很好实例，这些原则我们在这本书前部讨论过。当员工展示出自己的能力，显露出自己的动机之后，他就会被委以更多的责任。雇佣关系中，双方总是以相对较小的风险开始交往的。当人们发现代理人值得信任，同时对他的了解也逐渐增多，这样风险就加大了。但是这是个极不完整的叙述。一般来说，正式组织内的机构设置对建立信任关注较少，而更多关注的是解决冲突，这些冲突是由等级权力关系和面对缺乏员工的性格、动机信息等问题，却要保证代理人的可信度而引起的。

信任关系和诚信度的建立可以看作是很多公司、官僚机构中非正式组织涌现的结果。有时候，这些信任关系有利于客户和高层管理人员，但是同时面对那些即将失去工作的工人，这些信任关系也很可能让这些人的生活变得更加容易，且阻碍了那些试图监管或榨取员工血汗的雇主。在确定这些关系当中谁受益谁吃亏时，环境和情况很重要，但是尽管有很多机构宣传材料，对相关环境的说明依然不够。还有，工人相互之间的信任，上级和下属的信任关系，顶层管理人员的可信度也非常不稳定，这些信任关系都取决于从上到下或者外部因素改变等刺激结构的改变。

组织设置的核心是联合雇主和代理人之间利益的驱动力。尽管信任网可以看作是规则、驱动力、监督的重要补充,甚至还能抑制有些机构设计的不良方面,但是信任网依旧是刺激信赖、加强合作的第二位手段,是机构设置的重要补充。

第八章 国家机构

　　国家机构对合作的影响主要有两个方面：首先，充当第三方角色的政府为各部门间的合作和交流提供保障，并采取外部强制性措施。如果充分相信政府的执行力，相信政府不会进行钱权交易，抽取高额酬金，那么，国家机构就创建了一个潜在的合作环境。一些情况下，基于彼此的了解，个人以较低的风险建立某种关系后，政府甚至能促进信任关系的建立。其次，政府官员与个人及组织存在某种关系，保障其获取金钱、服务方面回报的利益。在某种程度上，这些部门的运作确保了透明、诚信和尊重的规章制度，因而，在促进公民合作和服从等方面更为成功。

　　为了确保合作双方的可信度，第三方干预（政府干预）至关重要。然而，在如何建立有效政府方面，尽管已经拥有重要经验和学术成就，决策者和学者们仍旧对政府建设感到困惑（文献综述请参见Levi 2002）。组织和机构促进了没有信任基础的合作，支持复杂的市场和政府，它们本身也产生于漫长且存在争议的历史进程中。为了确保众多合作伙伴的可信度，组织和政府利用第三方干预，提供了可以选择的机制。正如历史老师讲授的那样，问题在于这些组织往往推行寡头政治（Michels 1962），而政府则采取掠夺和土匪行径（Levi 1988；North 1981；Olson 1993）。这些倾向削弱了领导层和机构的可信度，也削弱了政府在各部门之间营造信任环境的能力。即使是民主国家，政治稳定，制度完善，能够约束政府官员，也面临许多问题，

该如何让公民相信，制定那些制度和政策都是为了给他们提供更好的
服务的。

积极正面地肯定政府的可信度，或者说人民认为政府诚信，是政
府各部门采取合作行为的关键，既包括各部门之间的合作，也包括各
部门与政府间的合作。然而，在这两种情况下，政府的不同特点尤为
突出。政府作为第三方时，主要问题是实施和监督过程中表现出的执
行力和公平公正程度。政府成为参与其中的合作伙伴时，是否尊重公
民，程序是否公正可能就成了判断其可信度的关键依据。执行力很重
要，但政府对待赞助人和委托人的方式似乎同样重要，甚至更重要。

可是，在这两种情况下，与其他部门相比，政府的权力更大。权
力不对等带来了普遍的争议，政府工作人员是否可信，是否能够自我
约束。盘剥、歧视、滥用武力等滥用权力现象都是证明政府不可信的
强有力标准，导致民众不信任政府及其职能部门。

在探索国家机构如何促进合作方面，必须首先探讨国家基本机构
的性质。然后再着手研究政府机构如何促进（或阻碍）各部门之间
的合作，以及部门和政府间的合作。与此同时，也要讨论其他的关于
政府和信任间关系的观点。下一章会讨论这些观点，讨论本书之前提
到的那些观点，并讨论如何将其应用到无能政府或试图树立权威政府
的那些领域中。

可信的承诺、执行力与公平性

判断个人诚信度与政府可信度时，所考虑的关键因素大抵相同。
能力和环境都很重要，而动机则歪曲了对政府工作人员的评判，在选
举中更是如此。然而，多数情况下，"政府信任"都是矛盾的：公民
投票时得到的信息来源于人际关系，往往缺乏质量，没有深度（Har-
din 1998b，2002b）。公民判断政府及其工作人员可信度时，面临多种
多样的问题。现代政府非常复杂，考核政绩的合理性也存在争议，导

致了严重的信息问题。公民可能不太关注这些（Hibbing and Theiss-Morse 2002），他们可能判断总统、首相的个人行为，而不是判断政府本身（Citrin 1974；Hetherington 1998；Levi and Stoker 2000，480 - 481；Weatherford 1987）。民众都反对政府的干预，反对庞大的官僚机构，对其有一种厌恶和不信任的复杂情愫。发生在 2004 年的美国选举事件就是如此，① 坚定的宗教信仰会使人们摈弃与信仰不符的事实。

管理有序的政府提拔官员时，不会仅仅依靠民众的判断，选择那些诚实、有力、致力于为其谋福利的人，而是会把那些最诚信、受民众欢迎的官员安置于旨在清除不称职人员和腐败行为的机构中。管理有序的政府不会给予官员完全的自主权，而是要求一定的程序公正和法律规范。评估政府和政治家们是否可信时，最终考量的也是他们领导的机构是否运行良好。

政府是否可信的一个必要因素，是能否对外抵御敌人、对内控制犯罪。因此，政府建设的一个关键问题，就是在建立绝对强权的同时，要使民众相信，政府不会轻易使用权力。要使民众和臣民相信，政府机构能够提供安全保障，或者愿意遵从政府的各种法令法规，首先必须要让民众对政府树立信心，相信政府的确能保护他们，使他们免受别人的压榨，免受政府机构的掠夺。至少从霍布斯开始，政府建设就要求解决一个问题，如何赋予中央政府足够的权力以保证社会秩序，而与此同时，又不能赋予过度的权力，避免对民众实施掠夺与控制（例如，Weingast 1997）。这是麦迪逊和联邦派人员当时直面的一个问题。

第二章讨论了如何借助可信的承诺以及使承诺可信的各种策略创建诚信度。要克服政府人员和多数公民之间存在的巨大权力不对称，需要更多的有机构保障的可信承诺。这往往需要政府机构内部三权分

---

① ［美］加里·威尔斯：《启蒙消逝的那一天》，《纽约时报》2004 年 11 月 4 日，第 A - 25 版。

立，或者对越权行为进行严厉的惩罚。与私人之间的承诺一样，政府之所以做出可信的承诺，是因为政府各部门间相互依赖，或者是因为政府依赖那些控制重要的国家经济资源和政治资源的部门。历史上，这样的例子不胜枚举。17 世纪的英国皇权（North and Weingast 1989）和法兰西王国（Root 1989）要顺利地统治国家，就需要接受议会精英们在借贷和预算政策上强加的限制条件。从拿破仑战争到第二次世界大战，各种形式的授权和课税把英国政府变成了"戴着锁链的海怪利维坦"（Daunton 1988，2001）。正如第四章所说，美国《宪法》设立了一些制度，限制政府的权力。

可信的政府还必须具备洞察力，能够找出那些违法和不劳而获的人，并且配备有昂贵的基础设施，能够全面监控，广集信息。政府具有配备基本设施、拥有必备资源的能力，专门针对政府执行力预设和差异的研究众多，此处不宜逐个重温；监控、制裁和收集信息的力度可大可小，形式多种多样，此言足矣（例如，Kiser and Schneider 1994）。此外，如果监控力度过大，妨碍到别人或者被认为触犯了法律，那么由此产生的问题比能解决的问题还要多。有证据显示，在政府和一些正式的组织机构中，的确存在这种现象。19 世纪，法国和美国的征兵工作（Aron，Dumont and Ladurie 1972；Levi 1977，44 - 51，62 - 65，85 - 102）中就存在各种困难。征兵员必须走遍全国，常常需要找出待在家里的年轻人，了解他们的出生日期和健康状况，然后评估这些人是否适合参军。由于一些地区的人们对征兵员所代表的政府权力充满敌意，这项工作耗时长，危险重重。1863 年到 1865 年间，美国征兵局派出的征兵员中有 38 人遇难、60 人受伤（Levi 1997，64）。甚至在很不受欢迎的越战征兵中，也没有提及征兵委员会成员或征兵员的伤亡情况。

即使是富裕的民主政府，拥有随意支配的现代化先进科技手段，但为了提供服务，分配投票代表的比率，要开展信息收集工作也存在种种问题。近期针对美国人口普查的论争就是很好的佐证。工作人员须能确定调查对象，冷静地做问卷调查，并确保调查匿名进行。任何环节出现差错，或者调查工具本身存在质量问题，以及使用不当，工作人员都很难保证调查结果的可靠性。

这种情况下，政府工作人员的人品和价值观至关重要。然而，在评估政府可信度方面，制度设置更加举足轻重，既能维护国家强权和执行力，又能坚持透明、负责、公平公正的原则（不同的观点，请参见 Braithwaite 1988；Brennan 1998）。然而，这并不是说，人品无足轻重。事实上，第三章讨论程序正义时指出，程序成功的关键与其说取决于决策者的能力，不如说取决于透明度、诚信度。

民主政府的情况似乎更是如此，原则上，官员必须对选民负责。不过，选举工具很生硬，尤其不见得能选出负责任的官员。选举就是一场游戏，信息不全，道德风险很高（Fearon 1999）。公民几乎无法完全了解执政者在位期间做过什么，也无法完全了解执政者或他的竞争对手将要面临的局面和采取的行动。此外，竞选的本质促使候选人掩盖那些妨碍他们获胜的信息，有时包括他们真正的政策目标。实证研究的证据证实了这一点。政客们经常在获选后与在竞选台上表现不一（Stokes 2001a，2001b）。或许是因为这是他们执政后所学，但通常是因为他们知道如果在竞选中表达自己的想法将无法获胜。其他实证研究表明，即使执政者不能创造重大的经济效益，公民很难也不愿意去惩罚他们，这是对 1950 年以来 135 个民主国家进行详细统计分析后得到的一大发现（Cheibub and Przeworski 1999）。

鉴于选民获得的信息不足，以及只能通过投票的手段实现问责，出现公民对候选人性格的判断有时胜过对能力的评估现象，就不足为奇了。也许这就是公民闲聊中认为哪些候选人"可信"的原因。选举政治的波动性至少源于一个事实：公民对政客一无所知或不甚了解，对其价值观和性格的认识也大相径庭。

选民面临多重问题，无法断定政府是否维护其利益，是否依法执政，是否坚持以程序公正为准则。结果可能是针对政策和政客的激烈政治冲突。此外，即使存在任何可能的客观标准，断定政府可信，选民也许认为并非如此，反之亦然。我们认为，这绝对是政治原因造成的，而不是信任或诚信的问题。事实恰恰相反，政府的制度安排可以代替诚信，成为公民间合作以及公民与政府合作的基础。

国家在人际合作中的作用

国家实施法律的背景创造了一个无须信任的环境，人们即便承担风险也觉得安全，或者至少觉得彼此承担的风险不大。正如第二章所述，提供有足够安全感的环境，使那些因合作获益的人找出判断潜在诚信度的方法。管理有序的国家可以提供这样的环境，能够增加安全感，促进合作，唤起了人们与陌生人或不太熟悉的人合作时承担风险的意愿。比起"坏"政府，有了这样可信的政府，"好"政府的优势便和锡耶纳市政厅对比鲜明的壁画一样明了。画家安布罗乔·洛伦泽蒂（Ambrogio Lorenzetti）的《好政府的寓言》（1338—1340）描绘了一个美丽的城市，城墙敞开，警卫松懈，市民自由出入，从事贸易，在自己的领域内辛勤耕耘，参加聚会，放松娱乐。在《坏政府的寓言》中，城市年久失修，各行各业一片荒芜，城墙内外隐患丛生。

18世纪，西班牙征服那不勒斯事件体现了国家的作用，促进或破坏（在这种情况下）合作行为（Pagden 1988）。西班牙统治者有意识地破坏了当地民众彼此间的信任关系和公共意识，促发了怀疑和利己思想的形成。他们组织各种分裂行动，神秘兮兮地故弄玄虚，一方面使当地民众的合作难上加难，另一方面使他们难以彼此深入了解，难以获得当政者的准确信息。具有讽刺意味的是，"确保社会秩序井然有序的领导者堕落了，这不可避免地导致了经济崩溃"（Pagden 1988，137）。坏政府将好政府创造的积极效应一扫而光。

可信的政府实施产权制度，确保执行力度，维护社会秩序和市场发展，这一点少有争议。有证据表明，可信的政府能够刺激经济增长。人们也有了充分的理由，相信国家能够提高法人行动者的可信度。一旦人们有了信心，坚信法律明确了贸易伙伴间需履行的义务，坚信国家有足够的执行力，来惩罚违规的人，他们将更乐于承担风险，参与交易或开展广泛的合作，包括与陌生人之间的合作。很大程度上，是因为这样的国家减少了合作与交易中固有的风险。

在经济基础薄弱、政治不够民主的国家，若要提高经济效益，改善政绩，政府机构的执行力和效率至关重要，许多经济学家和政治经济学家都日益强调这个标准（参见 Leblang 1966；North 1981，1990；Olson 1982；Widner 2001）。包括世界银行和国际货币基金组织在内，有一些重要的准政府性全球机构现在都日渐意识到，先前对政府机构的效力满不关心是不对的。弗朗西斯·福山（Francis Fukuyama 1995，第二部分）界定了"低度信任社会"，指的是以家庭和网络为依托展开商务活动的国家，那里的公民几乎不信任网络社区外的所有人。他认为，只有国家高度干预，那里才能开发大规模产业。国家强制执行合同，卖家和买家不再担心彼此背叛，从而能更好地达成合作关系。支撑合作与交易的规范和共同信念也许很重要（Bowles 1998；Greif 1995；North 1990），但规则和规范的制度似乎才是经济发展和民主进程的必要条件。

最近，一项跨国性实证研究的结果表明，政府（拥有切实有效的法规）的可信度与经济增长呈正相关关系。这些研究利用专家调查得出的指标，包括法规、征收概率、腐败、政府运作质量以及基础设施质量的指标等，提出了一些提高履约力、政府可信度和政府效能的措施。他们发现，在随机抽样调查的众多国家中，这些措施和经济增长之间存在一种显著的相关性（Kaufmann，Kraay and Zoido-Lobaton 1999，2002；Knack and Keefer 1995）。[1]

学者们利用"世界价值观调查"（WVS）的数据，研究综合社会调查（GSS）中令人将信将疑的"信任"问题与经济增长之间存在正相关的因果关系。此处的"信任"指的是"普遍化信任"或"社会信任"，表示对社会其他个体的一般性态度，与本书的定义相区别。一些学者发现，假如国家内部相对公平，教育水平较高，种族单一，政府机构切实有效，能够制约重要行政领导的掠夺行为，那么该国的信任度最高（Knack and Keefer 1997，1251；Knack and Zak 2002；Zak and Knack 2001）。也有学者（例如 Whiteley 2000）认为，这些数据证实了罗伯特·帕特南（Putnam 1993a，1993b，2000）的两个论点，一是社会资本是经济赖以增长的发动机，二是机构（包括政府）的作用是次要的。不过也有学者（最值得关注的是 Uslaner 2002）认为，国家和社会资本都不能说明信任与经济繁荣之间存在正相关关系，对经济不均衡的程度和认识更加重要。[2]

因果关系之争体现了仅仅依赖调查数据的局限性。其不足有四个方面。一是概念尚不明确，下一节会较为清晰。二是抽样太多且集中。三是抽样（尤其是一些大型的政府或企业情况的跨国调查）选择时存在严重的倾向性。四是若没有案例的补充和详细说明，很难挖掘出促使政府部门可信有效的因素。

促进行动者采取合作行为，实现经济增长的过程中，政府制度安排的作用存在着争议，幸好有大量的研究成果进行了补充说明。有些研究的立足点是发达资本主义国家的政策是如何提高工人技能、增加培训机会的，并提供了一些信息，使得雇主们能够评价彼此的可信度，从而进行分散的合作（例如 Culpepper 2003；Hall and Soskice 2001；Mares 2003；Swenson 2002；Thelen 2004）。这个发现与博弈论不谋而合，都采用多重均衡的方式，协调彼此的预期，在双方私下形成的秩序中确定重点（例如 Gibbons and Rutten 2004）。以中国地方政府为例，自 20 世纪 50 年代开始，中国首次面临私人企业和私人投资的情况。官员们的兴趣和动机都集中在地方政府的制度变更上，反过来，说明了私人投资方面存在着大部分区域差异（Whiting 1998，2000）。苏联解体后，中亚和俄罗斯的情形也大致与此相同（Luong Jones and Weinthal 2004）。

人们是否会锁上房门，或购买报警系统装置，在不能够保证自己的付出会得到回报的情况下，是否乐于帮助陌生人，或与之合作，人们的上述行为因政体不同而存在巨大的差异（Cloeman 1990，第5章）。其中有些差异是文化引起的，但关键因素很可能是政府的制度。有充足的理由相信，在经济交流中，政治制度为评价潜在合作伙伴的可信度提供了宏观背景，同样地，政府的制度还可以提供宏观背景，有利于产生促进社会合作的安全感（Fukuyama 1995；Levi 1996，1998；Yamagishi and Yamagishi 1994）。

有时，政府会直接创造条件，建立组织，形成交际网，促进信任关系的形成（Herreros 2004）。19 世纪，美国邮局的发展促进了组织的交流与传播，反过来，组织又形成了托克维尔所描述的世界（Carpenter 2001；Skocpol 1997）。政府的选举动机会影响到警力保护水平，而这或多或少可能会引发敌视少数派分子的暴乱（Wilkinson 2004）。政府可以牵线搭桥，起到重要作用，建立商业、政治等社团，让穆斯林和印度教徒定期在民间社团中交流，那么他们所居住的城市就不易发生宗教暴乱。例如"皮文迪实验"（Bhiwamdi）中，警长系统地建立了一个社区委员会组织，确保穆斯林和印度教徒定期进行有组织的交流（Varshney 2002，293 - 295），这种做法收效显著，因为在这之前，该地区经常遭到暴乱的破坏，如今治安良好，一片祥和景象。

其他证据表明，在促进公民间的信任方面，可靠的政府具有很重要的影响力。消极地说，我们知道，政府的无能表现，尤其是众所周知的政治腐败，会降低公民对政府的信心，从某种程度上讲，也会降低公民对他人的诚信感（Della Porta 2000；Hart 1978；Pharr 2000）。更多积极的正面资料来源于约翰·布雷姆和温迪·拉恩（John Brehm and Wendy Rahn 1997）。他们利用美国国家选举研究和综合社会调查的数据，分析了公民参与度、"普遍信任"与对政府的信心之间的关系。正如玛格丽特·利瓦伊（Magaret Levi 1996，50 - 51）所论述的那样，最强大的效应来自（民众）对政府信任感（或者可以说诚信观）的信心。布雷姆与拉恩对此进行总结，政府行为与政策可以增加或减少社会资本（见 Herreros 2004）。[3]

但是，促使可信的政府（信用政府）在民众之间推进合作，甚至挖掘诚信潜力的因果机制是什么呢？这就如同一个简单的扩散效应，也许政府官员对待选民公平公正，他们就会相信，政体内人人公平，个个诚信（Rothstein and Stolle 2003）。这个逻辑论证并没有说服力，也未经证实。更具前景的说法是：可信的政府提供环境，鼓励民众采取低风险交易行为，促使他们了解他人的可信度甚至是诚信度，同时学会判断对方是否可信。当然，这与本书中如何建立信任关系的观点是一致的。第九章将会再次讨论这些话题。

与政府的互动

罗伯特·帕特南（Putnam 1993a，1993b，2000）坚持认为，社会资本（尤其是人际网络和民间社团产生的人际信任）具有影响力，能促成有效政府的建立。他引用这些研究结果，证明社会资本（他界定的术语，参见第五章）日益减少，政府回应也在降低。然而，西德尼·塔罗（Sidney Tarrow 1996，2000）则认为，政治运动是建立优良政府的关键，可以团结民众，使他们积极参加各个党派，为权力而竞争，或加入各种社团，寻求变革，以提高公民的能力。最后，玛格丽特·利瓦伊（Levi 1988，1996，1997，1998）坚持认为，在刺激公众行为方面，政府本身的作用至关重要，反过来，公众行为又促使政府可信，并做出回应。

依照托克维尔（Tocqueville 1835/1990，1840/1990）的观点，民间社团是学习民主的平台，据此，帕特南更进一步地提出，参加足球俱乐部、观鸟协会及合唱团等社团，能建立信任关系和信任网络，更有可能促成广泛的合作。参加志愿者协会能提高民众的参与积极性，具有清醒的意识，并要求政府积极回应、运作良好、实施民主。因此，帕特南深感忧虑，认为美国的社团生活质量在下降（见 Stocpol 2003）。

帕特南的观点存在争议性。个别具体的互惠行为转向普遍的互惠合作，从理论角度看，这个过程还远远不够清晰，从经验角度讲，也存在重大疑问（Levi 1996）。没有充分的理由说明，小团体中相互合作的成员会相信圈外人同样诚信；更没有理由说明，合作行为局限于观鸟或打保龄球等小范围的活动时，其他参与人也是诚信的。最近对美国的志愿性团体展开了一项全面的调查，结果证实，志愿者协会创造了社会资本，是黏结式社会资本而非桥接式社会资本，也就是说，更有可能实行团体内合作而非团体间合作（Kaufman 2002）。[4]

然而，能够促成更好、更诚信政府的，或许并不是社团生活，而是政治运动。这正符合塔罗（Tarrow 2000）的推想，他采用的例证，就是疯牛病爆发过后，人们普遍要求建立更加完善的医疗保健体系。针对 1996 年的美国大选，一项研究分析的结果表明，选举可以提高公民的效能感和"对政府的信任感"，"鼓励民众参与国家盛事，重获对国家社会的归属感"（Rahn，Brehm and Carlson 1999，140），从而造就一种大环境，增加社会资本。还有一部分学者的观点与帕特南一致，关注民众参与度的降低，不过他们认为，与其说参与社团的成员数量减少了，不如说社团成员的积极性、活跃性降低了（Clemens 1999；Skocpol 1997，2003；Skocpol et al. 1999）。

然而，旨在增加公众对政府信心的政治运动，带来的结果却并不总是正面的，总会因时间、政府及参与社团而异（Fiorina 1999；Newton and Norris 2000，72 – 73）。例如，美国最近的抗税事件中，加利福尼亚州和华盛顿的公民投票表明，民众认为政府拥有大笔资金，却未加善用。这些运动中，民众对政府的信心没有提高，反而降低了。

本书的观点与帕特南及塔罗的观点截然不同。认为国家机构形成了公民的响应模式，有时公民的响应有助于建立更为有效的好政府。

政府的执政能力越强，愿望越良好，民众就越信赖政府，越有可能认同并遵从政府出台的法令法规（Ayres and Braithwaite 1992；Levi 1988，1997；Tyler 1990a，1990b，1998）。这里所说的执政能力，不是泛泛而言，而是因领域而异的。例如：在税收过程中，必须有充分的理由，纳税人才会相信，所缴税款的使用符合他们的意愿，没有流进贪官污吏的腰包（Brewer 1988；Levi 1988；Lieberman 2003）。在医疗保健的相关条令中，评估能力的指标包括专业医疗人员的培训和素质，以及医院的整洁程度。即便如此，比起民众的付出与所得，更为重要的是政府官员对待他们的方式。

公民服从和认同程度不同的原因，与其说是对政府执行力的感受不同（尽管那很重要），不如说是对统治者的善意和公正性的感受不同。公民如果对善意的出发点和政府工作人员的能力充满信心，就会更多地与政府合作，提高工作效率。本论点及论据与第七章对公司和行政机构等级关系的研究结果相一致。例如，如果政府幕后采取惩罚措施，运用劝导和共治使公民服从政府，法令法规也许最有效力（参见 Braithwaite 1985，1998）。如果政府官员对公民没有信心，或表现出积极的不信任，公民更有可能对政府干预持谨慎态度，并不大可能愿意接受政府的行政要求（Lipsky 1980；Peel 1995，1998）。尊重公民可能会带来互惠。不信任往往导致民众采取反抗、逃避和欺诈行为。

针对官员行为、公民态度与公民反应之间关系的研究，最全面地囊括了各种观点的，就是关于公民是否遵从税收政策、依法纳税的调查（例如，参见 Frey and Feld 2002；Lieberman 2003；Slemrod 2003）。迄今为止最完善的研究项目中，约翰·肖尔茨（John Scholz 1998，161）及其合作伙伴调查了"信任诱发机制如何使政府精英和其他公民有条件地服从政策"。如果公民认为政府官员和政治家公正公平、仁慈善良，并能够控制那些自由放纵的投机行为，就更有可能唯命是从（Pinney and Scholz 1995；Scholz and Lubell 1998）。遵守税收政策情况的调查结果，与程序正当及公平公正性作用的调查结果一致，说明民众为何遵守法令法规（Tyler 1990a，1990b；Tyler and Huo 2002），并偶尔地认可纳税和服兵役政策（Levi 1988，1997；Tilly 2005）。

我们的观点与1981年的澳大利亚税法是不符合的，在那之前，最高法院特别优待富人，在解释税收条例过程中出现了各种各样的丑闻（Levi 1988，158 – 172）。法院的这些行为引发了工会的抗议，增加了民众的避税行为，他们认为税收机构和法律存在歧视、不公正，认为这个民主的、宣称要提高民众福利的机构并不可信。然而，这个例子中，政府能够采取行动，重建人民的信心。1983年，鲍勃·霍克（Bob Hawke）和工党在选举中获胜，原因之一就是先前的税收不公平，结束了保守党将近十年的执政地位。1985年霍克召开了"国家税收最高会议"，开始修订税法。为确保修订过程及法令法规的合法性，与会者包括各种社团及个人。尽管工作很快陷入混乱，但这却有助于恢复政府的声誉，树立其公平征税的形象。

历史上，讲法语的加拿大人就是个例子：他们认为中央政府（无论是部门还是领导）没能为他们的利益服务。他们认识到，在联邦议会上，自己深有感触而后提出的议题，一旦遭到讲英语的大多数人的反对，几乎总是失败。因此，第一次、第二次世界大战期间，比起讲英语的加拿大人，讲法语的加拿大人极不乐意参军，而更愿意参与抵制征兵的活动，也就不足为奇了（Levi 1997，第六章）。他们提出的长期解决方案是要求省级自治，尤其要求魁北克省能够自治，为了阻止歧视性法规，他们威胁说要脱离联邦。尽管具体细节不尽相同，但在与英联邦关系上，苏格兰也使用过类似的策略。

在对待特定群体时，只要政府官员既有能力又充满善意，就是可信的。制度安排树立、加强并体现了政府的可信度，奖励成员间进行积极、有效的交流，并保证程序正当，毫无歧视。

公民不信任政府对民主政体的影响

前一节阐述的研究成果与帕特南的观点相悖。公民间的人际信任无法促进政府的有效运作。恰恰相反，可信的国家公务员能增加公民的信心，使他们服从政府、支持政府——或最起码，他们对那些有过积极体验的政府部门是有信心、服从并支持的。然而另一方面，如果公民不信任政府，或对政府的运作力和执行意图产生了怀疑，就不利于他们与政府的合作，也可能不利于公民间的相互合作。

针对公民对政府的不信任，至少有三种截然不同的观点：政府及其官员不可信；政府部门中不信任是必要的；对政府的不信任越来越普遍。第一种观点完全符合上一节的论述，政府及其官员都不可信，或者说他们无法让公民认可其可信度。有些情况下，不信任反映了公民对政府不当行为的态度，包括对某些特定人群待遇不公甚至存在不良企图。非裔美国人、法裔加拿大人及巴斯克人都在其中，他们在完善的民主政府中，有过不愉快的负面体验。他们判断政府的可信度，根据的往往是在制定和执行政策的过程中，政府是否公平公正，是否具备执行力，是否负责尽职。对任何制度，尤其是国家制度而言，分配都至关重要。尽管不同政体内分配标准因时而异、因人而异，但是对于那些未能享受到标准分配的人而言（Ensminger and Knight 1997；Knight 1992；Levi 1990，1997），对政府丧失信心自然也是合情合理的。

执行程序不当，剥夺公民的权利和自由，都会有损于政府的可信度及其效力。这与第一种观点并不相悖，它是这个观点的另一个方面。假如一个高效而可信的政府有助于增强公民间的信心，那么一个无能、恶毒或不可信的政府就毫无根基，无法在政体内建立信任关系，树立民众的信心。下一章将探讨各种情形。

第二种观点即自由主义理论，与政府责任有关（Hibbing and Theiss-Morse 2002）。究责过程与人们对政府及其政党的看法和态度呈正相关关系。"制度化不信任"（Braithwaite 1998）可能会加强政府职能。政府的可信度取决于与不信任密不可分的制度设置。本章对此略有涉及，第四章已经详细进行了探讨。也许听起来有悖常理，但是监管及高度关注政府部门的行动会从总体上提升公民对政府的信心。然而，特定形式的深层不信任会导致政治运动，旨在破坏政府的信用，有些政治运动成功地破坏了政府的声誉，使其声名狼藉。

第三种观点得到了大家的公认：公民越来越不信任政府及其官员，对政治参与和良好政府产生了负面影响。对于政府官员在什么情况下算是成功的，什么情况下算是达成了自己的目标，公众的评判也是经常变来变去的。20 世纪 90 年代，发达资本主义国家经济形势好转的过程中，体制或者法律究竟发挥了多大的作用？更不用提阿兰·格林斯潘（Alan Greenspan）或玛格丽特·撒切尔（Margaret Thatcher）的情况了。定期举行的公平选举与监管机制共同产生作用，后者确保民主选举产生的官员能够践行政府的公信力。然而，针对选民授权（Stokes 2001a，2001b），候选人代表性（Bianco 1994；Przeworski, Stokes and Manin 1999）以及选民不知情（Popkin 1991）等所做研究的文献中明确记载，公众很难全面掌握选举的情形，也很难判断所选的官员在决策时必须考虑的隐秘信息。当选后，候选人不兑现竞选期间所做承诺的现象屡屡发生。公众的问题在于确定候选人食言的原因。他在选举之前就蓄意欺骗选民吗？抑或选举之后他又获取了新的信息？又或者他选择了之前会遭到反对，但却能更好地服务大众的新政策？

无论公民对政府信心减退的观点是否有据可循，都可能会影响民众对政府的支持率（Mishler and Rose 1997；Misztal 1996；Sztompka 1999）。例如，最近的研究发现，民众对美国政府的信心减弱后，对福利救济、针对不同种族以及其他再分配方案的支持率也降低了（例如，参见 Hetherington 2004）。

　　大部分我们所了解的或者自认为了解的，有关公民对政府可信度的观念都源于调查，但正如本书之前已经证实的，从这些调查中得出的结论存在很多问题。概念的混淆导致两种虽然有所关联但却截然不同的现象之间的混同：一种是对政府官员、政府机构以及政治进程的信心。另一种是对他们诚信度的判断。对待相同的问题，人们的态度会因人群而异，因时代而异，既存在程度问题，也存在因领域而异的问题（Levi and Stoker 2000，499）；和本书的三方信任模式一样，信任也因所涉及事务、场合及参与者而异。也就是说，人们通常会信任特定领域的所有行动者，但并非所有的领域都是如此。针对政府和官员的信任调查问题提出了一系列假设，如今却遭受极大的异议，甚至遭到了与美国国家选举研究有密切联系的人员的质疑。例如，在设计和评估全国选举研究的新型"一般信任"问题的报告中，南希·伯恩斯和唐纳德·金德（Nancy Burns and Donald Kinder 2000，4）指出："我们认为信任因领域而异，但是实证研究中测量信任的方法却基于完全不同的假设，即人们对人类天性中的诚信度存在固有的稳定看法。"[5]

结　语

　　稳定而高效的政府不仅能在街上与商店里给公民提供安全感，而且还应为个人创造环境，让其开始接受风险、彼此了解，并最终达成相互间的交流与合作，相反，背信弃义则要付出沉重的代价。国家机构、代理机构与法律的素质与行为起到了至关重要的作用，它们创造了环境条件，使民众彼此信任，并发现对方诚实守信。潜在的效应包括公民参与度的提高、经济增长、公民遵守政府政策，甚至是企业责任的提升。

　　本书主要描述国家制度发挥积极作用的方式与原因。反驳了由托克维尔提出，并经过帕特南修订的观点，即民间社团可以促进民主进程，并从总体上改善政府职能。有证据表明，民间社团的活跃程度与政府的效率之间，的确存在某种关联，但却不是托克维尔观点或帕特南社会资本论中所提出的显性因果关系。本书的观点如下：良好的政府回应性强、公平、执行力强，因而是可信的，甚至是诚信的，并有可能使公民顺服，得到其认可。从这个意义上讲，国家运行是否有效，取决于公民的顺服程度和信心。其中，政府所起的作用至关重要，它绝不能只受益于政体内现有的信任关系。

与此同时，我们探讨了自由观，主张对政府的制度化不信任。"良性怀疑论"使得政府部门警醒，因此让政府官员做出回应，但是只有政府部门具有透明度，具备清醒意识的公民才会小心翼翼地进行建设。很有可能，对政府的普遍极度不信任超出了白山论的"良性怀疑论"，反而会损害政府的制度安排，导致普遍的合作危机，第九章将有所论述。先进的民主政体内的调查证据几乎没有表明这种不信任，民众也没有根深蒂固地不信任政府，像苏联解体后各个国家的情况所表明的那样。如今普遍认为，评估民众对政府的信任，最通行最普遍地采用的调查都是成问题的。工具应该解释区域特点的"信任"和"不信任"，就是说 A 在 X 事上信任 B 的范式，不会在所有事上都如此。

制度化不信任与旨在促进合作的政府具有一致性，本身受益于其促成的公民合作。政府机构要求代理人负责、可信、有能力，并鼓励"良性怀疑"，政府机构同时创造了条件，使公民彼此冒险合作，并与政府合作。

第九章　转型过程中的信任

我们已经注意到，在一种情况下或为了一种具体目的确立的合作关系，其所依赖的信任关系，未必适用于其他情形或其他目的。信任网络会轻而易举地演变为不信任网络，人们信任网内人，不信任局外人。本章将综合这些观点，力图概述这些过程，阐明个人信心十足，却无法求助于政府或完善的组织来保护自己。说明依靠信任关系来创建良好的社会秩序，是有局限性的。我们再次注意到，认识到不信任的普遍存在，或许比信任更有益于构建组织和机构，促成合作。

政体、经济和社会能破坏或转变机构、组织、社会网络甚至是人际关系，这样的大规模转型时期，合作问题尤其尖锐。相应产生的极度动荡局面破坏了对他人行为的预期。民众愈加无法确定谁是诚信的，与谁合作才会有收益。信任关系本身也处在转型过程中。

本书不会全面分析所有的转型情况，也不会对各种转型情况分门别类，分别叙述它们对信任关系、诚信度、可信度及合作的影响。恰恰相反，本书旨在说明，我们的概念体系如何有助于理解各种情况，包括在转型过程中及转型之后，人际关系是有助于合作还是妨碍合作的。[1]通过这些分析，详细地阐明了其他代替信任和诚信度措施的重要性，我们强调，在社会、政治和经济生活中，信任关系的作用相对较小。

本章侧重探讨产生信任关系、诚信度等合作基础的三个途径：参与到长期持续的密集型人际关系；社会网络；旨在确保民众间交易、合作或安全交往的个人可信度。转型可以改变人们对他人行为的预期，原因是转型增加了不确定因素，改变了人们相互影响、彼此负责、建立信誉的环境。转型往往改变了需要做的工作和专业知识，因此需要改变原有的能力判断。摒弃旧价值观、引入新价值观的过程中，需要重新判断动机。或许更重要的是，转型改变了权力关系，而权力关系不仅影响对他人诚信度和可信度的认知评价，而且影响了获取资源和信息的途径。因此，更重要的是，转型极大地改变了民众对彼此的了解和信任，因而改变了民众的认识，到底谁才诚信，或可信。

转型现象涉及的范围广泛，包括议会和总统民主制内定期发生的政府转型，股市的起伏，都会产生不确定因素。然而，本书只关注两种转型，第一种是大型社会内部特定团体的大规模移民。第二种是社会变革期的体制转型。对曾经信任或认为可信的人们的兴趣、动机和竞争力，这两种转型方式都使民众丧失了许多（即便不是大多数）原有的稳定期待。

移民情况至关重要，搬到新的经济和政治环境下，民众开始思考信任关系和代替信任的其他关系所起的作用。经济和政治体制转型都可以用来分析那些能促进合作的机构分解、重组等安排。两种转型方式也带来了众多的问题，包括对于维系和谐的群际关系、广泛性交流和收益性合作而言，信任何时有益？何时有害？移民和体制转型带来了大量的规模化问题，决策者和社会分析家们倡导建立信任来解决这些问题。我们认为信任关系的作用是有限的。事实上，信任关系是个壁垒，妨碍了不同集团融入社会，发展有效市场，建立国家，进行广泛的收益性合作。

大规模移民往往会改变家庭和社区的结构，改变权力和地位等级。它们几乎总是需要改变，以适应新的经济和政府机构的转变。由于诚信度的本质和保障发生了改变，个人必须随时调整，表现自己的诚信度，评判他人的诚信度。有些调整可能会有助于融入社会，而有些则会制造、加深隔阂，增加差距，妨碍与群外人的合作性交往。

不管对先前的网络和社区产生了什么样的影响，几乎所有的体制转型都包含了新组织和机构的发展。这会影响到可获取的他人的信息种类和信息源，并影响交流地点的选择。主要的体制转型包括政府、经济或者二者的重大转型，例如包括了革命，军事征服，从专制到民主（或者从民主到专制）的转型，殖民地到自治独立的国家，传统经济到市场经济，社会主义到共产主义。体制转型包括对村庄、社区、族群、种族和宗教的暴力破坏，因此也会破坏先前的人际信任基础。然而，有些转型的作用恰恰相反：外部威胁使得人们更加依赖网络或社区。变革运动会建立新型信任关系，创立新的合作基础。一些体制，尤其是著名的极权体制，有意识地制造不信任，鼓励个人（甚至家庭成员）相互监视。

在转型过程中需要考虑两个主要的信任问题。第一，如何重建人与人之间合作的基础。第二个问题同样值得高度关注，转型过程中，出现了解决信任和合作问题的关系、网络、组织，转型后，它们在多大程度上妨碍建立有效的机构。

大规模转型引发的问题

原有的关系破坏后，对他人的期望也会破灭。互利型信任取决于持续不断的重复性交往。然而，转型会破坏继续交易的机会、监控能力和制裁能力。大规模移民过程中，移民脱离了具有密切的重复性交往的人际关系网，进入了陌生人的圈子。找出不诚信的人难上加难，惩罚他们的成本也愈加高昂。根据其定义，体制转型破坏了先前有利于合作与交流的组织、法律和机构。难以判断他人诚信与否。[2]

曾经的社会网络、组织和机构解散后，社会效应随之消失。经济交换将沦为物物交换或者集市，即使战后德国等国家也不例外，而那里的市场曾经高度繁荣、应有尽有。一种后果就是霍布斯提出的自然状态，经济学家张五常（Steve Cheung）描述过二战中的香港，或者导演维托里奥·德西卡在电影《偷自行车的人》（1948）中描绘的意大利，都是这种状态。[3] 美国南部的状况展示了先前的合作基础丧失后的状态。奴隶们曾经信任下一代，重视财产，内战结束后，他们丧失了信任，恐惧万分。传统的互惠互利模式遭到了破坏。

尽管转型可能缘于外因，但是内因是破坏和建立信任关系与诚信度的主力，并且因具体情形而异。信任度何时才会下降，我们似乎略知一二。而如何在陌生人之间建立信任关系，信任丧失后如何重建，如何依赖除信任之外的其他合作基础，这方面的系统知识尚处于起步阶段。重建信任过程方面的研究尽管寥寥无几，却似乎证实了信任和不信任之间存在不对称性（参见第一章和第四章）。然而即使是在风险极高和环境脆弱的情况下，信任和诚信度也是可以保存下来或者被建立起来的。随后会谈到，有些群体（并非所有群体）在转型之后产生了信任关系，现存的文献中有这样的例子，并说明了可能出现的信任类型。越来越多的研究是针对确保可信承诺的机构进行的，对本书的论点更加重要。针对影响信任、诚信度和可信度的因素，重新思考这些研究，对于不存在信任关系或者有限信任的情况下如何进行合作的问题，可以详细说明一个更具分析性和潜在归纳性的观点。

转型过程中，在促进合作方面，信任和诚信度至关重要。真正的关注点是创建和重建有效的社会、经济以及政体的因素，使民众能够彼此合作，相互交流，互利互惠。然而，合作与交流也许并不总是富有社会成效的。要具备敏锐的观察力，才能注意到在何种条件下，合作对许多人来说成本高昂，而对个别人有益。

对于建立在家庭和亲密个人关系之上的信任关系，转型破坏了拓展后的外部网络、组织和机构，也没有多少可以替代信任关系的选择，即使有，也是寥寥无几。与组织密集和机构活跃的情况相比，个人有可能更信赖知己，在方方面面更依赖至交。如果转型过程中具有不稳定性、组织薄弱和制度脆弱等特点，而亲密无间的社会网络恰好完好无损，信任关系很有可能成为合作和交流的首要基础。

从长远来看，绝对依靠信任关系远远不够。当这种依赖严重限制了缔约合同与合作的范围时，情况即是如此。此外，与信任关系一样，背叛、不信任和家人邻里之间存在嫌隙敌意似乎也合情合理。历史上，几乎各大洲都发生过部落之战、领地之争。一段时间后，民众特定的情况下会发现一些途径，能够辨别出更多相对诚信或至少可信的交往对象。这个交往圈内，可能有泛泛之交的熟人，甚至是陌生人。极端情况包括简单地识别重复性交易伙伴的身份，甚至外延至详细分析各级政府、各类市场。民众需要生存、发展，因而需要寻求更多的机会。他们更有可能拓展贸易与合作，潜在的交易合作伙伴都处在人际网络中，他们需要获取信息，证明何人诚信，并惩罚那些不诚信的人。这种关系往往直接源于共同的部落背景或族群背景、语言、种族或宗教，换句话说，源于固有原型，这一点在第二章中已经详细阐述。然而，正如我们将会看到的那样，还有许多同样常见和有效的私人秩序形式。如果有动力去寻找更多交易伙伴和盟友，就会有动力创造覆盖面更广的社会网络，包括确保参与者的诚信度和可信度的机制。

尽管社会网络中根深蒂固的诚信度有利于促进贸易与合作，但同时也有其局限性（Cook，Rice and Gerbasi 2004）。融入条件同时也是排外条件，限制了经济机会，带来了重大的政治问题，社会网络增加了社会团体间的敌意，尤其是维护特定集团的政治统治地位时，情况更是如此。

侧重探讨了信任、诚信度和可信度的产生过程之后，必须探讨它们如何有助于建立社会网络、组织和机构。第七章和第八章已然指出，这三者完善了富有成效的组织和良好政府的发展。本章阐明，信任关系和社会网络同样会阻碍有效的替换途径的发展。从信任关系到信任网络，再到机构和组织中根深蒂固的诚信度和可信度，这个演变过程没有必然性。信任关系可能会妨碍建立福利性的政治机构和经济机构。交际网络可能提供了基础,以加强网内贸易与合作,但是却以经济和政治的排他性为代价,减少了网外贸易与合作的机会。国家、组织和机构要么采取掠夺行径,要么效率低下。没有人愿冒险去建立其他途径,或者各种途径失效时,信任关系可能会成为合作的首要基础。

大规模移民

假如周围大多是陌生人,几乎没有或根本没有制度支撑,人际关系及其带来的信任往往日益重要。家人总是一同移居,家族成员往往会搬家,与其他家人待在一起。移民们帮家庭成员获得住房、福利和工作,这种现象很普遍。家庭成员之间必然存在嫌隙和背叛,但与陌生人相比,亲属和友谊关系中更有可能产生信任。没有组织和机构保障诚信的情况下,信任关系更是合作和交流的主要前提。

移民面临的问题与定居型社区不同。移民到新城市或国家找工作,积累资本,没有语言优势、合法的地位,如果没人帮助也不知道如何找到工作。由于找工作赚钱的成本高昂,他们总是求助于认识的人或有既定特征的人,例如相同国籍或宗教信仰的人,认为这些是潜在的诚信标志。大多数情况下,动荡的环境中,家人或族群是移民的基本社交网。[4]非法移民等因素带来的高风险使移民更加依赖社交网。而且,很多移民企业家愿意雇用家人或者社交圈内的人(Waldinger 1896,271-274)。雇主想通过有效的方式雇用可信的劳动力,他们首先会着眼于家人和熟人,但是生意规模扩大后,会扩大关系网雇用可靠的员工。关系网内员工彼此信任,移民员工的就业机会有限,这种情况下,第三方参与增加了一定的可靠性。另外,雇主或许发现,雇用相同背景的员工后,可以使他们遵从相同的文化规范,服从权威,减少工作中的冲突,而不用付出高昂的成本,引入解决争端的机制(Waldinger 1896,273-274)。

对于那些需要资金的人来说也是如此。第五章讨论了通过族群关系网来获得信用。借贷者受限于亚历山德罗·波茨和朱莉娅·森森布伦纳（Alejandro Portes and Julia Sensenbrenner 1993，1325）所称的"强制性信任"（enforceable trust），认为在没有其他资金来源和工作机会的情况下，族群企业家圈内很可能排外。相互依靠，亲密交往，才可能贷到款。

在新的环境中，有时家人也起不了作用。例如，加纳乡村法拉法拉人①迁居到阿克拉的城市之后，削弱了传统的家族等级制度和性别隔离制度，破坏了先前的信任关系（Hart 1988；Kerri 1976 ；Little 1965）。新的环境中能够出现交流和合作，但是亲属关系不再是首要原则了。在几乎完全陌生的人中建立新关系网，可以产生信用和借贷行为。供应商对潜在的客户产生认识和期盼，但需要多次接触之后才能确保相对的诚信度。基思·哈特（Keith Hart 1988，190）说道："在像阿克拉这样的地方，经济生活中常见的模式是假装成熟人。"交易者把这种关系看作友谊，认同并且有效地运用一些技巧来羞辱不履约的人。虽然确定何人诚信的过程就是个试错的过程，而且失误率很高（Hart 1988，191），但却有助于建立信用主导型市场。

移民答应并总是给妻儿父母寄大笔汇款（Massey 1986；Philpott 1968；Stahl and Arnold 1986）。最终，有些人返乡时，资金充足，用以置地或经商。有些移民让家人到工作地团圆，加强了与迁居的新国家间的关系。还有些移民移居后消失得无影无踪。小说和社会学研究中随处可见各种故事，描述移民们抛弃家人，或遭遇变故，从此流落他乡，杳无音信，再也没给家人汇过款。

除了各种能够预测到的风险外，移民遭遇的灾难还包括信任不当造成的灾难。有些移民因乘坐的船不安全，藏匿于船上的集装箱，或坐上运货卡车，之后被向导遗弃在美国与墨西哥边界的沙漠中，因而

---

① 古龙西人的分支。

命丧黄泉。这种风险得不偿失。此种情况缺乏诚信的想法或关系。错误的诚信想法带来的结果包括遭到信托人实质上的奴役，这些信托人与受害人家乡的社区关系紧密，或者拥有相同的传统，"族群纽带构成了移民社区的信任基础，也是理解的源泉，那些似乎诚信的人或许会诱骗移民，因此，移民得到的并不是最理想的结果，当他们意识到存在问题时，想逃开已为时太晚"（Nee and Matthews 1996，375）。

有太多关于劳工的故事，尤其是那些没有任何证件，跑到新的国家后又没有注册，或者从故土偷渡过去的人，他们为了遥不可及的欺诈，满足了企业对廉价劳动力的需求。如果与雇主或招募者有族群关系或家庭关系，就可以增加其承诺的可信度。这些工作环境也不需要以盘剥行为来限制工人未来的发展机会。假如移民后没有大量人脉或金融资本，即使通过族群关系网来找工作，也很可能发现，无论是在族群经济区还是更广泛的经济区内，自己的就业机会仅限于那些低技能、低流动性的工作。而那些拥有人脉或财力的人则可能经历截然不同的过程：族群纽带有助于使他们转而从事高技能和高流动性的工作（Nee and Sanders 2000；Sanders 1994）。

此类负面经验证实，低技能的少数族群移民不信任歧视他们的圈外人，并很有可能从此不信任并一再怀疑那些手握大权、盘剥他们的人（Nee and Sanders 2000）。然而另一方面，高技能少数族群移民证实，圈内那些给予帮助的人诚实可信，并且学会了辨别圈外广阔的世界里何人诚信，或何人可信。以上发现与拉塞尔·哈丁（Russell Hardin 1993）提出的街道认识信任论和山岸俊男（Yamagishi 2001）的社会智力论一致，社会智力指的是能够判断他人是否诚信的能力。

尽管紧密的社会关系网具有种种优势，能促进经济发展，但也有种种局限性。依靠家族和文化符号往往限制了圈内人的机会，将那些没有相同特征的人排除在外，影响了经济的发展。

关系网使得移民们彼此依赖，履行义务，将其束缚在特定的雇主或出资人那里，这尤其成问题。经常"激活界限感"（Tilly 2004），使得族群关系网严禁出入，不仅限制了经济发展，还加剧了潜在的族群冲突（Wintrobe 1995）。封闭导致盘剥，这个结论来源于重复博弈论（Dasgupta 2002）。考虑到建立和维护信任网络需要投资和机遇，网络也会产生外在因素，造成集体性失效（Wintrobe 1995，46；Hechter 1987，45−49）。

族长掌权的族群关系网或委托代理关系之类的等级关系网中，经济制约尤其是个问题（Dasgupta 2002）。一旦出现新的经济机会，地位相当的人不仅都想利用它们，而且也可能彼此协商，重新制定合同。地位悬殊的人则难以做到，地位低下者谋求重新协商，而身处上层的人士却不愿意。首先，互利有助于建立信任，其次，利益冲突会加剧不信任。

因为"相同的规范结构可能维持信任的存在"，关系网能将优秀成员的要求合法化（Portes and Sensenbrenner 1993，1339）。这种规范也许包括十户联保组以及其他帮助穷人的经济援助规则，如果优秀成员未能履行团队义务，就会将其剔除在外。制裁和群体规范取代了信任，成为此类规范的基础。处于不同文化、地域和时期的人们采用各种策略，摆脱这些规范要求，包括改变宗教信仰和姓名（Portes and Sensenbrenner 1993，1339−1340）。有些人利用主流社会的其他替代信任的方式，增加他们对于贷款方、雇主和员工的可信度。比如，创业初期，一些韩国企业家依靠的是本族群的关系网，之后，则更为倚重自身的人力资本和物质资本，大大降低了对韩国社区的依赖程度（Yoon 1991）。

当然，许多组织都力图帮助移民在经济和政治上融入新的大环境。美国等国家的宗教团体、慈善机构、政党、工会和公立学校都起到了这个作用（Gerstle and Mollenkopf 2001；Michels 1962）。少数族群政治机器把移民与政治制度联系起来，将其融入紧密关联的网络，实现互惠互利。这种方式造成了任人唯亲和腐败通行的局面，而不是公平公正和合理供给公共产品的局面。19世纪末20世纪初，宗教团体、慈善家和社会工作者发起的安置性住房，其目标就是提供语言、身份、就业和家政技能方面的培训，帮助移民更好地适应美国的生活方式。初衷是打造良好市民和优秀员工，帮助他们和原居住区外面的人来往，只是效果各异。工会在 20 世纪末 21 世纪初开始建立工人中心，帮助在血汗工厂里遭受盘剥的移民（Ness 1998）。目的是帮助移民团结起来反抗雇主盘剥，向政府寻求保护。工会为各个中心支付开支费用，希望移民们相互依赖，在工会的领导下采取集体行动。

　　在众多类似的情形下，各种组织和协会都试图建立人际信任关系，在经济和政治领域提供可信度保障。然而，最终却是政治机构为移民提供保护和机会，摆脱关系密集的网络和协会，它们也许会使移民彼此仰仗，但却无法培养他们在更广阔的社会与别人交易、合作的能力。正是那些毫无个人因素的法令法规，保障移民能够拥有更广阔的就业市场、获得资本的其他来源以及受教育的机会。因此，移民不再完全依靠家族生存，也无须再受亲缘和传统习俗的束缚。

　　有些时候，信任关系具有正面作用，可以促进与主流社会的交流与合作；而有些时候的信任关系会导致盘剥，阻碍移民融入新国家。这两种情况有什么区别呢？从定义看，奴隶和俘虏的情况属于第二种，但那些被迫离开的人则对两种情况都适合。家庭和社区成员一个资助一个，产生连锁迁移，移民和定居过程中的信任关系似乎就有用而且有必要了。移民仍有风险，但信任关系可弥补这种不足。当移民不得不依赖陌生人时，即便是依赖同族的陌生人，也存在十足的高风险，但是信任关系会改变这种不足。他们不断寻找诚信的标志，但却对自身命运的将托之人几乎不了解，也不知有任何机构能保护自己免受其害。不管移民是否处在连锁之中，若无政府或其他机构提供安全保障，在更广泛的社会中寻找机会，提升自身能力去判断不太熟悉的人的可信度，他们就很可能处于极度局限的关系网和联系群中。有利于移民他国的这种信任网络会妨碍其融入新家所在的大型经济和社会生活中。

政权更替

　　政权更替的形式多种多样，产生的影响也不同，会损害信任及诚信度，影响构建新的合作基础的潜在途径。革命和战争完全消灭了参与其中的成员，摧毁了社会网络。消灭美国印第安人或越南农庄，炮击萨拉热窝，图西人和胡图人间相互屠杀，无数社群遭到局部摧毁或彻底摧毁，这些仅是其中几个事件。在摧毁的过程中，评价诚信度的传统依据也遭到了破坏。甚至是对美国南部战争的战前战后、德国历史及原南斯拉夫的最近发生事件了解甚少的人也知道，这些社群中的暴力政权更替，即使不会让相互信任、亲如邻居或亲朋好友的人呈敌对状态或关系更糟，也会使他们相互怀疑。甚至不那么暴力的政权更替也有类似的后果。工业革命、绿色革命或将资本主义重新引入到原苏联阵营等大型的经济转型，都会损害原有的信任基础，影响诚信度的建立与评估。即便转型过程中，强大的信任网幸存下来，也可能失去了保护有价值资源的能力。[5]

　　据说有些政权更替是由信任关系引起的。社会革命和社会运动的基础，通常是推动变革的社会群体（Taylor 1988）或组织机构和团体内的亲密关系（Eckstein 2001；Seidman 1994）。在经济活动中，信任关系和互惠互利总是占优势地位，支撑着更复杂的市场关系和信用制度。近代早期英国的情况似乎就是如此（Muldrew 1993）。然而，在政体或经济转型的过程中，这些建立诚信度的依据并不总是能够幸存下来，有时它们会演变为盘剥关系。

　　在急剧转型过程中及转型初期，只要有可能，个人往往会仰仗人际信任关系。如果可以的话，他们会建立社会关系网，扩大交流和合作的圈子。然而，一些社会关系是短暂的，而另一些却会演变成掠夺性组织，比如流寇（Olson 1993）或黑手党（Gambetta 1993；Varese 2001）；一些成为基于个人忠诚及委托代理关系的政府机构，比如军事独裁者的专制统治机构（Eisenstadt and Roniger 1984；Roniger 1990；Stinchcombe 1999，67－70）；还有一些却变成联系不太紧密的关系网，甚至成为中立机构。有一点是必然的①，个人信任会演变成关系网，或这种关系网会形成更广泛的信赖基础，或演变为确保广泛合作基础的机构。

无论政权更替过程中的暴力程度如何，都会改变权力关系、准则、组织生态学和制度。但是，经济交流新基础的建立有其逻辑，与创建政治秩序和合作的逻辑不同。

经济转型

甚至在大多数发达的经济体中，商人间的合作取决于彼此间诚信度的评估，通常是基于对不履行协议行为的成本评估。这些成本可能包括名誉损失，以及罚金、监禁或终止未来贸易合作等具体的惩罚方式。社会关系网、组织机构、法律、法庭和政治机构提供信息，负责执行。没有这些保障，风险就变得很高，即使是长期的合作伙伴，可能也不愿意彼此合作，而个人关系和重新构建的社会关系网就会填补空白，但他们就会更容易排外或具有掠夺性，更难进一步扩展贸易。[6]

试想经济转变带来的两种截然不同的结果。第一种是贸易术语的不断变化，使用范围不断扩大，这些术语适用于某个特殊的团体，但是不适用于整个社会。第二种是整个国家现有的经济遭到了破坏，有时代之以另一种新的经济体系，例如，国家社会主义被资本主义代替。其他时候，这种经济转型也会导致经济局面混乱，如萨达姆下台后的伊拉克。

个别团体融入更大的经济体时，往往需要把亲密的关系转变为市

① 这里可能是原作者的笔误，not inevitable，估计是个失误，不可避免英文应是 not evitable——译者注。

场导向型的关系。（例子可参见 Ensminger，1992）然而，传统社会的规范可以阻止那些开始踏上成功之路的人高效率的财富激增式投资。关系型承诺不但促进了买卖、物物交换以及其他交易行为的进行，也可能增加各种形式的盘剥行为。

澳大利亚土著居民提供了一个实例，说明了强大的共有规范带来的负面外在影响。家庭成员，包括亲朋好友，都有权了解彼此的收入和财产。一个后果就是导致平均主义的程度较高，另一个后果是导致人们对那些索求无度及"欺诈行为"的姑息。[7] "赋予澳大利亚原住民交易共有的族群精神，很难与物品稀缺带来的竞争性需求相妥协。"（Dussart 2000，129）那些成功的土著居民艺术家所采用的策略各不相同。一些人只是与人分享了自己拥有的一切。一个妇女攒钱买了一辆旧车，眼睁睁看着车被她的孙子们开走（损坏），而她自己则被丢弃在原地，步行回家。另一些人与人分享就是为了提高自己的社会地位或者好玩：有个人每天晚上都打扑克，输掉所赢的钱，但他是故意采取措施输钱的。还有人则利用他们的经销商来保护自己的主要财产，以便买房子以及为孩子们支付教育费。从前两个例子可以看出，艺术家喜欢社区的约束，哪怕这种约束会限制他们的经济发展。在第上述例子中，土著居民艺术家正在摸索一种逃避繁多的社区义务的方法。

滚动信用社、信用贷款等方式都可以用来鼓励企业家影响小商人，调节市场，扩大市场规模，有些小商人最终会大笔挣钱、存钱，成为普通银行具有信誉度的客户。然而，从字面看，人们普遍接受的观点是滚动信用社是过渡性的，转型期的，是一种帮助人们了解在"静态经济向动态经济过渡过程中"需要做什么的途径。（Geertz 1962，242）一般来说，滚动信用社也会成为信贷市场劣质的替代品（Besley，Coate，and Loury 1994）。

包括土著艺术家在内的许多人都加入了滚动信用社，他们如果要保护财产，免得遭到"骗子"的欺诈，就需要相对行之有效的法规，为艺术家的收入提供法律保障。法规也许能提供额外的惩罚，有助于滚动信用社惩戒不履约行为（Hechter 1998，109）。然而，在很多经济转型中，国家和法律体系不够完善。在如何判断合作伙伴的潜在可信度方面，规范和相关的承诺最初起到了促进作用，而最终却起了制约作用，但是对不履约行为的惩罚，却不得不仰仗社区关系、拓展性网络以及非政府组织。

　　整个政体一经改变便会产生一系列问题。首先，有些情况下，社区必须适应这种改变。现存的信任关系带来了机会，也产生了问题。其次，有些情况下，拓展性网络遭到破坏，新的诚信度以及可信度基础也应运而生了。第一种推动力就是靠相互间的信任关系，但是重建大规模经济体所需要的，远不止这种信任关系。在摩洛哥集市，调查、获取信息的代价很大，于是人们的往来常会持久，这反过来也有助于贸易者对陌生人做出判断（Geertz 1978）。为了超越各种现货市场，就需要新的合同形式，新的关系承诺形式。即使在"原始社会"中，有效的贸易也取决于关系转变，"将一臂之内的合同关系转变为亲密交往的关系"（Posner 1980，26）。

　　在移民的过程中，人际关系体现在首位，而且是寻求双边贸易伙伴的最佳捷径，政府执行不力的情况下更是如此。原苏联刚解体后的俄罗斯，商业贸易比例失调，集中在熟人间（约占42%），朋友和朋友的亲属间（约占17%），以及自己的亲戚间（约占17%）（Radaev 2004a）。只有11%的交易伙伴之前是不认识的。这种模式反映出人们试图对付普遍存在的投机行为，但对正式和非正式规则的内容和执行情况没有把握。在这种情况下，商人们主要选择之前的信任关系，确信对方是诚信的。即使那样，他们也经常会采取预防措施，例如，坚持支付预付款或者锁定厂商等其他措施来确保可信度。

　　双边关系中合作伙伴日益相互依靠，形成厂商锁定的状态，而提出威胁欲中止未来的贸易则更具威慑性，不履约行为的代价更大（McMillan and Woodruff 2000，2426）。针对经济转型期越南公司的一项调查研究表明,"越南公司的交易大多依靠无组织的双边关系契约"(McMillan and Woodruff 2000,2431 – 2432)。赋予客户的信用度与封闭程度之间存在密切的相关关系:近旁的竞争对手越多,封闭越少,信用越低。也许,顾客减少后也会产生类似的结果。例如,确立关系型承诺也有助于解决其他市场的信息问题,卖家无法评判商品的质量(Kollock 1994)或贸易伙伴的可信度(Uzzi 1996)。

"公共秩序紊乱",即合同或政府法规无法贯彻执行的情况下,贸易伙伴之间,公司、供应商、客户与债权人之间,通行的是各种有序的民间秩序形式(McMillan and Woodruff 2000,2435 – 2445)。远到中世纪的商法,近到当代的信用票据交易所与工业协会,都属于民间秩序形式,其中既有合法组织,也有犯罪集团。除了扩大经济活动的范围,它们都会从事以下一种或两种活动:提供不履行合同的商人的相关信息;协调各方处理违约行为。这些民间秩序之所以起作用,是因为贸易伙伴渴望维护声誉,确保长期的合作交易。这些网络和关系既提供信息,又致力于提高声誉,因此,身处其中的个人才有可能判断他人的诚信度,至少可以判断他人的可信度,并显示自己的诚信度。事实上,这些贸易组织起源于相对紧密的网络,威胁要将有欺诈行为的人排除在外,这种做法特别有效,因此,负面名声系统效果凸显。

多边贸易关系依靠各种形式的个人、组织或公司等可信的中间人。中间人出资建立可信的贸易伙伴交易网,需要时帮助他们找到彼此,并提供不履行合约行为的信息,将违约人排除在外,切实有效。来自同族群的中间人有时也起这些作用(Landa 1994,第五章),但是还有其他各种潜在的形式。托克维尔(Tocqueville 1835/1990,387 – 390)记录了内战前美国确立交易网或组织的过程,以及信任对于贸易关系的重要意义。当代俄罗斯商人间也存在这种组织形式(Radaev 2004)。关键在于借助多边声誉机制,确定惩罚违约行为的方法,马格里布商人的文化社交网,汉萨同盟的多元文化组织,中世纪北欧的社区责任体系等组织中，都存在这样的多边声誉机制（Greif 1989，1995；参见 Greif 1993；Greif，Milgrom and Weingast 1994；Milgrom，North and Weingast 1990）。这些关系都组织有序，由规则和标准进行规范，呈密集型网络状态，其中未来导向型的声誉至关重要。

创立民间秩序机制的动机，源于希望确立陌生交易伙伴或几乎不太相识的人的可信度。然而，并非所有的网络和组织都是善意的。三合会（旧中国秘密组织）、卡特尔、黑手党等组织往往出现在投机行为盛行的地区，投机分子从贩酒、贩毒和卖淫等违法行为中获利，或者借助民间安保（或更准确地说，保护性勒索）从中获利。所谓的俄罗斯黑手党就是个例子（Varese 2000，2001）。最早的西西里黑手党起源于经济、政治和人口转型期，当地滋生并不断再生"地方性流行性不信任"，以及当地的地主们需要民间庇佑之时（Gambetta 1993，第四章及全书各章节）。最终，黑手党发展为成熟的商业行会，公共保护得力时，也依然存在，甚至在遭到主要政府机构反对时，也没有销声匿迹（Gambetta 1993）。黑手党之所以能畅行无阻，部分是因为市场在不信任基础上产生、发展，部分是因为中央政府一直不给力。黑手党提供了各种卓有成效的资源，为其头目们囤积资本。

然而另一方面，俄罗斯的黑手党出现了转型，由勒索保护费、收取佣金转型为民间保护公司，越来越受到市场运作的制约，并渴望受人尊重，成为合法组织，乐于在抵制犯罪行为的过程中发挥作用（Volkov 2002）。转型依靠的似乎是市场和国家的发展。有些观察家（例如，Varese 2001）对黑手党金盆洗手、脱离犯罪活动持怀疑态度。但是似乎各国都有各种各样类似黑手党的组织，它们产生的原因是市场缺乏保护，而且混乱情况各不相同（Varese 2004）。

组织有序的民间秩序（既包括双边秩序，也包括多边秩序，既包括出发点良好的秩序，也包括本意不善的秩序）都被取代了，取而代之的是法令法规和安全保障制度的发展，它们能提供保障，确保这些网外行动者的可信度。例如，军事政府改变了地中海地区的长途贸易形势，削弱了马格里布文化特有的优势，作为独立、特殊的社会团体，马格里布迅即在犹太人社区销声匿迹了（Greif 1989，879；1993）。当然也有些情况例外，政府力图消灭西西里的黑手党，却未能如愿。

通常，政府和法律机构的日益完善也能确立信用度，在确定可信度的过程中进行专业分工。例如，法国的公证员行业和金融中介行业都在 19 世纪 40 年代完善起来，政府对其进行规范，却不实行标准化（Hoffman，Postel-Vinay and Rosenthal 2000）。培训、少数职位的继承管理条例、银行家等中介机构都存在地区差异。同期，美国的信贷机构出售信用报告，赚取利润，获得了长足发展（Carruthers and Cohen 2001）。他们起初获取信息，撰写信用报告，借助的信息源是本地信息员和记者。其间涌现出越来越多的股票经纪人、银行以及其他专业化的中介机构，更加训练有素、更加专业化（Zucker 1986）。组织发展加上执行力更强的中介机构，有助于借贷双方、供需双方树立信心。与过去仅仅靠通过家庭或族群联结的个人网络相比，这些创新机构有助于建立起松散联系的网络，其市场前景更为广阔，业务范围更大。

这些机构设置体现了制度建设方面的创新，巩固了组织和网络基础，确保了人们的可信度。完善的规章制度、规范及监管措施有助于提供信息，协调行动，惩罚违约行为。这些制度中，最重要并有助于促进贸易的是可执行的合同法。正是由于过去没有合同法，才出现了先前提到的那些杂七杂八的网络和组织制度。然而，合同法的产生既不能解散那些严重地限制了交易与合作的网络，也未必能完全去除日益壮大的网络与组织。对于广泛而深入的市场来说，有效的法律及政府制度并非充分条件。不过，对于经济的广泛交流和政体的良好运行来说，它们却是必要条件。因此必须转而探讨其转型。

政治与法律的转型

政权的更迭往往会废除当前支撑可信度的制度。法律制度的失效，尤其是警察和法庭机构等执法机构的失效，往往会增加人们的社会忧虑感，他们对街上的陌生人、出租车司机或店主都会失去信任，对更为复杂的交往和交易伙伴，更加没有信任感。管理机构的失效，总体上会导致人们对那些不受监管或没有责任心的服务人员失去信任。

第八章的讨论涉及了如何使政府及其法律机构更具可信度，还讨论了它们对经济和政治行为带来的影响。本节的重点是：政治转型期确立并起作用的信任关系和网络，是如何影响那些基本信任网外的民众对政府和法律的潜在信心的。网络在政治转型期的作用非同一般，在移民和商业圈内也是如此。网络会促进集体行动和运动。促成精英们建立彼此信任关系的网络，也许有利于建立统治联盟。促成精英与普通大众建立信任关系的网络——包括 19 世纪受马克思主义影响的工人与知识分子建立的社会联盟或美国废奴运动中富人与奴隶建立的联盟——也许会促成政党与正式组织的形成。然而，这些网络并不总是或未必构成了建立政府的基石，来促进经济发展与民主建设。接下来讨论这些网络的功能和演化过程。

在没有政府的情况下，密集的社会网络毫无疑问会促成地方性的解决方案，来解决公共资源问题。非洲的森林资源和猎场资源（Barkan and Holmquist 1989；Barkan, McNulty and Ayeni 1991；Bates 1991；Boone 2003；Gibson 1999），尼泊尔和土耳其的水资源（Ostrom 1990，1998），太平洋西北部美国土著人的渔业资源（Singleton 1998）等，对这些地区各色人群保护资源的研究都证明了这一点。这些情况下，信任关系让人们充满信心，认为别人不会随意攫取共同保护的公共资源。有些情况下，起作用的是保证型博弈结构，还有些情况下，起作用的是社区规范而非信任关系本身，但二者都仰仗横向关系盛行的亲密型关系网。网络还是保护民众免受军事袭击和犯罪攻击的基础。实例包括美国边疆殖民统治者建立的地方民兵组织，用以应对他们在被殖民者和印第安人中的不安全感（Mahon 1983），以及早期资本主义制度下建立的夜间巡逻队。以上举措都是基于这样一个认识：有必要在陌生的环境中发现可信的人，与其建立联盟，共同奋斗，对付那些与联盟成员利益相悖的人。

美国和英国民兵组织演变为按领土划分的国家军队。夜间巡逻队演变为平克顿私家侦探公司等民间安保组织，以及各种城市警察武装力量（Fogelson 1997）。然而，社区为本的服务和民间安保服务并不总是能演变为公共机构。帮派和地头蛇组织也许基于紧密的信任网，但却是掠夺性组织，如果没有与之抗衡的反击力量，只要有私利可图，就会大行其道。美国的平克顿私家侦探公司等民间安保组织最终归服于政府，被迫遵纪守法，受其管制，得以保存下来。参与帮派或地头蛇组织的个人往往逍遥法外，一旦站稳脚跟，壮大力量，政府的执法力度和公正性就难以保障，无论是西西里黑手党，还是19世纪纽约市内与坦曼尼协会（Tammany Hall）来往密切的帮派，都是如此。

还有一些其他的非法组织在发展壮大，保护当地的风俗、规范及私人财产。卢德派、3K党及各式各样的族群主义恐怖组织就是最好的例证。这并不能说当地没有政府，而是说经济或政治的转型强化了人们的观念，认为政府不具备道德诚信，必须加以抵制。这些组织网络中的成员通常彼此信任，但却不信任政府，而且通常很难彻底消灭这些恐怖分子。他们会扰乱当地的法律法规及政治稳定，直到被摧毁、彻底灭亡，被买通，或以胜利者的姿态出现，实行统治，巩固秩序。

这些反对派组织及志愿团体的长期存在给成功的政治转型造成了一系列问题。政府部门内部合法网络的长期存在也同样值得关注。能够成功地煽动一次革命或军事政变的，通常是那些掌权的人。在这一过程中，他们认识到哪些人是可靠的，而且他们也有可能什么人也不相信。通常情况下，那些与掌权者作对的非法和危险组织会隐藏自己的谋反者身份，直到他们获得良机一举成功。这就是列宁主义的理论原则（Lenin 1902/1963），且在列宁的例子中最先付诸实践（Solzhenitsyn 1977）。然而，正如历史上显而易见的那样——及莎士比亚的戏剧中所展示的那样——不信任往往滋生于胜利者之间。他们在竞争重要角色时，这一点显得尤为突出。浮现在人们脑海中的是舞台音乐剧《艾薇塔》（Evita）中的场景，上校们密谋如何夺权，成功，然后就玩起了抢椅游戏，正如他们知道自己必然会做的那样。除胡安·庇隆（Juan Peron）以外，其他人都被剿灭。在剧中，除胡安·庇隆以外的人都离开了舞台，而在现实生活中，他们或许被暗杀、囚禁或仅仅在自己严密监管的组织中占据某个不重要的职位。

委托代理关系以及其他"不牢靠的个人政治契约金字塔"（Stinchcombe 1999，69），通常都是国家建设或重建过程中统治集团的基础。实际上，某些关系不仅危险，而且会持续数百年之久（Gellner 1988；Searle 1988）。正如今日朝鲜、菲律宾等地区长期存在亲信资本主义问题（Kang 2002）。推翻某些政府首脑，正如菲律宾元首费迪南德·马科斯（Ferdinand Marcos）在1986年被推翻的那样，并不一定能够摆脱这些问题。管制狠毒的敌人通常会"催生一些凝聚力强而又极其脆弱的团体，他们忠诚不贰，团结一致，同时也会背叛国家以适应新的现实情况，可能是正式的、虔诚的，也可能是盲目的"（Gellner 1988，147）。

新志愿团体及政党也常常是在网络、第三方中介机构和个体关系的基础上形成的。隶属原苏联的那些国家中再次出现了之前的关系网络，支持共产党的继承党卷土重来（Grzymala-Busse 2002），这至少对变化的本质提出了质疑。有些条件下，即使是新组织或者抵抗组织也会自持，成为长久的精英组织（Kitschelt et al. 1999）。由此看来，难怪调查结果表明，许多东欧居民之所以认为本国的新政党和新政府"不诚信"，是因为了解其成员过去的所作所为，因而理性地怀疑他们能否在未来兑现承诺，实行民主和资本主义制度（Mishler and Rose 1997）。

曾经与现在痛恨的政体合作过，会给政府和民间团体的现任领导人抹上污点（例如：Barahona de Brito, Gonzalez-Enriquez and Aguilar 2001；Cohen 1995；Horne and Levi 2004）。因此，许多中欧和东欧的政府现在都在实行《肃清法》（Lustration Laws），要求公职候选人公开过去的经历，并会彻查其相关资料。在南非等国，这一问题的体现形式不同，民众希望把那些曾经支持过种族隔离制度的人纳入新政权，目的是在了解真相、取得和解的过程中让这些人重新融入社会，包括公开忏悔，寻求宽恕。

与其父辈们相比，成长于新政权下的人们往往更有可能摆脱过去的影响，投入到工作当中。他们的社会化、教育及经历也会截然不同。因此，这就暗示着，波兰以及东欧各国的新一代都可以摆脱先辈遗留的"不信任的文化"（Sztompka 1999，190）。从本书的观点来看，人们对政府反应度和可信度产生更高的预期后，最有可能产生代际变化。如果在一个国家中，人们的期望没有实现或遭到背叛，就有可能不信任政府，团体间也互不信任。据称，人们对政府、党派和领导人可信度（或调查所称的"信任"）的判断，对于支持东欧和南非那些脆弱的民主机构至关重要（Gibson 2001；Offe 1999；Rose 1994；Rose, Mishler and Haerpfer 1998；Sztompka 1996，1998，1999），而良性怀疑论也同样重要（Mishler and Rose 1997）。

转型时期，曾经得不到信任的人或许会被认为是可信的。看看鲁道夫·古利安尼市长（Mayor Rudolph Gouliani）在9·11事件后赢得全世界赞誉的情况吧！许多批评家曾经对古利安尼的领导力提出最严厉的批判，但当时甚至将他奉为灾后纽约杰出的管理者。过渡时期，信任度的转变不仅与做判断的人有关，还与整个局面本身有关。贾瓦哈拉尔·尼赫鲁（Jawaharlal Nehru）在英国是罪犯，纳尔逊·曼德拉（Nelson Mandela）对于种族隔离时期的南非政府也是罪犯。两人都在监狱度日，那些有权投票和统治的人藐视他们，不信任他们。政府转型后，他们仰仗自己的权力基础，广受民众拥戴，当选为国家领袖，受人尊重，成为国际政坛著名的领导人。然而，国内有些人依然认为，他们只代表特定的关系网和集团，未必代表全国人民。尼赫鲁掌权后的印度，民众心怀恐惧，担心独立后出现暴力事件，曼德拉掌权后的南非，民众心怀恐惧，担心爆发部落之间的战争。

判定危机时期涌现的杰出人物或革命领袖或将军的诚信，常常是个妄想。此一时彼一时，此时的优秀品质未必适用于彼时，领袖们的个人感召力使得民众在信息不足的情况下做出选择。他们也并不总能做到公正无私，抵制诱惑，不任人唯亲，做到曾经的领袖那样。由于认知偏见，信息误导，当时情形下对领袖重要品质的判断失误，所以对其诚信度和可信度的判断都存在失误。

信任网络产生于动荡的转型期，转型后又坚持专权和特权，带来了各种问题，对此进行讨论后已然说明，对于稳定、经济卓有成效和潜在的民主政府来说，重要的不是信任关系或信任网络，而是某些类型的制度化可信度。

结 语

转型损害了原有的机构、组织和网络，改变了人际关系，因而改变了原有的诚信度与可信度的基础。正面声誉丧失后，又得以恢复。通常，转型期内的信息可信度呈下降趋势，但几乎总是信息种类和质量先发生变化，继而引起评判何人诚信或何人可信的变化。转型期内，个人似乎求助于熟悉的信任关系，至少起初如此。长期交往的关系和密切的网络借助于对他人的近距离了解，提供了动机和利益方面的信息，以及可信度方面的动机。然而，对于社会范围内的合作与交流来说,信任关系有其局限性,即使在家庭内部,信任关系也很脆弱,或是根本不存在。有动力来创建脆弱关系基础上的网络,能借此接触更多的人。这些网络提供了更多的机会,但也带来了新的风险。开始依赖朋友的朋友,后来维持关系的动机也就没有那么直接了。

脆弱关系网提供的动力和信息可能不全、不够,也定会限制合作与交往伙伴的范围。正是因为如此,社会才日益倚重合同法和法庭来规范市场,并依靠精细化的制度建设来监控、执行并使统治者负责。假如没有可信的警察、法官、统治者和市民,市场和国家管理的成本则远高于此,也会更不稳定,更不愉悦。

可信的机构和个人如何出现呢? 我们了解如何阻止它们,胜过如何促进它们。转型期这些提供从认知上判断可信度依据的关系、网络和组织,往往会阻抑深入开展变革。在陌生的环境中,人们会担心他人,不仅是那些陌生人,也包括曾经熟识的人。种族和其他因素会起到激活作用,使曾经的密友成为敌人。有些人也许判断当前形势下自己的益处与权力。与他人交往,继而开始合作,但由此带来的风险和损失太大,难以承受。

讨论说明,社会科学家们初步地认识到,一种环境为其建立诚信的过程提供了途径,让人们彼此充满信心,并对该环境外的机构产生信心。众所周知,个人很难从一种协调均衡的状态转入另一种,身处网络内部受益颇多,而脱离网络则风险重重时,更是如此。

本书自始至终认为,在复杂社会里,相比于建立那些保障诚信度和可信度的机制,信任关系没那么重要。我们还发现,与信任相比,不信任和缺乏信任更可能推动探寻制度建设的过程,以降低风险,刺激我们建立机构和组织,促进相互合作,有利于坦诚相待。如同肯尼思·阿罗 (Kenneth Arrow) 等人认为的那样,建立信任关系也许的确能推动合作与交流。然而,这种情况只会出现在合作伙伴少,或合作风险不高,或制度建设能够防止潜在严重盘剥的时候。大多数民众,在大多数情况下,的确是在没有信任的情况下合作的。

第十章 信任在社会中的作用

　　众多交往关系中，我们必须依靠他人，而根据互利信任说，我们不可能产生信任，假如考虑到这些因素，就必须认识到，互利会缩小交往的范围，而交往是信任的基础，但是真正依托信任关系的交往在数量上是相形见绌的。信任关系是最大的一笔财富，却不占数量优势。因此，需要大量先进、复杂、富有成效的机制来保证合作性的交往。尽管实证研究数量众多，但之前几乎没有或根本没有系统的综述，本书却做到了这一点。力图描述历史及当代一些重要或有趣的制度及社会实践，试图构建交往模式，使得合作渠道通畅，社会井然有序。在没有信任的情况下，这些制度和做法运行良好，而且能建立长期交往关系，最终往往产生信任，并能真正地代替信任。有些做法甚至加剧了不信任，世仇和决斗必然会加剧不信任，并在有些方面有助于保障社会秩序，在某些具体情况下，甚至会威胁到社会秩序的稳定。

　　至少从霍布斯（Hobbes）的《利维坦》（*Leviathan*）开始（1951/1968），国家是促进和平的、富有成效的合作和社会秩序的主要工具。然而，在规范个人行为方面，许多机构和政府一样，颇具效力，这也是本书的关注点。其实，在规范有些行为方面，有些机构比政府更具效力。家庭、社区委员会、公司和专业行会都在此列。它们能获取行为信息，而政府收集此类信息却困难重重、成本高昂。它们也有实施处罚措施的机制，而政府程序因涉及面广，受到规则约束条件的限制，无法实施制裁措施。政府只能收集总体信息，采用普遍的标准化规则。尽管警察和福利工作人员等街头一线基层职员有时可以针对个案灵活处理，但是大多数政府官员却不能这样做。

这些机构日益壮大，几乎成了政府的代理机构，极大地影响了处理人际关系的方式，例如，他们对待客户或病人的方式。例如，提供医疗服务的方式日趋复杂，极大地影响了对医疗责任的理解，不再像希波克拉底誓言般神圣了。[1]该誓言简单地认为，医生当急人所急、为人解忧。而现代医疗机构首先要决定救谁不救谁，而在救谁不救谁的问题上，保健机构和保险公司的权力比病人大，常会设置障碍，妨碍病人就医。一旦这些机构成为病患看病的障碍，若要严格执行医疗准则，让医生对病人一视同仁，就十分困难了。

更为普遍的是，当双方权力悬殊时，信任关系很少能适时地保护弱势方（如病人或客户），或提供充分的安全保障，防止他们遭人盘剥。商业领域、法律界、医疗界都是如此，更不用说权力关系盛行的其他领域了。如果这些领域的确出现了信任关系，通常是长期持续的相互依赖关系带来的，最起码双方都在承担风险，而且通常都有机构或组织动机的支撑，以减轻潜在的伤害。除了广为流传的说法，认为社会良性运转需要信任外，据观察，社会资本（有时其定义包括信任）在减少，并对社会秩序产生了潜在的负面影响。[2]

社会资本在减少？

也许有人认为，社会学起源于定义、分析非正式的社会组织，也就是说，尽管当时还没有明确提出来，但早期的社会学本质上就是分析社会资本的：它如何运作？为谁服务？斯图尔特·麦考利（Stewart Macauley 1963）和伊恩·麦克尼尔（Ian Macneil 1980）注意到，合同具有超越法律的非正式性。而很久以前，埃米尔·涂尔干（Emile Durkheim 1893/1933，162）分析了合同的非契约性质，他认为合同是源自社会的。同样地，马克·格兰诺维特（Mark Granovetter 1985）深入地探讨了广阔社会背景下生活和选择的"融入行为"及其效果，之前，乔治·西米尔（George Simmel 1902/1964，1908/1955）则着重讨论了"集团附属网络"。

民主政治参与的讨论中，近期争论的热点是社会资本。也许，从民主角度看，社会资本最主要体现在选举领域，公民参与度既不过高，也没有大幅度下降。实际上，公民普遍参与政治活动，决定美国各政治岗位的候选人，与其说他们是通过投票选举提高了参与度，不如说是通过多种其他的途径参与的。2004 年美国总统大选时，擅长使用互联网的年轻公民对选举的方方面面都产生了巨大的影响，包括选出民主党候选人，也包括共和党总统乔治·布什的再次当选。互联网所做之事远远超出了二三十年前任何人以如此小的成本就可以完成的事，互联网是当时快速增长的社会资本形式（Lin 2001；Wellman 1998；见 *Analyse und Kritik* 2004）。实际上，反对全球化运动需要互联网的全球化力量，甚至需要去调动互联网的支持者，这真是个标准的讽刺。迄今为止，最广泛地使用互联网来支持政治活动的，也许就是 Moveon. org①。

罗伯特·帕特南（Putnam 1995a，1995b，2000）认为社会资本在减少，依据是涉及各种事务时，一系列相关关系的数字都在减少，例如，各种各样、数目众多的组织性会面性团体的成员越来越少。埃弗里特·拉德（Everett Ladd 1996，1999）提出的数据恰恰相反，认为有些主要组织（包括家长教师协会和美国的童子军）都面临来自新型组织的严酷竞争，许多新组织都是地方性的，根本没有全国性的总部，更难调查。这场争论中，存在风险的，似乎不是个人拥有社会资本，而是群体拥有社会资本，这一点在第五章和第九章中都已经探讨过了。许多争论呈现出简单的相关关系：成员减少则选举参与率降

---

① 左翼团体，反布什网站。

低，或者说是对政府的信心降低了。如果找不到这些相关关系的因果
机制，那么就连问题到底出在了哪里都无法确定。到底是个人拥有的
社会资本减少了？还是群体拥有的社会资本减少了？还是两者都减
少了？

即使我们认可帕特南的观点，民间社团的普遍参与度大大降低
了，也几乎不可能用实证的方法去验证：这种下降是由于政府无能或
回应不得力造成的，再加上界定"能力"和"响应能力"本身就难
上加难，更不用说将其量化了。许多人认为，美国国家政府的能力和
回应大不如从前了，但也有许多人不这么认为，这种看法上的差异与
其说与政府效能的因果理解有关，不如说与政治观点有关。有些人认
为，共和党或托利党回应不力，另外一些人认为，民主党或劳动党回
应不力。社会资本的减少也许不是问题，真正成问题的，是宽泛地将
社会资本界定为个人和群体利用网络以获取资源或其他形式的支持，
这个定义也许使用得当，也许使用不当。社会资本的定义中，没有任
何要求表明，应该将其仅仅是善加利用。此外，社会资本既有局限
性，也有能动性。

信任关系的社会演变

第六章探讨了科学的演变轨迹，它正在脱离信任关系，朝着外部
规范化行为演变。我们注意到，各个专业领域内互补型的科学家们组
成了大型的科研团队，转而从事大型科学研究，这种转变必然有损于
科学领域内的信任。众多科学家参与到了大型的粒子物理学项目或染
色体基因排列项目中，他们无法互相监督，彼此进行亲密的交流，或
进行近距离的小组交流，建立起互利的信任关系。（由于他们没有诚
信的道德承诺或性格品行，也无法彼此信任，团队太庞大，通常对其
他成员也不够了解，不足以判断其道德承诺或性格品行）。这些科学
家们靠的是网络控制。网络也许运行良好，但那些网络提供的认识是

社会化的，不是个体科学家的客观评判。

这种大型科研团队的发展十分有趣，倒不是因为它与众不同，而是因为它显然与其他公共生活领域雷同（只是发展得有点迟），信任无法起到太大的作用，原因在于牵涉其中的各方之间的关系不足以建立起信任。近五六十年来，科学领域发生的变化也反映了医疗界和法律界的变化。医疗界发生变化的主要原因是，与美国医学会创建之初相比，生物科学急剧复杂化、丰富化。无论如何，这三个领域反映了各种观点中都提到并极为担忧的问题，社会组织和合作需要信任，而最终却都丧失了信任。

有一个观点与此相关，但同样很成问题，即克服由群体间不信任所带来的严重后果的最佳途径是建立信任关系。有一个特别常见的观点：需要在两个族群间建立信任，以便和平共处，中止杀戮性冲突。认为人们需要建立起信任关系，才能进入文明社会，这个观点是错误的。正如麦迪逊在《联邦党人文集》（Federalist）第55篇所说："假如当时希腊公民都成了苏格拉底，那么希腊集会的成员，就成了一群乌合之众"（转引自 Hamilton，Jay and Madison，1787/2001，288）。中东或波斯尼亚（Bosnia）的和平之路，苏丹或卢旺达的和谐之途，都不是通过建立信任关系来铺平的，而是通过因地制宜建立的适合当地社会的完善制度来实现的，尽管那里缺乏信任，甚至盛行积极的不信任，但这并不是说当地社会与今日似乎文明化的社会截然不同。[3]17世纪时，高度文明的大英帝国也经历了灾难性毁灭性的内战，荼毒生灵数十年之久。内战爆发的原因是宗教信仰不同，对今日的英国民众而言，这似乎荒谬不堪。正是那段残酷的恐怖历史阶段，激发霍布斯撰写了《利维坦》，使他坚信，建立强权专政是维护社会秩序、建立文明社会的唯一希望。[4]

最终，英国的宗教冲突消失了，取而代之的是经济繁荣（Hirschman 1977）。个人的经济成功超过其政治地位时，政治会发生变化，不再围绕排除异己（甚至是蓄意谋杀性）的团体而组建。当然，也有例外情况，例如，宗教返祖行为甚至会进入经济繁荣的社会，美国近年来的情况就是如此。人们投票支持所谓宗教价值观，排除异己，与经济利益背道而驰。此外，如果群体极度排外，架设信任桥梁困难重重，则群体成员之间彼此高度信任，因而不信任群外人。[5]

共同群体和规范控制的复杂社会关系，演变为偶尔基于信任的非正式协会网络的过程，或许会削弱社会中信任的一般作用，因为如此众多的活动都在一臂之距的关系中进行，虽然与他们素不相识，却日日打交道。但是，我们认为，只有存在可靠的政治制度和组织，能防止受害或交易失败，才能进行没有信任的合作。

未走的路

本书自始至终都是围绕一个特殊的信任理论或信任概念（即相对信任观）进行的，并用来解释了许多现象，小到个人行为，大到机构结构。并探讨了另外两种经常研究的信任观：相信他人诚信度因而带来的信任，因为他/她显然具备道德承诺或具备极强的心理诚信品行（也许是性格）。但是我们尚未将这些概念付诸使用，为什么呢？

相信他人的道德承诺也许是最常见的信任概念。但这个概念几乎没有任何应用，只有描述性的观点表达：A 信任 B 因为 A 认为 B 道德承诺可信。描述性观点还要简化、省略，因为他们不承认这里的要素是诚信度而非信任，而信任仅仅是对诚信度的判断。这个概念似乎不可能适用于本书讨论的任何实质性的研究成果，尤其不适用于普遍社会秩序的实质性论证部分。然而，诚信道德说和诚信品行说都是心理学概念，因此，具有讽刺意味的是，这与社会学观点中的制度性诚信度毫不相干。

诚信品行说也许不常见，尽管朱利安·罗特（Rotter 1967，1971，1980）隐约提过，山岸俊男（Yamagishi 2001）在其著述中明确地提出来。有时，诚信品行说涉及人们的认识，意识到促成对方与己方合作时，声誉至关重要。至少存在一种可能，互利观包括了对声誉的重视，日益重视声誉是高瞻远瞩的做法，拥有好名声，不辜负它，也是身家利益所系，只有这样，才能在未来的交易中更受信任，并促成他人与自己建立合作关系。只把声誉当成是既往行动的想法，严重地削弱了其重要意义。然而，诚信品行说中，声誉概念至关重要，人们把既往的声誉视为判断个人品行的依据。

解释社会选择及结果时，诚信道德说和品行说都不是最佳方法。切实有效的理论应该不仅将信任与不信任进行类比，又能说明二者的截然矛盾之处。而这两个理论体系中，信任与不信任存在巨大的不对称性。不信任不包括任何道德承诺或深层次心理承诺，几乎必然源于对不信任对象的意图（或能力）的解读。有人不信任你，要么是因你的所作所为，要么是因为利益冲突。或许退一步，先撇开不信任，认为任何有用的信任概念都应该体现不信任。但是认为潜在信托方的道德品质或心理品行中具备信任因素的观点，无法体现正常的不信任观。我们大家有时信任某些具体的人，我们通常能说出理由，与那些人的本性和既往行为有关。当然啦，必须将我们对某个人的品行或道德品质的判断纳入其本性和既往行为中。但你的结论也许正确：A 不可信，而我却认为 A 诚信。对于心理学信任观来讲，这个结论意味着什么呢？

假如 A 的诚信度源自固有的道德品质或心理品行，为什么有人能正确地信任他，而有人却不信任他呢？只要认识到：信任是个相对概念，就可以轻而易举地说明这种差别了。信任与否视具体关系中的具体交往而定。我们认为 A 诚信，前提是长期的交往滋养了他对我们的诚信。你认为他不诚信，是因为你们之间没有长期的交往关系，利益冲突妨碍了你们的合作关系。

众多的信任关系中，此类具体的不信任特例无法构成对他人的标准化固定看法，包括其道德品行、心理性格，以及理性利己思想。因此，若要根据这些心理信任观分析不信任现象，要么不将其理论化

(这是讨论阶段通常采用的步骤),要么将其视为互利信任观的对立概念,因此,不信任概念更加符合社会学的范畴,也更加相对化。信任品行说和道德说无法从逻辑上将不信任解释为信任的对立概念。几年前,罗伯特·莫顿(Robert Merton,1994 年与一位作者的谈话)认为,假如无法说明不信任,就无法解释信任。本书的众多例证再次证明,莫顿的观点极具说服力。

可以完全接受的是,有人不信任 A,而我们却信任 A,未曾片刻犹豫,要想到,至少有一方对 A 的品行或道德品质判断有误。实际上,这种情况下,就等于否定了所有认同以下观点的理论:信任和不信任的基本依据,就在于判断潜在信托方或潜在不信任对象(或代理人)的品行或道德品质。不信任道德论只能说明一些相对具体的情况,而非人们遇到的各种常见情况。许多情况下唯一有力的不信任观(也许大多数情况是可以想象到的或经历过的),都是互利信任观的类比。我们不信任某些具体的他人,因为可以肯定,他们与我们之间存在本质的利益冲突,或者说他们根本不在乎我们的利益。他们与我们没有互利性(也许并不是一丁点儿都没有),但无论如何不足以超越他们自身的利益。因此,我们料到他们会置我方利益于不顾,不会高度重视双方的关系,因此,他们极有可能只顾自身利益,不顾我方利益,甚至不留任何余地,不惜破坏任何继续交往的机会。

很难设想别人只在道德不诚信时才与我方发生利益冲突。诚信会出现在哪些潜在的行动(任何行动)中呢?还是所有行动中呢?社会和制度所起的作用中包括利益冲突,因此,不会仅仅涉及关于冲突的性格品行或道德品质。此外,认为性格品行要求一个人放弃自身利益,是有违常理的,即便是为了那些他特别在意、特别维护的关系户,也说不过去。

最后,除了已经讨论过的三种信任概念外,还有其他个别的信任观(例如,Becker 1996;Held 1968;Hertzberg 1988;Hollis 1998;Jones 1996;Mansbridge 1999;Seligman 1997;Williamson 1993)。这

些观点无法系统地解释人们的行为或社会结构，属于个别学者的观点，其他学者几乎不予采用。其中许多观点在界定信任概念时，就使用了术语"信任"，似乎将其视为基本术语了。例如，马丁·霍利斯（Martin Hollis 1998，10 – 11）指出，存在两种信任形式：预测他人时的信任；信任他人做道德上正义之事（关于各种基本信任观的概述，请参见 Hardin 2002b）。本书不探讨这些未成体系的观点，尽管其中不乏深邃的见解，但大多没有得到广泛的应用。

跨社会差异

浩瀚的信任文献中，相对而言，几乎没有关注文化差异，而文化差异却是建立信任关系的条件。互利信任观认为，信任关系也许因文化而异，因为支持合作的社会结构和制度不同，社会关系中通行的准则也不同。这些差异及其对于分析没有信任的合作所具有的意义，有待于进一步的深入研究。结论：本书提出了这些问题，并简单地进行了探讨，这是未来一个重要的研究领域。如何解释何种机制用于何种情况来确保合作呢？当信任关系不再是成功地进行社会交往的首要模式之后，更要解释这个问题了。

对此，我们也许会问，有些社会或文化中的信任环境要比另外一些好。例如，有的文化中，民众在合作时也许更有冒险倾向（Buchan，Croson and Dawes 2002）。然而，至少很有可能，信任关系的改变与对他人的了解程度有关，这与互利信任观是一致的。例如，在津巴布韦，长期定居型村落和迁居型村落之间存在着差异（Barr 2004），迁居型村落的村民不太愿意冒险，主要原因是没有亲缘关系网络，缺少紧密的信息源。[6]

在秩序良好的社会中，人们甚至也怀疑信任的作用。先前讨论过，共同规则起到了代替信任的作用。实际上，在缺乏信任的情况下，许多传统型社会似乎成功地实现了相互合作，如人类学家弗雷德里克·巴斯（Fredrik Barth 1985）所述。比如，斯瓦特（the Swat）是位于今巴基斯坦地区的原始部落，那里的男人统一应征入伍，以此交换土地使用权、其他物质奖励及地主的慷慨大度，反过来，地主又效忠于领袖或省督，而地主与平民发生纠纷时，领袖与省督则充当调解员。巴斯认为，这个社会中不存在信任，也不按照道德标准行事。相反，却采用恐吓和尊敬手段让别人顺从。重要的是，他们采取策略性行动，借助别人的依赖性增加自己的权力。他们不信任对方，但只要可以从中获利，就会合作。

研究那些经历社会巨变的案例，会得到一些线索，来探寻信任的必要条件是什么（这是相对于信任概念的必要条件而言的）。互利信任观取决于相对稳定的关系，长期交往的愿望确保了双方的诚信。动荡的社会中，也许丧失了信任关系。此外，我们也许认为，与当今发达工业国家或处于动荡局面的发展中国家相比，信任关系更适于早期社会形态。在规范社会合作方面，如果能够勾勒出几十年来信任关系的发展规律图，也许是呈曲线状的，先是上升取代了社会规范的控制，然后信任曲线开始下降直至消失，取而代之的是现代社会制度规范。而合作与协调自始至终一直处于上升状态。许多时候，在改善人民生活方面，依赖信任关系的社会交往并不是最切实有效的。

明确了信任概念及其运行方式之后，不仅可以用来解释行为或社会结果，还可以用来解释各种社会中合作形式与程度的差异。这在未来可能具有巨大的研究空间。

结　语

毫不奇怪，信任日益成为社会科学研究的核心议题，以及过去几十年来最热门的新闻热点。随着全球化的不断深入，洲际交流急剧增加，全球公民都会更加警惕陌生人。此外，全球性的资源竞争使得族群、国家更加担忧未来的经济前景。局部来讲，法律、医药、科学、商业等生活领域日益成为宏观体制的组成部分，对所有标准诚信论所阐释的信任来说，个人监控都是必要条件，而在目前的这种宏观体制中，我们却无能为力，无法实施个人监控（Luhmann 1980）。社会的基本演进脱离了信任关系，趋向外界约束性行为。只有在交往中才有可能判断对方潜在或实际诚信度，信任才会发挥作用。人们必然只信任与生活息息相关的一小部分人。根据任何标准的信任理论或诚信论，人们直接或间接打交道的人成百上千万，其中绝大多数都得不到信任。

　　也许有人认为，与先辈们相比，我们生活中的信任减少了。就交往数量而言，也许的确如此。我们与交往的大多数人都没有信任关系。一百年前或更早时候的小村落里，大多数人只与熟人打交道，他们要么可信，要么不可信。然而那个时代，大多数时候，也许并不需要信任，因为社会规范有足够的效力让人们彼此合作。

　　当今发达工业社会中没有如此亲密的关系，许多人之间依赖信任关系（尤其是具体事务中的网络合作关系），但却无法与交往的大多数人建立信任关系。有一种观点认为，我们生活中的信任总体上减少了，恰恰相反，似乎很可能，与先辈们相比，我们与更多类型、数量更多的人具有实际的信任关系。我们关系中信任的比重也许下降了，但信任事件却在争议声中大大增加了。与几十年前相比，我们的生活领域日益扩大，日趋复杂，生产效率不断提高，合作也日益增多。当然，信任是在增加而非减少。许多其他形式的合作也在增加，生活中的大规模制度化造就了现代社会，单凭信任绝对无法实现这一点。

　　我们也许仍然很困惑，以为生活中信任关系的总量在下降。末世论者认为，信任减少意味着社会合作的减少，但他们或许错了，原因纷繁复杂，各种各样，我们可以借助各种途径来促进合作，这些在本书前面的章节中都已谈到。信任关系显然不是合作的唯一途径，也不是最通行的途径。实际上，我们只详细探讨了社会用来确保合作性社会交往的少数途径。霍利斯（Hollis 1998，23）认为，信任和经济发展相互作用,这有悖常理,却循环往复,不断进行。我们越是彼此信任,越能更好地合作,因此,经济发展的前景越光明。但是随着经济的繁荣,我们愈加理性了,因此减少了信任。然而,他认为,我们仍然需要信任来发展经济。本书提出了许多观点,说明从宏观角度讲,我们为什么不需要信任,即便从个人角度看,信任会让日常生活更加丰富多彩、便于掌控,但更常见的是,在各种情况下,我们虽然合作却没有信任。

注　释

第一章

1. 起初，帕特南（1993a，1995b）的表述非常宽泛，将信任纳入他所称的社会资本中。他在后来的著述中做了修改（Putnam 2000）。通俗使用的信任具有多样性，并且表述不太明确，有关其他信任观的详细论述，参见哈丁（Hardin 2002b，第三章）。

2. 虽然行动者可以是个体或公司的代理人，但这往往会使诚信度的评估复杂化。（关于利益冲突，见第二章和第六章，关于委托代理关系，见第七章）

3. 针对这个观点，赫茨伯格（Hertzberg 1988）是个例外。曼斯布里奇（Mansbridge 1999）却部分地赞同这个观点，因为她由衷地认为，信赖是道德必需的。

4. 多年以来，研究人员使用许多其他术语来描述美国国家选举研究（NES）所调查的内容，其中包括"政治愤世嫉俗""政治不满感"和"政治疏离感"（见 Citrin and Muste 1999）。

第二章

1. 最近，很多调查都探究各种社会形态中谨慎度或冒险度存在差异的根源（例如见 Weber，Hsee and Sokolowska 1998；Hsee and We-

ber 1999）。

2. 另外，斯蒂芬·斯坦迪福德（Stephen Standifird 2001）研究了声誉在电子商务领域中的影响力：商人的声誉在最后竞标中的重要性。他发现，在确定最后标价时，正面声誉评估等级只有些许作用，而负面声誉评估等级则影响深远，具有极为有害的副作用。换句话说，斯坦迪福德发现了"强有力的根据，证明了获得声誉的重要性……同时也找到了强有力的证据，表明了负面声誉的巨大影响"（279，强调补充部分）。

3. 例如：互联网贸易公司竭尽全力完善声誉系统，提高信誉度，促成素不相识的买卖各方之间进行交易（见 Kollock 1999；McCabe，Rassenti and Smith 1998）。

4. 在一个小型的情景模拟实验中，文森特·巴斯肯斯（Vincent Buskens）和杰伦·威斯（Jeroen Weesie 2000）请参与者回答几个问题，涉及买家和二手车经销商之间的交易。模拟场景中，买家和经销商之间先前关系的本质，未来潜在交易的信息都不相同。结果表明，以往的交易和第三方根据以往交易得到的名誉信息，都对信任和交易意愿产生了巨大的影响。令人惊奇的是，这些对未来交易的影响都较小（意味着买主和卖主会再次进行交易），但是这份结果或许并没有说服力，原因是调查过程中使用了情景模拟法。

5. 巴卡拉克和甘贝塔（Bacharach and Gambetta 2001）提出了一种范式，研究信任的"二阶"问题：确定是否信任那些旨在显示诚信度的信号。

6. 在谈及可靠的承诺这一论题的庞大文献库中，研究人员提出了不止三种策略，其中有一些是关于建立诚信度的策略。还有一个重要的部分，探讨的是如何建立制度性承诺。例如，君主拥有权力，可以违背承诺，不恪尽职守，或者拖欠贷款，在这种情况下，如果要收税或贷款，就必须想方设法管住自己的手（Levi 1988；North and We-ingast 1989；Root 1989）。因此，他们将征税权和预算权赋予议会，原因在于：议员的利益与王室利益截然不同，议会牢牢地控制着军事资源和政治资源，如果王室统治者不履行责任，就可以实施惩戒。在中世纪的欧洲，制度设置推动了远程贸易，促进了经济发展，而制度设置的关键，正是可靠的承诺，详见第九章内容。

7. 文献大多探讨在信任根本不成问题的实际情境中运用承诺的情况。例如，个人采取一些措施，承诺绝不会有任何癖嗜或者懈怠行为（Elster 1979；Schelling 1978；参见 Dixit and Nalebuff 1991；Nesse 2003）。

第三章

1. 格兰诺维特（Granovetter 2002）进一步拓展了该类比，对由权力和信任所产生的行为差异做出了界定："权力产生的行为后果是支配和顺从，而信任或团结产生的行为结果则是合作。"这一理论观点表明，信任的结果是几乎不顺从或根本不顺从的行为，而实施强权也几乎或完全不会产生合作。虽然不对等权力关系中信任的广度和深度有限，但却似乎的确存在信任。同样，虽然琳达·莫尔姆（Linda Molm 1997）提出，即使在互惠互利的信任关系中，也需慎用权力，但信任关系中并不是绝对不可以行使权力。

2. 在政治学文献中，对于权力，最常见的定义或许就是罗伯特·达尔（Robert Dahl 1957）提出的：A 所具有的能够于当时（或在特定时间内）使 B 完成某事的能力，否则 B 绝不会去做。这个定义表述的就是所谓的"作为社会因果关系的权力论"（参见 Clegg 2001）。这类文献中的论点，包括自达尔作品出版之后提出的观点，将这一权力观与简单的权力资源观进行了对比。

3. 埃默森（Emerson）认为：权力与依赖成反比。一个人对他人或事物的依赖性越强，拥有的权力就越小。如果有其他途径可以交换、获得同一种资源，就产生了价值，而依赖是一种价值功能。

4. 莫尔姆（Molm 2000）的研究结果表明：即使在权力不平等的情况下，人们倘若能在交换中互惠互利，也可以达成信任。

5. 权力平衡机制包括一些减少权力不均衡现象的方法。埃默森（Emerson 1964，1972）称，这些机制包括弱势群体的联合或统一行动；包括他们努力寻求其他替代性资源，降低依赖性；在双方关系中"让位"，在对方心目中增值；以及脱离关系等。

6. 罗德里克·克雷默（Roderick Kramer 1996）根据对 13 组上下级关系的实证调查结果，在他的研究报告中论述了他所谓的"垂直信任"，指的是权力等级不同的行动者之间的信任，此处是指雇佣关系中的信任。

7. 莫尔姆（Molm 1997）调查了风险和担心遭受损失是怎样在非协议社会交换关系中限制强权使用的。分析战略权力的使用有助于理解以下问题：为什么先前的研究中鲜见交易伙伴使用强权的研究？强权动机和控制力都很强大的情况下，这也极为罕见。研究表明，使用强权存在风险，与增加收益的前景相比，行动者更担心的是：一旦交易伙伴采取报复行为，导致的损失远大于此。在互惠关系背景下，使用强权的风险更大，因为其他行动者往往依赖使用强权动机最高的行动者，以获取高回报。

8. 凯瑟琳·莫里森（Kathleen Morrison）最早开始讨论本章所涉及的内容，她于 2004 年 2 月在加利福尼亚大学河滨分校举办的信任专题研讨会上提出了这些问题，对此深表谢意！另请参见第五章。

9. 然而，汤姆·泰勒和彼得·德戈尔（Tom Tyle and Peter Degoey 1996）都认为，信任相对模式甚至也适用于与权力机关的短暂性交往。他们认为，人们首先看重的是对他们的仁爱和尊重。因此，与有违于心理预期的权力机关接触（即便是短暂的交往），也会降低对这些机关的一般信任度，对其的信任力也随之下降。我们认为，这表明，这与民众对权力机关工作人员的诚信度认可程度下降有关。交往短暂，或对未来交往几乎不抱希望，甚至根本不抱希望的情况下，很难说存在真正的信任关系。（另请参见 Albrecht and Travaglione 2003；Boeckmann and Tyler 2002；De Cremer and van Knippenberg 2003；Shamir and Lapidot 2003）

10. 在这些决策中，权力对等与双方关系的连续性很可能都是重要因素，情况也许的确如此。这一论断符合互利信任模式，未来影响具有重要的约束作用，限制那些可能会利用交易伙伴弱点的一方。

11. 杰弗里·布劳达奇和罗伯特·埃克尔斯（Jeffrey Bradach and Robert Eccles 1989）在讨论中指出，灵活性和可靠性等因素至关重要，与其说它们体现了诚信度，不如说体现了信任。他们多次声明，应该用术语"诚信度"代替"信任"。例如，他们的意思是，在情况不确定时，诚信度是决定是否进行交易的重要因素。

12. 在第四章中，我们将探讨暗箱操作和缺乏透明度本身就是产生不信任的根源。

13. 程序公正通常指的是，用于评估和分配奖酬的程序必须是公正合理的。程序公正的基础是程序是明确规定的、具有透明度，并得到了系统的应用。分配公正指的是：在公众普遍认为公正的分配原则之上，评估实际收入分配时，评估结果公平公正（例如：在不同情况下，分配原则分别为按需分配、按股分配或平均分配）。

14. 布赖恩·塔玛纳哈（Brian Tamanaha 1995）在全面审视依附理论与现代化理论之后，得出结论，认为法治对于发展是十分重要的，但未必重要到某些人声称的那样，是必需的，因为法律是一种缓慢滞后的工具，必须在某种特定文化中才能有所发展。"一些人希望通过法律重塑社会，"他认为，"令他们恼火的是，在全球大多数法律制度中，律师只是将他人做出的决定付诸实践的技术人员。"（484）塔玛纳哈提出，现代法律对于经济和政治的发展是必要条件，但不是充分条件。

第四章

1. 罗伯特·K. 莫顿（Robert K. Merton）提出了这一观点，对此我们深表感激。

2. 虽然人们可以假装信任，但却无法信任他人，只会信任自己，这种说法是有争议的。

3. 但是，有人可能会对后一个观点存在疑虑，因为在社会中任意选取的两组人为代表，这两组人之间的分离度可能非常小。斯坦利·米格罗姆（Stanley Milgrom 1967）认为，这个分离度大概只有6，即使他的计算中排除了人们不相联系的大多数情况。如果他是正确的，那么每个人的关系网都会覆盖很大一部分的人口数。最近的一项研究（Kleinfeld 2002）发现，如果我们通过互联网成功地与另外一个人进行了联系，并且这个人或多或少是随机从世界范围内选取的，那么分离度的值就会小于6，然而，到目前为止，大多数情况下，没有人能成功地联系到那个随机选取的人。仍然有大部分人不在任何既定的人的信任关系网中，这与分离度只有6的隐性观点相反（见Watts 2003）。

4. 美国的宗教政客有总统乔治·布什（George W. Bush）的支持，西班牙天主教徒得到了前首相何塞·玛丽亚·阿斯纳尔（José Maria Aznar）的帮助（《纽约时报》2003年12月21日第27版），使宗教在政治和公众生活中产生了更大的作用。也将逆转美国宪法和当代欧洲发展的趋势。有人提出一项宪法修正案，禁止同性恋者结婚，这是美国第一次提出削弱个人自由的修正案，以往的法案都是反对政府干涉私人生活的。更为普遍的是，宗教的优势地位似乎往往限制了公民的自由。

5. 在批注中，艾伦·克鲁格和亚历山大·马斯（Alan Krueger and Alexandre Mas 2003，18）认为迪凯特轮胎的致死率为1000万到

3000 万分之一，而据称，跳伞的致死率约为 1300 万分之一。

6. 很多零售商的成功取决于商机。1863 年之前，美国没有统一的纸币。每个银行发行自己的纸币，这些纸币有相同的票面价值，但是安全度不同，因而实际价值也不同，一旦银行破产，该银行发行的纸币将一文不值。于是，零售商们在确定对方支付的纸币种类之后，才谨慎地刊登广告并对商品定价。

7. 该节前三段的多数讨论都总结自哈丁（Hardin 2002b，98 – 100）。

第五章

1. 基思·哈特（Keith Hart 1988）描述了加纳共和国首都阿克拉等几乎没有任何管制的城市中实行的复杂市场安排。

2. 亨利·法雷尔（Henry Farrell 2004）认为，意大利中央国家机构掌控权极小，而地方性非官方机构则表现活跃。这一情形恰恰与德国等国家形成对比，在德国，国家牢牢掌控一切，而非官方机构则微不足道。

3. 例如，在许多时期和不同地方，决斗都是不合法的，然而仅通过法律则无法杜绝。

4. 很多人对此早有研究，最先发起的一定是哈尼凡（Hanifan 1916），也包括雅各布斯（Jacobs 1961）和劳里（Loury 1977，1987）。奥斯特罗姆和安（Ostrom and Ahn 2003）的汇编概要也非常有价值。

5. 一项针对 1985—1996 年间发生的侵权裁决案的详尽研究显示：所有案件中获胜的概率很低，损失得到的赔偿不多，惩罚性赔偿几乎不存在。另外，获胜率和赔偿幅度在过去的 12 年间有所下降（Merrit and Barry 1999）。

6. 集团资本或组织资本应当具有这样的形式：A 集团（或者 A 集团的分支机构）推动集团（或者集团的分支机构）去做对集团成

员有益的事情；需要克服的障碍是集体行动的逻辑，这个逻辑降低了个人对集体贡献的积极性，因为它与纯粹的个人利益相冲突。

7. 肖恩·赫特（Shawn Hurt）是个在学术上抱负不凡的布鲁克林人，17 岁时就修完了高中课程，踏入了大学校门，他说他与白人交流都是用"工整严肃的英语"。但是对黑人朋友就不能那样说了，"那种工整严肃的英语好像不是他们所习惯的用语。他们说话不会那么讲究。要是那样说话，他们会觉得很好笑"。① 如果与同伴说"严肃的英语"，他们马上就觉得很好笑，不仅如此，和他在一起也觉得很不舒服。这类群体的生活大都建立在一起活动所产生的乐趣上；因此，若不遵守集体活动形式，便会引起他人的不舒适感，带来强烈的反应，甚至遭到排斥。

8. 感谢凯瑟琳·莫里森（Kathleen Morrison），2004 年 2 月，在加利福尼亚大学河滨分校召开的信任专题研讨会上，对本章内容进行了先期讨论，当时，她提出了这些议题。

9. 包括此条款在内的决斗准则均可上网查询。输入"威尔逊"（Wilson）的名字可以查到许多资料。网址是：http：//onlinebook. library. upenn. edu/webbin/gutbook/lookup？num = 6058（2005 年 2 月 15 日存储）。

10. 从某种程度上来讲，决斗也许将贵族与平民之间的生存机会变得均等了，因为后者虽不免遭到痛打却可免予决斗。当年，伏尔泰（Voltaire）提出要与罗恩骑士（Chevalier de Rohan）决斗，狡猾的罗恩骑士派他的仆人将伟大的伏尔泰痛殴一番，理由是他太放肆（Gilmour 1992，279）。

11. 海伦·艾布朗与玛丽·柯里（Helen Ebraugh and Mary Curry 2000，191 – 194）合作撰写了"虚拟亲属关系"方面的简要综述。

---

① ［美］萨拉·赖默：《肖恩，17：坎坷之路》，《纽约时报》1933 年 4 月 25 日，第 1、2 版；也见于哈丁 1995，第四章。

美国的情况综述可参见 Chatters，Taylor and Jayakody（1994）。

12. 最常见、最普遍的虚拟亲属关系形式是义父母关系，源自教父母，既是一种关系，同时也承担义务，形成松散的"相互庇佑、共同进步的联盟"。虽然称谓有所不同，义父母关系在整个拉丁美洲和地中海地区始终存在（Lomnitz and Sheinbaum 2002）。义父母关系起源于天主教会的做法，并在洗礼与坚信礼上举行宗教仪式将这种关系正式化。义父母表面上基于道义关系，但实际上往往出于经济、政治以及社会、精神需求。①

13. 美国移民群体中有各种形式的滚动信用协会。纽约的协会包括牙买加同伴（Jamaican partners）、特立尼达苏苏族（Trinidadian su-sus）、海地人（Haitian mens）、圭亚那盒子（Guyanan box）、多米尼加协会（Dominican sams or sociedades），以及韩国人（Korean）、葡萄牙人（Portuguese）和犹太人（Jewish）建立的类似协会。会员身份确保他们有资格获取纽约银行的贷款。②

第六章

1. H. L. A. 哈特（H. L. A. Hart）和安东尼·欧诺瑞（Anthony Honoré）详尽说明了该模式（1959），麦吉尔（McGill）的解释也差不多，理解起来容易得多（1996）。

2. 对于这些观点，可参见维奇（Veatch 1972）和格瓦兹（Gewirth 1986，283 - 287）的著作。艾伦·戈德曼（Alan Goldman 1980）详细论证了各行各业的具体伦理准则。

3. 参见巴伯（Barber）著作中的调查（1983，1 - 22），以及之

---

① 见古德曼 1971，以及刊登在《当代人类学》上的答复部分。
② ［美］萨莎·阿布拉姆斯基：《新移民的储蓄和贷款》，《纽约时报》2000 年 10 月 22 日，第 14 - 4 版。

后出版的大量作品。最受欢迎的两份读物是温特等（Windt and others 1989）以及阿佩尔鲍姆和劳顿所撰写的（Appelbaum and Lawton 1990）。关于法律伦理，可参见鲁本（Luban）著作（1988）。关于学术伦理的专题研讨见哲学杂志《一元论者》第79卷（The Monist 79）（1996年10月4日）。职业和商业职责的研究大多关注堕胎或污染环境究竟是对是错的问题。我们并不探讨这些行为的伦理问题，而是关注是否可以信任他人，相信他们会采取符合我们利益的行为。

4. 美国医学会的"医学伦理学准则"（参见Gorlin 1999, 388 - 395）的附则，第八节"伦理和司法事务委员会的当前意见"的主要内容就是利益冲突。

5. 1938年，美国医学会渐行渐远，几乎将一对一的个体医治行为变为一种意识形态。甚至威胁要对参与团体医治的协会成员进行处罚，原因是这种治疗有违道德。由于违反了谢尔曼反托拉斯法案（Chapman 1984, 118），美国政府阻止了这一曲解"医疗道义论"行为的普及。

6. 美国医学会的医疗准则又被称为"医师道德准则"。美国律师协会的律师法则更为恰当的表述是"职业行为规范"。美国内科医师学会的《道德规范手册》尤其清楚地表明，环境的不断变化和医疗护理轮班制度改变了原来一一对应的医患关系，将其演变为极为复杂、组织严密的医疗保健体系。（见Gorlin 1999, 323 - 331）

7. 在律师中流传着一个很可能是杜撰的故事：据说几年前，有一家企业试图起诉埃克森（Exxon）石油公司，由于埃克森是美国所有主要律师事务所的客户，这些事务所声称，如果与埃克森没有利益冲突，他们是不可能起诉对方的，因此，这家公司只好打消了这个念头。有人认为，假如没有利益冲突，他们也可能不会选择不起诉。

8. 第二个案例涉及美国威嘉（Weil Gotshal）律师事务所，表明了在拥有众多客户的大公司中，利益冲突问题如何发挥着日益重要的作用。威嘉律师事务所代表新泽西州的肖特希尔时尚精品公司，对芬

迪（Fendi）提起诉讼。与此同时，威嘉代理了另一起诉讼案，并成
为普拉达（Prada）的代表，而普拉达是芬迪的股东之一。关于利益
冲突问题，威嘉并未向当时败诉的时尚精品公司业主提出建议。在这
篇文章中，该精品公司起诉作为代表律师的威嘉律师事务所没有为客
户争取到利益。① 这个案例表明了利益冲突是如何在不知不觉中起作
用的：由于威嘉（Weil Gotshal）合乎时宜地拥有各种电脑化装置，
因此在任何情况下都可以利用这些装置来判断它是否陷于利益冲突之
中。在精品公司的案例中，律师与当事人的代理关系一经开始，冲突
也便由此产生。但对于像威嘉这样的大公司来说，这种问题势必经常
发生，这也足以证明：为了找到此类的新冲突，额外付出努力是值
得的。

9. 收集数据的过程中，很难看出欺诈，请注意，正如杰拉尔
德·霍顿（Gerald Hoton 1996，69 - 71）讨论的那样，诺贝尔奖的早
期工作质量相对而言粗心大意，因此，为什么要高度重视程序呢？一
个令人心悦诚服的答案就是：其他人无法真正地复制所有的实验。所
以，必然导致的结果就是采取一种可以监督、检验的形式，否则，真
理将无法得到充分的检验。

10. 加洛（Gallo）的案例向许多人表明，渴望获得诺贝尔奖似乎
是做好科研工作的强烈动机，同时也会成为扭曲行为的动机，原因在
于：率先取得成果就会得到丰厚的回报。因此，我会尽力将自己的科
研工作保密，并想方设法了解你的科研情况。我甚至会采取一些不当
的捷径，以尽早做出成果，也许会冒研究结果不太可靠的风险。

11. 斯蒂芬·杰伊·古尔德（Stephen Jay Gould 1993，542）表述
了一个相对的观点，事实纠正错误也许是知识生活中最伟大的事，最
终表明，我们必须服从更加宏观的现实，我们无力按照自己的意愿构

---

① 卡伦·多诺万：《大公司侵害客户的利益》，《纽约时报》2004 年 10 月 3 日，第
3—5 版。

建这个世界。对科学而言，事实纠正错误的地位尤其尊贵。人们或许认为，与被人纠正相比，主动纠正错误更加令人尊敬。

12. 这一观点是威斯康星州的拉辛在关于"科学家的道德角色"的翼幅会议上提出的，该会议由中西部国际安全研究联合会赞助（1992 年 10 月）。

13. "化学家行为规范"可以在以下网址找到：http//www. chemestry. org/portal/a/c/s/1/acsdisplay. html？ DOC ＝ membership% 5Ccode. html.（2005 年 2 月 15 日）

14. 丁格尔（Dingell）的目标是大卫·巴尔的摩（David Balti-more）和他的同事特丽萨·今西－加里（Thereza Imanishi-Kari），罗伯特·加洛（Robert Gallo）和斯坦福大学，这些都是非常高调的目标。

15. 例如，医生间的利益之争主要是病人所住医院的所有权，参见美国医学会"医学伦理规范及当前观点，8032"。（Gorlin 1999，389－390）

16. 对于铅中毒问题可查的历史记载，可参见沃伦（Warren 2000）。关于儿童铅中毒的辩论还在继续，联邦咨询委员会针对的是儿童铅中毒的预防，而乔治·W. 布什政府（George W. Bush）有意委派铅行业的代表进入委员会，蓄意干涉利益冲突（Ferber 2002；Michaels et al. 2002）。

17. 这个案例因董和英国联合博姿药业公司（Dong and Boots）之间签署的合同出现错误而复杂化了。

18. 面对各大诉讼案件和政治性行为，大学多少有些心虚。比如，历史学家迈克尔·贝勒斯雷斯（Michael Bellesisles 2000）因错误数据而遭到多方攻击，他错误地报告了美国内战前的枪支持有数量和使用情况，认为美国全民性的枪文化因此盛行。美国全国步枪协会对他书中的观点进行了最为猛烈的抨击，而他工作的学校埃默里大学还逼迫他辞职。相对于他的攻击者们，部分新闻报道则表示，他的观点听起来非常有说服力，值得拥护。当时几位知名历史学家都很支持他，他也因此获得了当年的班克罗夫特奖。美国全国步枪协会前任主席查尔顿·赫斯顿（Charlton Heston）和该组织的其他成员以及一些学者一起，对此书提出了批评。局外人也许会问，迈克尔·贝勒斯雷斯任职的学校逼迫他辞职的原因，仅仅是为了校方利益，而不是因事实真相之故？这件事情的奇怪之处就在于：如同高风险情况下的实验物理学结果一般，迈克尔·贝勒斯雷斯的观点已经得到了证实，或者说，是可以"复制"的。本案的反常之处在于：涉案人员的风险似乎都不高。而且，他只是做了历史性记录，几乎不可能影响到持枪政策。与此类反常的政治性案例相比，科学领域的案例得到的关注度要高得多，尤其是药品研发案例，药品对企业的价值高得令人瞠目结舌。但是大学会屈从于外界压力，这很不利于科学界追求真理。

19. 《科学》杂志总主编唐纳德·肯尼迪（Donald Kennedy）认为，一篇论文的所有作者应该为任何一位作者的科研不实负全责，同时他又指出，该观点会让自己成为"特立独行的少数派分子"（Kennedy 2003，733；还可以参见 Davidoff et al. 2001）。

20. 这只是无数蓄意伤害案之一，包括铅、水银、放射性泄漏、各种肥料、毒药等中毒案件。详情参见坦格雷伯（Steinraber 1998）和沃伦（Warren 2000）的铅中毒案。

21. 至今，这种伤害的程度根本无法确定（Peterson et al. 2003）。这本书并没有描述解决赔偿问题的详细情况。地方法院估算的损失赔偿金为 45 亿美元。[①]

22. 可能有人认为，对于医生来说也是如此，但是美国医学会（AMA）的一项研究结论表明，1900 年之前，美国就医的患者更有可能受害，而非受益（Flexner 1910）。早期医学界的市场机制运行不

---

① 亚当·利普塔克：《瓦尔迪兹号漏油事件赔款 45 亿美元》，《纽约时报》2004 年 1 月 29 日，第 A－18 版。

畅，这就肯定害苦了那些倒霉的负担不起医疗费的病人了。

23. 安达信曾经是安然公司的主要会计（审计）事务所，也是安然公司的咨询公司，而且它的咨询费利润超过了作为审计公司的利润。人们一定想知道：安达信直接获益于安然公司，有时也许还参与安然公司的运行策划，这是否会导致其做假账。

24. 新闻界对这个有趣的故事大做文章。保罗·克鲁格曼（Paul Krugman 2002, 64）说："通用电气传奇的前任执行总裁杰克·韦尔奇（Jack Welch）乱糟糟的离婚过程却带来了意想不到的好处：让我们窥见了公司精英的特权待遇，而这通常是公众所不知道的。"见莱斯利·韦恩和爱丽斯·库津斯基、① 克莱因菲尔德、② 以及《纽约时报》编者按《生活的边场门票》2002 年 9 月 15 日第 4 - 14 页 ["Courtside Tickets for Life", (editorial), September 15, 2002, p. 4 - 14]。注释的最后部分写道："即使是最麻木的高官报酬专家，也发现韦尔奇先生的退休保障滑稽可笑。"

25. 心脑血管专家卡尔顿·查普曼（Carleton Chapman 1984, 147）是全美医学教育界的一位领导者，他声称，医生们错误地认为，对医生有益的做法对病人也有益。他总结道："两千年来，一直错误地强调医学职业必要的'存在理由'，这种强调已经足够了。"

第七章

1. 托马斯·哈蒙德（Thomas Hammond 1990）对久利克（Gulick 1937）和西蒙（Simon 1947）提出的替代性机制做了有效的评估。

2. 我们也不能总是认为，机构会赞成我们所珍视的那种可靠性。

---

① 莱斯利·韦恩、爱丽斯·库津斯基：《韦尔奇形象受损，公司前景黯淡》，《纽约时报》2002 年 9 月 16 日，第 c - 1 版。

② N. R. 克莱因菲尔德：《自由之地，小费之都；纽约人将包厢消费和小吃视为自己不可剥夺的权利》，《纽约时报》2002 年 9 月 22 日，第 1 - 41 版。

有趣的是，最近，美国那些检举别人的人开始被奉为名人。《时代》杂志更是把三名检举他人的女性隆重推举为 2002 年的"年度杰出人物"。

3. 如果雇主未能考虑到劳动力的供给和需求，以及基于种族或性别或其他环境因素所产生的歧视，那么该理论的质量评估往往极其不准确。（Akerlof 1984，14 - 15；Stiglitz 1987，2 - 3，16 - 17）

4. 同样有理由认为，绩效工资是建立信任关系、互惠互利的积极信号（Wielers 1997）。绩效工资高于供求所产（Weiss 1990）。尽管没有多少数据表明，绩效工资的确存在过（Prendergast 1999、44 - 45），但是现有的记录中，却保留了公司交替使用绩效工资和监管手段的记载（Arai 1994；Rebitzer 1995）。绩效工资模式的运作原理是这样的：采用监督手段，监管偷懒怠工行为，将投机分子剔除出去（Bar-Ilan 1991）。

第八章

1. 新的调查方法是商业环境和企业绩效调查（BSSPS），覆盖了 26 个经济转型领域共 6000 家企业。目前进入了专家分析阶段（参见 Raiser，Rousso，Steves 2004）。尽管批评家们担心其概括性，但该方法或许是当下最佳的调查方法。

2. 利用世界观调查，一些研究人员认为"一般化信任"与民主和经济的发展呈正相关关系（Inglehart 1997；Norris 1999，2002）；其他学者则对此不太确定（Newton 1999；Newton and Norris 2000，64），还可参见多尔顿（Dalton 1999）。

3. 波·罗塞斯坦（Bo Rothstein 2001，2004；Rothstein and Stolle 2003）将其进一步分解，并确认了布雷姆和拉恩（Brehm and Rahn 1997）的调查结果，同时证明某些政府部门对于民众相互之间的信任关系起到了失衡的作用。

4. 帕特南（Putnam 2000，22 – 24）进行了群组之间与群组内部的区分。他认为"统筹社会资本有利于增强特定的互惠行为，也有利于调动成员的团结意识……与此相比，构建网络更有利于统筹内部资产，也更有利于信息传播"（22）。这种区分充分利用了格兰诺维特（Granovetter 1973）的理论。

5. 此前，业界几乎从未考虑过调查政治信任的其他指标，也几乎没有考虑过有关政治信任的不同观点。一些在美国国家选举研究（NES）中使用测试项的调查也提到了这个问题（Burns and Kinder 2000；Rahn and Rudolph 2000）。然而，正如温迪·拉恩（Wendy Rahn）和托马斯·鲁道夫（Thomas Rudolph 2000）说的那样，选举调查可以用来衡量影响那些判断信任与否的因素，而选举中的忠诚度选项却无法说明这种衡量能力是否有所提升。

第九章

1. 若要了解其他标准化观点，请参阅塞利格曼（Seligman 1997）和米斯特拉尔（Misztal 1996）。而要了解美国的情况，请参阅朱克（Zucker 1986）。

2. 若要了解不确定的情况下建立信任关系的社会交往的相关文献，社交网络的局限性，以及这些文献影响我们理解转型的方式，参见库克、赖斯、杰帕西（Cook，Rice and Gerbasi 2004）。本章讨论的内容大多与他们引用的结果相一致。

3. 20 世纪 70 年代中期，张（Cheung）在华盛顿大学西雅图分校讲授交易成本理论研讨课，当时他描述了青年时代目睹的二战期间的香港。

4. 这就是查尔斯·蒂莉（Charles Tilly 1998，163 – 169）和其他人所称的连锁式移民。有关此类问题的研究很多，如福山（Fukuyama 1995）、莱特（Light 1972）、倪志伟和布莱特·迪百·倪（Nee and

Nee 1973)、倪志伟和桑德斯（Nee and Sanders 2000）、波特斯和森森布伦纳（Portes and Sensenbrenner 1993）、桑德斯和倪志伟（Sanders and Nee 1987）以及沃尔丁格（Waldinger 1986）等人的研究。

5. 史蒂夫·普法夫（Steve Pfaff）指出了这一点。

6. 塞缪尔·鲍尔斯（Samuel Bowles）和赫伯特·金迪斯（Herbert Gintis 2000）对此问题提出了一个有趣的模式，试图确定社会网络带来的利益是否能超过排查其他贸易伙伴的成本。经济社会学家的作品，包括布雷恩·乌齐（Brain Uzzi）的作品，都试图研究这些嵌入式社会网络何时适得其反；保罗·迪马乔和休·劳奇（Paul DiMaggio and Hugh Louch 1998）分析在个人关系网中消费者何时更有可能进行交易；罗伯托·费尔南德斯（Roberto Fernandez）和他的同事探讨了雇员的个人关系及联系在雇主录用决定中的作用（Fernandez, Castilla, and Moore 2000；Fernandez and Weinberg 1997）。

7. 这篇对澳大利亚土著居民的描述是围绕玛格丽特·利瓦伊（Margaret Levi）的个人经历和研究进行的。克利福德·格尔茨（Clifford Geertz 1963）叙述了巴厘岛面临的同类问题。

第十章

1. 起初，希波克拉底誓言（Hippocratic Oath）制定的行为规则不仅仅针对医生，而是针对所有人的。虽然这一誓言禁止做外科手术，但在当时具有积极的意义。这一誓言在劳埃德（Lloyd 1950/1983，67）的作品中解释得非常简单明了。公元前 18 世纪，古巴比伦制定了汉谟拉比法典，该法典为医学实践制定了大量的详细规则，但这部法典是法律依据而非道德规范，其中对有些医疗事故的处罚非常严厉。

2. 帕特南（Putnam 1993a，167）起初把社会资本定义为"社会组织的特征，包括信任、准则和网络等，可以调整行为规范，提高社会效率"。

3. 据说，有人问圣雄甘地（Mahatma Gandhi）如何看待西方文明，他说，西方文明的确了不起。

4. 20 世纪 50 年代到 60 年代美国民权运动取得了一定的成功，但并没有消除黑人和白人之间的不信任，不信任依然存在，且合情合理。然而，这场运动却卓有成效，执行法律阻止了种族隔离，倡导了和谐共处，惩处了那些触犯法律、从事破坏民权的暴力行为。

5. 这似乎越来越成为伊斯兰教组织在法国郊区工薪阶层中的模式。即使在北非的家乡，妇女们根本无须戴面纱，法国的移民妇女也不得不屈从于社会压力，屈从于修订版的宗教信仰，按规矩佩戴面纱。她们更不可能和任何男性待在一起，甚至不能和不戴面纱的女性在一起。她们的信任关系范围缩小了，不信任关系在数量和范围上却增加了。

6. 本研究只是更大范围的跨文化行为实验项目（Henrich et al. 2004）中的一部分，比较了 15 个原始部落之间展开的最后通牒游戏、独裁者游戏和公共品博弈游戏。结果发现，这些游戏的"给予和答复"内容因社会而异，于是得出结论：这些差异与个体差异没有任何关系，但是与社团差异的关系密切。因此，"市场整合程度越高，合作的回报率越高，实验游戏中的亲社会性程度也就越高"（Henrich et al. 2004，49）。大体来讲，实验并没有评价互利型信任的差异，但却表明，个人一旦脱离关系紧密的团体，社会规范就足以管理人们之间的合作，而寻求可信度和诚信度标志就更加重要了。

英文参考文献

Aguilar, John L. 1984. "Trust and Exchange: Expressive and Instrumental Dimensions of Reciprocity in a Peasant Community." *Ethos* 12: 3 – 29.

Akerlof, George A. 1982. "Labor Contracts as Partial Gift Exchange." *Quarterly Journal of Economics* 97 (4): 543 – 69.

——. 1984. *An Economic Theorist's Book of Tales.* New York: Cambridge University Press.

Albrecht, Simon, and AnthonyTravaglione. 2003. "Trust in Public-Sector Senior Management." *International Journal of Human Resource Management* 14 (1): 76 – 92.

Alchian, Armen, and Harold Demsetz. 1972. "Production, Information Costs, and Economic Organization." *American Economic Review* 62: 777 – 95.

Amato, Paul R. 1993. "Urban-Rural Differences in Helping Friends and Family Members." *Social Psychology Quarterly* 56: 249 – 62.

Analyse und Kritik. 2004. "Trust and Community on the Internet." *Analyse und Kritik* 26 (1, December): entire issue.

Andersen, Susan M., Roberta L. Klatzky, and John Murray. 1990. "Traits and Social Stereotypes: Efficiency Differences in Social Information Processing." *Journal of Personality and Social Psychology* 59 (2): 192 – 201.

Anderson, Scott. 1999. "The Curse of Blood and Vengeance. " *New York Times Magazine* (December 26): 29 – 35, 44, 54 – 57.

Appelbaum, David, and Sarah Verone Lawton. 1990. *Ethics and the Professions.* Englewood Cliffs, N. J. : Prentice-Hall.

Arai, Mahmood. 1994. "Compensating Wage Differentials Versus Efficiency Wages: An Empirical Study of Job Autonomy and Wages. " *Industrial Relations* 33 (2): 249 – 62.

Ardener, Shirley. 1964. "The Comparative Study of Rotating Credit Associations. " *Journal of the Royal Anthropological Institute of Great Britain and Ireland* 94 (2): 201 – 29.

Argyris, Chris. 1957. *Personality and Organization: The Conflict Between System and Individual.* New York: Harper.

——. 1964. *Integrating the Individual and the Organization.* New York: Wiley.

Aron, Jean-Paul, Paul Dumont, and Emmanuel Le Roy Ladurie. 1972. *Anthropologie du conscrit français: d'aprés les comptes numériques et sommaires du recrutement de l'armée* (1919 – 1826). Paris: Mouton.

Arrow, Kenneth. 1974. *The Limits of Organization.* New York: Norton.

Ayres, Ian, and John Braithwaite. 1992. *Responsive Regulation.* Oxford: Oxford University Press.

Bacharach, Michael, and Diego Gambetta. 2001. "Trust in Signals. " In *Trust in Society*, edited by Karen S. Cook. New York: Russell Sage Foundation.

Baier, Annette. 1986. "Trust and Antitrust. " *Ethics* 96 (2): 231 – 60.

Bailyn, Bernard. 1967. *The Ideological Origins of the American Revolution.* Cambridge, Mass. : Harvard University Press.

Baker, George, Robert Gibbons, and Kevin J. Murphy. 1994. "Subjective Performance Measures in Optimal Incentive Contracts. " *Quarterly*

Journal of Economics 109: 1125 – 56.

Baker, Laurence, ToddH. Wagner, Sara Singer, and M. K. Bundorf. 2003. "Use of the Internet and E-mail for Health Care Information: Results from a National Survey. " *Journal of the American Medical Association* 289 (18): 2400 – 2406.

Balkwell, James W. 1994. "Status. " In *Group Processes: Sociological Analyses*, edited by Margaret Foschi and Edward J. Lawler. Chicago: Nelson-Hall.

Banfield, Edward C. 1958. *The Moral Basis of a Backward Society.* New York: Free Press.

Barahona de Brito, Alexandra, Carmen Gonzalez-Enriquez, and Paloma Aguilar, eds. 2001. *The Politics of Memory: Transitional Justice in Democratizing Societies.* Oxford: Oxford University Press.

Barber, Bernard. 1983. *The Logic and Limits of Trust.* New Brunswick, N. J. : Rutgers University Press.

Bardhan, Pranab, ed. 1999. Special issue on group lending. *Journal of Development Economics* 60 (1).

Bar-Ilan, Avner. 1991. "Monitoring Workers as a Screening Device. " *Canadian Journal of Economics* 24 (2): 460 – 70.

Barkan, Joel D. , and Frank Holmquist. 1989. "Peasant-State Relations and the Social Base of Self-help in Africa. " *World Politics* 41 (3): 359 – 80.

Barkan, Joel D. , Michael I. McNulty, and M. A. O. Ayeni. 1991. " 'Hometown' Voluntary Associations, Local Development, and the Emergence of Civil Society in Western Nigeria" *Journal of Modern African Studies* 29 (3): 457 – 80.

Barnard, Chester I. 1938. *The Functions of the Executive.* Cambridge, Mass. : Harvard University Press.

Barr, Abigail. 2004. "Kinship, Familiarity, and Trust: An Experimental Investigation." In *Foundations of Human Sociality*, edited by Joseph Henrich, Robert Boyd, Samuel Bowles, Colin Camerer, Ernst Fehr, and Herbert Gintis. New York: Oxford University Press.

Barron, John M. , and Michael Staten. 2003. "The Value of Comprehensive Credit Reports: Lessons from the U. S. Experience." *In Credit Reporting Systems and the International Economy*, edited by Margaret J. Miller. Cambridge, Mass. : MIT Press.

Barth, Fredrik. 1985. *The Last Wali of Swat: An Autobiography*. New York: Columbia University Press.

Bartlett, Thomas. 2003. "How Not to Choose a President." *Chronicle of Higher Education* (November 14)

Bassett, Glenn. 1993. *The Evolution and Future of High-Performance Management Systems*. Westport, Conn. : Quorum Books.

Bates, Robert H. 1991. *Beyond the Miracle of Market*. New York: Cambridge University Press.

Becker, Lawrence C. 1996. "Trust as Noncognitive Security About Motives." *Ethics* 107 (1): 43 – 61.

Bella, David A. 1987. "Engineering and Erosion of Trust." *Journal of Professional Issues in Engineering* 113 (April): 117 – 29.

Bellesisles, Michael. 2000. *Arming America: The Origins of National Gun Culture*. New York: Alfred A. Knopf.

Berger, Joseph, Bernard P. Cohen, and MorrisZelditch Jr. 1966. "Status Characteristics and Expectation States." In *Sociological Theories in Progress*, vol. 1, edited by Joseph Berger, Morris Zelditch Jr. , and Bo Anderson. Boston: Houghton Mifflin.

——. 1972. "Status Characteristics and Social Interaction." *American Sociological Review* 37 (3): 241 – 55.

Berlant, Jeffrey. 1975. *Profession and Monopoly*. Berkeley: University of California Press.

Berle, Adolph A. , and Gardner C. Means. 1932. *The Modern Corporation and Private Property*. New York: Macmillan.

Besley, Timothy, Stephen Coate, and Glenn Loury. 1994. "Rotating Savings and Credit Associations, Credit Markets, and Efficiency." *Review of Economic Studies* 61 (4): 701 – 19.

Bianco, William. 1994. *Trust: Representatives and Constituents*. Ann Arbor: University of Michigan Press.

Blau, Peter M. 1955. *The Dynamics of Bureaucracy*. Rev. ed. Chicago: University of Chicago Press.

——. 1964. *Exchange and Power in Social Life*. New York: Wiley.

——. 1994. *Structural Contexts of Opportunities*. Chicago: University of Chicago Press.

Blendon, Robert J. , and John M. Benson. 2001. "Americans' Views on Health Policy: A Fifty-Year Historical Perspective." *Health Affairs* 20 (2): 33 – 46.

Boeckmann, Robert J. , and Tom R. Tyler. 2002. "Trust, Respect, and the Psychology of Political Engagement." *Journal of Applied Social Psychology* 32 (10): 2067 – 88.

Boehm, Christopher. 1987. *Blood Revenge: the Enactment and Management of Conflict in Montenegro and Other Tribal Societies*. 2nd ed. Philadelphia: University of Pennsylvania Press.

Boone, Catherine. 2003. *Political Topographies of the African State: Territorial Authority and Institutional Choice*. New York: Cambridge University Press.

Bovens, Mark. 1998. *The Quest for Responsibility: Accountability and Citizenship in Complex Organizations*. Cambridge, U. K. : Cambridge University Press.

Bowles, Samuel. 1998. "Endogenous Preferences: The Cultural Conse-
quences of Markets and Other Economic Institutions. " *Journal of Eco-
nomic Literature* 36 (1): 75 – 111.

Bowles, Samuel, and HerbertGintis. 2000. "Optimal Parochialism: The
Dynamics of Trust and Exclusion in Networks. " Unpublished paper. De-
partment of Economics, University of Massachusetts, Amherst.

Bradach, Jeffrey L. , and Robert G. Eccles. 1989. "Price, Authority, and
Trust: From Ideal Types to Plural Forms. " *Annual Review of Sociology*
15: 97 – 118.

Braithwaite, John. 1985. *To Punish or Persuade.* Albany: State University
of New York Press.

——. 1998. "Institutionalizing Distrust, Enculturating Trust. " In *Trust and
Governance*, edited by Valerie Braithwaite and Margaret Levi. New York:
Russell Sage Foundation.

Braithwaite, John, and Toni Makkai. 1994. "Trust and Compliance. " *Po-
licing and Society* 4 (1): 1 – 12.

Braithwaite, Valerie. 1995. "Games of Engagement: Postures Within the
Regulatory Community. " *Law and Society Review* 17: 225 – 55.

Braithwaite, Valerie, and Margaret Levi, eds. 1998. *Trust and Governance.*
New York: Russell Sage Foundation.

Brehm, John, and Scott Gates. 1997. *Working, Shirking, and Sabotage:
Bureaucratic Response to a Democratic Public.* Ann Arbor: University of
Michigan Press.

——. 2004. "Supervisors as Trust-Brokers in Social Work Bureaucracies. "
In *Trust and Distrust Within Organizations: Emerging Perspectives, Endur-
ing Questions*, edited by Roderick M. Kramer and Karen S. Cook. New
York: Russell Sage Foundation.

Brehm, John, and Wendy Rahn. 1997. "Individual-Level Evidence for the Causes and Consequences of Social Capital. " *American Journal of Political Science* 41 (3): 999 – 1023.

Brennan, Geoffrey. 1998. "Democratic Trust: A Rational Choice Theory View. " In *Trust and Governance*, edited by Valerie Braithwaite and Margaret Levi. New York: Russell Sage Foundation.

Breton, Albert, and RonaldWintrobe. 1982. *The Logic of Bureaucratic Conduct.* New York: Cambridge University Press.

Brewer, John. 1988. "The English State and Fiscal Appropriation: Taxes and Public Finance in England, 1688 – 1789. " *Politics and Society* 16 (2 – 3): 335 – 86.

Brewer, Marilynn B. 2000. "Superordinate Goals Versus Superordinate Identity as Bases of Intergroup Cooperation. " In *Social Identity Processes: Trends in Theory and Research*, edited by Dora Capozza and Rupert Brown. Thousand Oaks, Calif. : Sage Publications.

Brockner, Joel, and Phyllis Siegel. 1996. "Understanding the Interaction Between Procedural and Distributive Justice: The Role of Trust" In *Trust in Organizations: Frontiers of Theory and Research*, edited by Roderick Kramer and Tom R. Tyler. Thousand Oaks, Calif. : Sage Publications.

Brown, MargaretL. 2004. "Compensating for Distrust Among Kin. " In *Distrust*, edited by Russell Hardin. New York: Russell Sage Foundation.

Brown, Martin, Armin Falk, and Ernst Fehr. 2004. "Relational Contract and the Nature of Market Interactions. " *Econometrica* 72 (3): 747 – 80.

Buchan, Nancy R. , Rachel T. Croson, and Robyn M. Dawes. 2002. "Swift Neighbors and Persistent Strangers: A Cross-cultural Investigation of Trust and Reciprocity in Social Exchange. " *American Journal of Sociology* 108 (1): 168 – 206.

Burns, Nancy, and Donald Kinder. 2000. *Social Trust and Democratic Politics*. Ann Arbor, Mich. : National Election Studies.

Buskens, Vincent, and Jeroen Weesie. 2000. " An Experiment on the Effects of Embeddedness in Trust Situations: Buying a Used Car. " *Rationality and Society* 12 (2): 227 – 53.

Carpenter, Daniel P. 2001. *The Forging of Bureaucratic Autonomy: Organizational Reputations and Policy Innovation in Executive Agencies, 1862 – 1928*. Princeton, N. J. : Princeton University Press.

Carruthers, Bruce, and Barry Cohen. 2001. *Predicting Failure but Failing to Predict: A Sociology of Knowledge of Credit Rating in Postbellum America*. Paper presented to Russell Sage Foundation trust workshop, California Institute of Technology, Pasadena (September 7).

Cassidy, John. 2002. " The Creed Cycle: How the Financial System Encouraged Corporations to Go Crazy. " *The New Yorker* (September 23): 64 – 77.

Chapman, Carleton B. 1984. *Physicians, Law, and Ethics*. New York: New York University Press.

Chatters, Linda M. , Robert Joseph Taylor, and Rukmalie Jayakody. 1994. "Fictive Kinship Relations in Black Extended Families. " *Journal of Comparative Family Studies* 25 (3): 297 – 304.

Cheibub, Jose Antonio, and Adam Przeworski. 1999. "Democracy, Elections, and Accountability for Economic Outcomes. " In *Democracy, Accountability, and Representation*, edited by Adam Przeworski, Susan C. Stokes, and Bernard Manin. New York: Cambridge University Press.

Cialdini, Robert B. 1996. " The Triple Tumor Structure of Organizational Behavior. " In *Codes of Conduct*, edited by David M. Messick and Ann E. Tenbrunsel. New York: Russell Sage Foundation.

Citrin, Jack. 1974. "Comment: The Political Relevance of Trust in Government. " *American Political Science Review* 68: 973 – 88

Citrin, Jack, and Christopher Muste. 1999. "Trust in Government and System Support. " In *Measures of Political Attitudes*, edited by John P. Robinson, Lawrence S. Wrightsman, and Phillip R. Shaver. New York: Academic Press.

Cletgg, Stuart R. 2001. "Power in Society. " In *International Encyclopedia of the Social and Behavioral Sciences*, edited by Neil J. Smelser and Paul B. Baltes. Oxford: Elsevier.

Clemens, Elisabeth S. 1999. "Organizational Repertoires and Institutional Change: Women's Croups and the Transformation of American Politics, 1890 – 1920. " In *Civic Engagement in American Democracy*, edited by Theda Skocpol and Morris P. Fiorina. Washington, D. C. , and New York: Brookings Institution and Russell Sage Foundation.

Coase, Ronald. 1937. "The Nature of the Firm" *Economica* 4 (3): 386 – 405.

Cohen, Don, and LaurencePrusak. 2001. In *Good Company*; *How Social Capital Makes Organizations Work*. Boston: Harvard Business School Press.

Cohen, Stanley. 1995. "State Crimes of Previous Regimes: Knowledge, Accountability, and the Policing of the Past. " *Law and Social Inquiry* 20 (1, Winter): 7 – 50.

Coleman, James S. 1988. "Social Capital in the Creation of Human Capital. " *American Journal of Sociology* (supp.) 94: S95 – 120.

——. 1990. *Foundations of Social Theory*. Cambridge, Mass. : Harvard University Press.

Cook, Karen S. 2005. "Networks, Norms, and Trust: The Social Psychology of Social Capital. " *Social Physiology Quarterly* 68 (1): 4 – 14.

Cook, Karen S. , and Robin M. Cooper. 2003. "Experimental Studies of

Cooperation, Trust, and Social Exchange. " In *Trust and Reciprocity: Interdisciplinary Lessons for Experimental Research*, edited by Elinor Ostrom and James Walker. New York: Russell Sage Foundation.

Cook, Karen S. , and Richard M. Emerson. 1978. "Power, Equity, and Commitment in Exchange Networks. " *American Sociological Review* 43 (5): 721 –39.

Cook, Karen S. , and Russell Hardin. 2001. "Norms of Cooperativeness and Networks of Trust. " In *Social Norms*, edited by Michael Hechter and Karl-Dieter Opp. New York: Russell Sage Foundation.

Cook, Karen S. , Roderick Kramer, David Thom, Stephanie Bailey, Irena Stepanikova, and Robin Cooper. 2004. "Physician-Patient Trust Relations in an Era of Managed Care. " In *Trust and Distrust in Organizations*, edited by Roderick M. Kramer and Karen S. Cook. New York: Russell Sage Foundation.

Cook, Karen S. , and Eric R. W. Rice. 2001. "Exchange and Power: Issues of Structure and Agency. " In *Handbook of Sociological Theory*, edited by Jonathan Turner. New York: Kluwer Academic/Plenum Publishers.

Cook, Karen S. , Eric R. W. Rice, and Alexandra Gerbasi. 2004. "The Emergence of Trust Networks Under Uncertainty: The Case of Transitional Economies—Insights from Social Psychological Research. " In *Building a Trustworthy State in Post-Socialist Transition*, edited by Janos Kornai and Susan Rose-Ackerman. New York: Palgrave Macmillan.

Cook, Karen S. , Toshio Yamagishi, Coye Cheshire, Robin Cooper, Masafumi Matsuda, and Rie Mashima. Forthcoming. "Trust Building Via Risk-Taking: A Cross-societal Experiment. " *Social Psychology Quarterly*.

Costigan, Robert D. , Selim S. Ilter, and J. Jason Berman. 1998. "A

Multidimensional Study of Trust in Organizations. " *Journal of Managerial Issues* 10 （3）: 303 – 17.

Council on Ethical andJudicial Affairs, American Medical Association. 1992. "Conflicts of Interest: Physician Ownership of Medical Facilities. " *Journal of the American Medical Association* 267 （17）: 2366 – 69.

Creed, W. E. Douglas, and Raymond E. Miles. 1996. "Trust in Organizations: A Conceptual Framework Linking Organization Forms, Managerial Philosophies, and the Opportunity Costs of Controls. " In *Trust in Organizations: Frontiers of Theory and Research*, edited by Roderick M. Kramer and Tom R. Tyler. Thousand Oaks, Calif. : Sage Publications.

Crozier, Michel. 1964. *The Bureaucratic Phenomenon.* Translated by Michel Crozier. Chicago: University of Chicago Press.

Culpepper, Pepper D. 2003. *Creating Cooperation.* Ithaca, N. Y. : Cornell University Press.

Currall, Steven C. , and Marc J. Epstein. 2003. "The Fragility of Organizational Trust: Lessons from the Rise and Fall of Enron. " *Organizational Dynamics* 32 （2）: 193 – 206.

Dahl, Robert A. 1957. "The Concept of Power. " *Behavioral Science* 2: 201 – 15.

Dalton, Russell J. 1999. "Political Support in Advanced Industrial Democracies. " In *Critical Citizens: Global Support for Democratic Governance*, edited by Pippa Norris. New York: Oxford University Press.

Darley, John M. 2004. "Commitment, Trust, and Worker Effort Expenditure in Organizations" In *Trust and Distrust in Organizations: Frontiers of Theory and Research*, edited by Roderick M. Kramer and Karen S. Cook. New York: Russell Sage Foundation.

Dasgupta, Partha. 1988. "Trust as a Commodity. " In *Trust: Making and Breaking Cooperative Relations*, edited by Diego Gambetta. New

York: Blackwell

——. 2002 "Social Capital and Economic Performance: Analytics. " In *Social Capital: A Reader*, edited by Elinor Ostrom and T. K. Ahn. Colchester, Eng. : Edward Elgar.

Daunton. Marhn. 1998. "Trusting Leviathan: British Fiscal Administration from the Napoleonic Wars to the Second World War. " In *Trust and Governance*, edited by Valerie Braithwaite and Margaret Levi. New York Foundation.

——. 2001. *Trusting Leviathan*. Cambridge, U. K. : Cambridge University Press.

Davidoff, Frank, Catherine D. DeAngelis, Jeffrey M. Drazen, John Hoey, et al. 2001. "Sponsorship, Authorship, and Accountability. " *Journal of the American Medical Association* 286 (10): 1232 – 34.

Davis, Michael. 1982. "Conflict of Interest. " *Business and Professional Ethics Journal* 1 (summer): 17 – 27.

——. 1998. "The Price of Rights: Constitutionalism and East Asian Economic Development. " *Human Rights Quarterly* 20: 303 – 37.

De Cremer, David, and Daan van Knippenberg. 2003. "Cooperation with Leaders in Social Dilemmas: On the Effects of Procedural Fairness and Outcome Favorability in Structural Cooperation. " *Organizational Behavior and Human Decision Processes* 91 (1): 1 – 11.

Della Porta, Donatella. 2000. "Social Capital, Beliefs in Government, and Political Corruption. " In *Disaffected Democracies*, edited by Susan J. Pharr and Robert D. Putnam. Princeton, N. J. : Princeton University Press.

Dijksterhuis, Ap, and Ad van Knippenberg. 1996. "Trait Implications as a Moderator of Recall of Stereotype-Consistent and Stereotype-Inconsistent Behaviors. " *Personality and Social Psychology Bulletin* 22 (4): 425 –

32.

DiMaggio, Paul, and HughLouch. 1998. "Transactions Between Friends and Between Strangers: Socially Embedded Consumer Transactions——For What Kinds of Purchases Do People Most Often Use Networks?" *American Sociological Review* 63 (5): 619 – 37.

Dirks, Kurt T. , and Donald L. Ferrin. 2002. "Trust in Leadership: Meta-analytic Findings and Implications for Research and Practice. " *Journal of Applied Psychology* 87 (4): 611 – 28.

Dirks, Kurt T. , and DanielSkarlicki. 2004. "Trust in Leaders: Existing Research and Emerging Issues. " In *Trust and Distrust in Organizations*, edited by Roderick M. Kramer and Karen S. Cook. New York: Russell Sage Foundation.

Dixit. Avinash K. , and Barry J. Nalebuff. 1991. *Thinking Strategically*. New York: Norton.

Draper, Elaine. 2003. *The Company Doctor: Risk, Responsibility, and Corporate Professionalism*. New York: Russell Sage Foundation.

Duncan, Meredith J. 1893/2003. "Criminal Malpractice: A Lawyer's Holiday. " *Georgia law Review* 37 (4): 1251 – 1306.

Durkheim, Émile. 1933. *The Division of Labor in Society*. New York: Macmillan.

Dussart, Françoise. 2000. *The Politics of Ritual in an Aboriginal Setting*. Washington, D. C. : Smithsonian Institution Press.

Dwyer, Paula. 2003. "Breach of Trust. " *Business Week* (December 15): 98 108.

Dyer, Jeffrey H. , andWujin Chu. 2003. "The Role of Trustworthiness in Reducing Transaction Costs and Improving Performance: Empirical Evidence from the United States, Japan, and Korea. " *Organization Science* (special issue: "Trust in an Organizational Context") 14 (1): 57 – 68.

Ebraugh, Helen Rose, and Mary Curry. 2000. "Fictive Kin as Social Cap-
    ital in New Immigrant Communities." *Sociological Perspectives* 43 (2):
    189 – 209.

Eckstein, Susan, ed. 2001. *Power and Popular Protest: Latin American So-
    cial Movements.* 2nd ed. Berkeley: University of California Press.

Ehrenreich, Barbara. 2000. *Nickel and Dimed in America.* New York:
    Owl.

Eisenstadt, S. N. , and Luis Roniger. 1984. *Patrons, Clients, and
    Friends.* Cambridge, U. K. : Cambridge University Press.

Ellickson, Robert C. 1991. *Order Without Law: How Neighbors Settle Dis-
    putes.* Cambridge, Mass. : Harvard University Press.

——. 1998. "Law and Economics Discovers Social Norms." *Journal of Le-
    gal Studies* 27 (2, pt. 2, June): 537 – 52.

Elsbach, Kim. 2004. "Managing Images of Trustworthiness in Organiza-
    tions." In *Trust and Distrust Within Organizations*, edited by Roderick
    M. Kramer and Karen S. Cook. New York: Russell Sage Foundation.

Elster, Jon. 1979. *Ulysses and the Sirens.* London: Cambridge University
    Press.

Ely, John Hart. 1980. *Democracy and Distrust: A Theory of Judicial Re-
    view.* Cambridge, Mass. : Harvard University Press.

Emanuel, Ezekiel J. , and Nancy N. Dubler. 1995. "Preserving the Physi-
    cian-Patient Relationship in the Era of Managed Care." *Journal of the A-
    merican Medical Association* 273 (4): 323 – 29.

Emanuel, Ezekiel J. , and Daniel Steiner. 1995. "Institutional Conflict of
    Interest." *New England Journal of Medicine* 332 (4): 262 – 67.

Emerson, Richard. 1962. "Power-Dependence Relations." *American Soci-
    ological Review* 27 (1): 31 – 41.

——. 1964. "Power-Dependence Relations: Two Experiments." *Sociome try* 27 （3）： 282 – 98.

——. 1972. "Exchange Theory, Part II： Exchange Relations and Networks." In *Sociological Theories in Progress*, edited by Joseph Berger, Morris Zelditch Jr. , and Bo Anderson. Boston： Houghton Mifflin.

Ensminger, Jean. 1992. *Making a Market： The Institutional Transformation of an African Society*. Cambridge, U. K. ： Cambridge University Press.

——. 2001. "Reputations, Trust, and the Principal Agent Problem." In *Trust in Society*, edited by Karen S. Cook. New York： Russell Sage Foundation.

Ensminger, Jean, and Jack Knight. 1997. "Changing Social Norms： Common Property, Bridewealth, and Clan Exogamy." *Current Anthropology* 38： 1 – 24.

Farrell, Henry. 2004. "Trust, Distrust, and Power." In *Distrust*, edited by Russell Hardin. New York： Russell Sage Foundation.

——. Forthcoming. "Trust and Political Economy： Comparing the Effects of Institutions on Interfirm Cooperation." *Comparative Political Studies*.

Fearon, James D. 1999. "Electoral Accountability and the Control of Politicians： Selecting Good Types Versus Sanctioning Poor Performance." In *Democracy, Accountability, and Representation*, edited by Adam Przeworski, Susan C. Stokes, and Bernard Manin. New York： Cambridge University Press.

Fehr, Ernst, and Armin Falk. 1999. "Wage Rigidity in a Competitive Incomplete Contract Market." *Journal of Political Economy* 107 （1）： 106 34.

Fehr, Ernst, ErichKirchler, Andreas Weichbold, and Simon Gachter. 1998. "When Social Norms Overpower Competition： Gift Exchange in Experimental Labor Markets." *Journal of Labor Economics* 16 （2）： 324 – 51.

Feldman, Martha S. 1989. *Order Without Design: Information Production and Policymaking.* Palo Alto, Calif. : Stanford University Press.

Ferber, Dan. 2002. "Overhaul of CDC Panel Revives Lead Safety Debate." *Science* 298 (October 25): 732.

Fernandez, Roberto M. , Emilio J. Castilla, and Paul Moore. 2000. "Social Capital at Work: Networks and Employment at a Phone Center" *American Journal of Sociology* 105 (5): 1288 – 1356.

Fernandez, Roberto M. , and Nancy Weinberg. 1997. "Labor Markets in Japan and the United States: Sifting and Sorting: Personal Contacts and Hiring in a Retail Bank." *American Sociological Review* 62 (6): 883 – 902.

Ferrary, Michel. 2003. "Trust and Social Capital in the Regulation of Lending Activities." *Journal of Socioeconomics* 31 (6): 673 – 99.

Fiorina, Morris P. 1999. "A Dark Side of Civic Engagement." In *Civic Engagement in American Democracy*, edited by Theda Skocpol and Morris P. Fiorina. Washington, D. C. and New York: Brookings Institution and Russell Sage Foundation.

Fischer, Claude S. 1982. *To Dwell Among Friends: Personal Networks in Town and City.* Chicago: University of Chicago Press.

Flanagan. Dennis. 1992. "Fraud in Science: A Media Event. " Paper delivered at the conference, Knowledge and Responsibility: The Moral Role of Scientists. Wingspread. Wis. (October 9 – 10).

Flexner, Abraham. 1910. *Medical Education in the United States and Canada.* With an Introduction by Henry Pritchett. Report to the Carnegie Foundation for the Advancement of Teaching. Bulletin 4. New York: Carnegie Foundation for the Advancement of Teaching.

Fogelson, Robert M. 1977. *Big-City Police.* Cambridge, Mass. : Harvard University Press.

Fox, Alan. 1974. *Beyond Contract: Work, Power, and Trust Relations.* London: Faber and Faber.

Freidson, Eliot. 1986. *Professional Powers: A Study of the Institutionalization of Formal Power.* Chicago: University of Chicago Press.

Frey, Bruno S. 1993. "Does Monitoring Increase Work Effort? The Rivalry with Trust and Loyalty." *Economic Inquiry* 31 (4): 663 – 70.

———. 1994. "How Intrinsic Motivation Is Crowded Out and In." *Rationality and Society* 6 (3): 334 – 52.

———. 1997. "A Constitution for Knaves Crowds Out Civic Virtues." *Economic Journal* 107: 1043 – 53.

Frey, Bruno S., and Lars P. Feld. 2002. "Trust Breeds Trust." *Economics of Governance* 3 (3): 87 – 99.

Fukuyama, Francis. 1995. *Trust: The Social Virtues and the Creation of Prosperity.* New York: Free Press.

Fuller, LonL. 1981. "Human Interaction and the Law." In *The Principles of Social Order*, edited by Kenneth Winston. Durham, N. C. : Duke University Press.

Gambetta, Diego. 1993. *The Sicilian Mafia: The Business of Private Protection.* Cambridge, Mass. : Harvard University Press.

———, ed. 1988. *Trust: Making and Breaking Cooperative Relations.* Oxford: Blackwell.

Gambetta, Diego, and Heather Hamill. Forthcoming. *Streetwise: How Taxi Drivers Establish Customers' Trustworthiness.* New York: Russell Sage Foundation.

García, Jorge A., Debora A. Paterniti, P. S. Romano, and Richard L. Kravitz. 2003. "Patient Preferences for Physician Characteristics in University-Based Primary Care Clinics." *Ethnicity and Disease* 13 (2): 259 – 67.

Garcia, Stephen M. 2002. "Power and the Illusion of Transparency in Ne-
gotiations" *Journal of Business and Psychology* 17 (1): 133 –44.

Geertz, Clifford. 1962. "The Rotating Credit Association: A ' Middle
Rung' in Development. " *Economic Development and Cultural Change*
10: 241 –63.

——. 1963. *Peddlers and Princes*. Chicago: University of Chicago Press.

——. 1978. "The Bazaar Economy: Information and Search in Peasant
Marketing. " *American Economic Review* 68 (2): 28 –32.

Gellner, Ernest. 1988. "Trust, Cohesion, and the Social Order. " In
Trust: Making and Breaking Cooperative Relations, edited by Diego Gam-
betta. Oxford: Blackwell.

Gerstle, Gary, and John Mollenkopf, eds. 2001. *E Pluribus Unum? Con-
temporary and Historical Perspectives on Immigrant Political Incorporation*.
New York: Russell Sage Foundation.

Gewirth, Alan. 1986. "Professional Ethics. " *Ethics* 96 (January): 282 –
300.

Ghatak, Maitreesh, and Timothy W. Guinnane. 1999. "The Economics of
Lending with Joint Liability: Theory and Practice. " *Journal of Develop-
ment Economics* 60 (1): 195 –228.

Gibbons, Robert. 2001. "Trust in Social Structures. " In *Trust in Society*,
edited by Karen S. Cook. New York: Russell Sage Foundation.

——. 2003. "Team Theory, Garbage Cans, and Real Organizations: Some
History and Prospects of Economic Research on Decisionmaking in Organ-
izations. " *Industrial and Corporate Change* 12 (4): 753 –87.

Gibbons, Robert, and Larry F. Katz. 1991. "Layoffs and Lemons. " *Jour-
nal of Labor Economics* 9 (4): 351 –80.

Gibbons, Robert, and Andrew Rutten. 2004. "Institutional Interactions:
An Equilibrium Approach to the State and Civil Society. " Cambridge,

Mass. : Sloane School, MIT.

Gibson, Clark C. 1999. *Politicians and Poachers: The political Economy of Wildlife Policy in Africa.* New York: Cambridge University Press.

Gibson, James 1. 2001. "Social Networks, Civil Society, and the Prospects for Consolidating Russia's Democratic Transition." *American Journal of Political Science* 45 (1): 51 – 68.

Gilmour, Ian. 1992. *Riots, Risings, and Revolution: Governance and Violence in Eighteenth Century England.* London: Hutchinson.

Ginsburg, Tom. 2000. "Does Law Matter for Economic Development? Evidence from East Asia." *Law and Society Review* 34 (3): 829 – 54.

Gladwell, Malcolm. 1999. "Six Degrees of Lois Weisberg." *The New Yorker* (January11): 52 – 63.

Gluckman, Max. 1956. *Custom and Conflict in Africa.* Oxford: Blackwell.

Goldman, Alan H. 1980. *Moral Foundations of Professionalism.* Totowa, N. J. : Rowman and Littlefield.

Goldthorpe, John H. , David Lockwood, Frank Bechhofer, and Jennifer Platt. 1968. *The Affluent Worker: Industrial Attitudes and Behavior.* Cambridge: Cambridge University Press.

Good, David. 1988. "Individuals, Interpersonal Relations, and Trust." In *Trust: Making and Breaking Cooperative Relations*, edited by Diego Gambetta. New York: Blackwell.

Gordon. David M. 1996. *Fat and Mean.* New York: Free Press.

Corlin, Rena A. ed. 1999. *Codes of Professional Responsibility: Ethics Standards in Business, Health, and Law.* 4th ed. Washington: Bureau of National Affairs.

Gould, Stephen Jay. 1993. *Eighty Little Piggies: Rejections in Natural History.* New York: Norton.

Gould, Susan D. 1998. "Money and Trust: Relationships Between Patients, Physicians, and Health Plans" *Journal of Health Politics, Policy, and Law* 23 (4): 687 –95.

Gouldner, Alvin W. 1954. *Patterns of Industrial Bureaucracy.* Glencoe, Ill. : Free Press.

Granovetter, Mark. 1973. "The Strength of Weak Ties. " *American Journal of Sociology* 78 (6): 1360 –80.

——. 1985. "Economic Action and Social Structure: The Problem of Embeddedness. " *American Journal of Sociology* 91 (3): 481 –510.

——. 2002. "A Theoretical Agenda for Economic Sociology. " In *The New Economic Sociology: Developments in an Emerging Field.* edited by Mauro Guillén, Randall Collins, Paula England, and Marshall Meyer. New York: Russell Sage Foundation.

Green. Thomas Andrew. 1985. *Verdict According to Conscience: Perspectives on the English Criminal Trial Jury*, 1200 –1800. Chicago: University of Chicago Press.

Greif, Avner. 1989. "Reputation and Coalitions in Medieval Trade: Evidence on the Maghribi Traders. " *Journal of Economic History* 49 (4): 857 –82.

——. 1993. "Contract Enforceability and Economic Institutions in Early Trade: The Maghribi Traders' Coalition. " *American Economic Review* 83 (3): 525 –48.

——. 1995. "Micro Theory and Recent Developments in the Study of Economic Institutions Through Economic History. " In *Advances in Economics and Econometrics: Theory and Applications*, edited by David M. Kreps. New York: Cambridge University Press.

Greif, Avner, Paul Milgrom, and Barry R. Weingast. 1994. "Coordination, Commitment, and Enforcement: The Case of the Merchant Guild. " *Journal of Political Economy* 102 (4): 745 –76.

Grzymala-Busse, Anna. 2002. *Redeeming the Past: The Regeneration of Communist Successor Parties in East Central Europe After* 1989. Studies in Comparative Politics Series. New York: Cambridge University Press.

Gudeman, Stephen. 1971. "The Compadrazgo as a Reflection of the Natural and Spiritual Person." *Proceedings of the Royal Anthropological Institute of Great Britain and Ireland* 1971: 45 – 71.

Gulati. Ranjay, and Harbir Singh. 1998. "The Architecture of Cooperation: Managing Coordination Costs and Appropriation Concerns in Strategic Alliances." *Administrative Science Quarterly* 43 (4): 781 – 814.

Gulick, Luther. 1937. "Notes on the Theory of Organization." In *Papers on the Science of Administration*, edited by Luther Gulick and Lyndall Urwick. New York: Institute of Public Administration, Columbia University.

Gutmann, Amy, and Dennis Thompson. 1996. *Democracy and Disagreement*. Cambridge, Mass. : Harvard University Press.

Hall, Peter A. , and David Soskice, eds. 2001. *Varieties of Capitalism.* New York: Oxford University Press.

Hamilton, Alexander, John Jay, and James Madison. 1787/2001. *The Federalist Papers*, edited by George W. Carey and James McClellan. Gideon ed. Indianapolis, Ind. : Liberty Fund.

Hamilton, Gary G. , and Kao Cheng-Shu. 1990. "The Institutional Foundations of Chinese Business: The Family Firm in Taiwan." *Comparative Social Research* 12: 95 – 112.

Hammond, Thomas H. 1990. "In Defense of Luther Gulick's 'Notes on the Theory of Organization' " *Public Administration* 68: 143 – 73.

Hanifan, Lyda J. 1916. "The Rural School Community Center." *Annals of the American Academy of Political and Social Science* 67: 130 – 38.

Hanlon, Gerard. 1998. "Professionalism as Enterprise: Service Class Politics and the Redefinition of Professionalism" *Sociology* 32 (1): 43 – 63.

Hardin, Russell. 1982a. "Exchange Theory on Strategic Bases. " *Social Science Information* 21 (2): 251 – 72.

——. 1982b. *Collective Action.* Baltimore: Johns Hopkins University Press for Resources for the Future.

——. 1988. *Morality Within the Limits of Reason.* Chicago: University of Chicago Press.

——. 1989. "Ethics and Stochastic Processes. " *Social Philosophy and Policy* 7 (Fall): 69 – 80.

——. 1991a. "The Artificial Duties of Contemporary Professionals. " *Social Service Review* 64 (December): 528 – 41.

——. 1991b. "Trusting Persons, Trusting Institutions. " In *The Strategy of Choice*, edited by Richard J. Zeckhauser. Cambridge, Mass. : MIT Press.

——. 1993. "The Street-Level Epistemology of Trust. " *Politics and Society* 21 (4): 505 – 29.

——. 1995. *One for All: The Logic of Group Conflict.* Princeton, N. J. : Princeton University Press.

——. 1996a. "Institutional Morality. " In *The Theory of Institutional Design*, edited by Robert E. Goodin. Cambridge, U. K. : Cambridge University Press

——. 1996b. "The Psychology of Business Ethics. " In *Codes of Conduct: Behavioral Research into Business Ethics*, edited by David M. Messick and Ann E. Tenbrunsel. New York: Russell Sage Foundation.

——. 1998a. "Institutional Commitment: Values or Incentives? " In *Economics, Values, and Organization.* edited by Avner Ben Ner and Louis Putterman. Cambridge, U. K. : Cambridge University Press.

——. 1998b. "Trust in Government. " In *Trust and Governance*, edited by

Valerie Braithwaite and Margaret Levi. New York: Russell Sage Foundation.

———. 1999a. "Ethics in Big Science." In *The Proceedings of the Twentieth World Congress of Philosophy*, vol. 1, edited by Klaus Brinkmann. Bowling Green, Ohio: Philosophy Documentation Center.

———. 1999b. "From Bodo Ethics to Distributive Justice." *Ethical Theory and Moral Practice* 2 (4): 337 – 63.

———. 1999c. *Liberalism, Constitutionalism, and Democracy*. Oxford: Oxford University Press.

———. 2000. "Democratic Epistemology and Accountability." *Social Philosophy and Policy* 17: 110 – 26.

———. 2002a. "Liberal Distrust." *European Review* 10 (1): 73 – 89.

———. 2002b. *Trust and Trustworthiness*. New York: Russell Sage Foundation.

———. 2003. "If It Rained Knowledge." *Philosophy of Social Science* 33 (1): 3 – 23.

———, ed. 2004a. *Distrust*. New York: Russell Sage Foundation.

———. 2004b. "Distrust: Manifestations and Management." In *Distrust*, edited by Russell Hardin. Russell Sage Foundation

———. 2004c. "Terrorism and Group-Generalized Distrust." In *Distrust*, edited by Russell Hardin. New York: Russell Sage Foundation.

Hart. H. L. A., and Anthony M. Honoré. 1959. *Causation in the Law*. Oxford: Oxford University Press.

Hart, Keith. 1988. "Kinship, Contract, and Trust: Economic Organization of Migrants in an African City Slum." In *Trust: Making and Breaking Cooperative Relations*, edited by Diego Gambetta. Oxford: Blackwell.

Hart. Vivien. 1978. *Distrust and Democracy: Political Trust in America and Britain*. New York: Cambridge University Press.

Hasluck, Margaret. 1954. *The Unwritten Law in Albania*, edited by J. H. Hutton. Cambridge, U. K. : Cambridge University Press.

Hayashi, Nahoko. 1995. "Emergence of Cooperation in One-Shot Prisoner's Dilemmas and the Role of Trust." *Japanese Journal of Psychology* 66 (3): 184 – 190

Hechter, Michael. 1987. *Principles of Group Solidarity*. Berkeley: University of California Press.

Heinz, John P. , and Edward O. Laumann. 1982. *Chicago Lawyers: the Social Structure of the Bar*. New York, Russell Sage Foundation.

Held, Virginia. 1968. "On the Meaning of Trust." *Ethics* 78 (2): 156 – 59.

Henrich, Joseph, Robert Boyd, Samuel Bowles, Colin Camerer, Ernst Fehr, Herbert Gintis, and Richard McElreath. 2004. "Overview and Synthesis." In *Foundations of Human Sociality*, edited by Joseph Henrich, Robert Boyd, Samuel Bowles, Colin Camerer, Ernst Fehr, and Herbert Gintis. New York: Oxford University Press.

Herreros, Francisco. 2004. *The Problem of Forming Social Capital*. New York: Palgrave Macmillan.

Hertzberg, Lars. 1988. "On the Attitude of Trust." *Inquiry* 31 (3): 307 – 22.

Hessler, Peter. 2003. "Under Water: The World's Biggest Dam Floods the Past." *The New Yorker* (July 7): 28 – 33.

Hetcher, Steven A. 2004. *Norms in a Wired World*. Cambridge, U. K. : Cambridge University Press.

Hetherington, Marc J. 1998. "The Political Relevance of Political Trust." *American Political Science Review* 92 (4): 791 – 808.

——. 2004. *Why Trust Matters: Declining Political Trust and the Demise of American Liberalism*. Princeton, N. J. : Princeton University Press.

Hewstone, Miles, Mark Rubin, and Hazel Willis. 2002. "Intergroup Bias." *Annual Review of Psychology* 53: 575 – 604.

Hibbing, John R., and Elizabeth Theiss-Morse. 2002. *Stealth Democracy*. New York: Cambridge University Press.

Hirschman. Albert O. 1977. *The Passions and the Interests: Political Arguments for Capitalism Before Its Triumph*. Princeton, N. J.: Princeton University Press.

Hobbes, Thomas. 1651/1968. *Leviathan*, edited by C. B. Macpherson. London: Penguin.

Hoffman, Philip T., GillesPostel-Vinay, and Jean-Laurent Rosenthal. 2000. *Priceless Markets: The Political Economy of Credit in Paris*, 1660 – 1870. Chicago: University of Chicago Press.

Hollis, Martin. 1998. *Trust Within Reason*. Cambridge, U. K.: Cambridge University Press.

Holloway, Marguerite, and PaulWallich. 1992. "A Risk Worth Taking." *Scientific American* (November): 126.

Holmes, John G., and John K. Rempel. 1985. "Trust in Close Relationships." In *Close Relationships: Review of Personality and Social Psychology*, edited by Clyde Hendrick. Newbury Park, Calif.: Sage Publications.

Holmstrom, Bengt. 1982. "Moral Hazard in Teams." *Bell Journal of Economics* 13 (2): 324 – 40.

Holmstrom, Bengt, and Paul Milgrom. 1994. "The Firm as an Incentive System." *American Economic Review* 84 (4): 972 – 91.

Holton, Gerald. 1995/1996. " 'Doing One's Damnedest': The Evolution of Trust in Scientific Findings." In *Einstein, History, and Other Passions: The Rebellion Against Science at the End of the Twentieth Century*. New York: Addison-Wesley. (Orig. pub. in 1995 by American Institute of Physics Press, Woodbury, N. Y.)

Home, Cynthia, and Margaret Levi. 2004. " Does Lustration Promote Trustworthy Government? An Exploration of the Experience of Central and Eastern Europe. " In *Building a Trustworthy State in Post-Socialist Transition*, edited by Janos Kornai and Susan Rose-Ackerman. New York: Palgrave Macmillan.

Horsburgh, H. J. N. 1960. "The Ethics of Trust. " *Philosophical Quarterly* 10: 343 – 54.

Howard, Judith. 1995. "Social Cognition. " In *Sociological Perspectives on Social Psychology*, edited by Karen S. Cook, Gary Alan Fine, and James S. House. Boston: Allyn and Bacon.

Hsee, Christopher K. , and Elke U. Weber. 1999. "Cross-national Differences in Risk Preference and Lay Preferences. " *Journal of Behavioral Decisionmaking* 12 (2): 165 – 79.

Huici, Carmen, Maria Ros, Mercedes Carmon, Jose Ignacio Cano, and Jose Francisco Morales. 1996. "Stereotypic Trait Disconfirmation and the Positive-Negative Asymmetry. " *Journal of Social Psychology* 136 (3): 277 – 89.

Humboldt, Wilhelm von. 1854/1969. *The Limits of State Action*, edited by J. W. Burrow. Cambridge, U. K. : Cambridge University Press; 1993 rep. , Indianapolis, Ind. : Liberty Fund.

Hume, David. 1739 – 40/1978. *A Treatise of Human Nature*. Oxford: Oxford University Press, 2nd ed. , edited by L. A. Selby-Bigge and P. H. Nidditch.

——. 1752/1985. "Of the Independency of Parliament. " In David Hume, *Essays Moral, Political, and Literary*, rev. ed. , edited by Eugene F. Miller. Indianapolis, Ind. : Liberty Press.

Inglehart, Rona Id. 1997. *Modernization and Postmodernization: Cultural,*

Political, *and Economic Change in Forty-three Societies.* Princeton, N. J. : Princeton University Press.

Jacobs, Jane. 1961. *The Death and Life of Great American Cities.* New York : Random House.

Jensen, Michael, and WilliamMeckling. 1976. "Theory of the Firm : Managerial Behavior, Agency Costs, and Ownership Structure. " *Journal of Financial Economics* 3 : 305 – 60.

Jones, Karen. 1996. "Trust as an Affective Attitude. " *Ethics* 107 (1) : 4 – 25.

Kang, David C. 2002. *Crony Capitalism, Corruption, and Development in South Korea and the Philippines.* New York : Cambridge University Press.

Kao, Audiey, Diane Green, Alan M. Zaslavsky, Jeffrey P. Koplan, and Paul D. Cleary. 1998. "The Relationship Between Method of Physician Payment and Patient Trust. " *Journal of the American Medical Association* 280 : 1708 – 14.

Kaufman, Jason. 2002. *For the Common Good.* New York : Oxford University Press.

Kaufmann, Daniel, Aart Kraay, and Pablo Zoido-Lobaton. 1999. *Governance Matters.* Paper Policy Research Working Paper 2196. Washington, D. C. : World Bank.

——. 2002. *Governance Matters* II : *Updated Indicators for* 2000 – 2001. Paper Policy Research Working Paper 2772. Washington, D. C. : World Bank.

Kelley, Harold H. , and John W. Thibaut. 1977. *Interpersonal Relations : A Theory of Interdependence.* New York : Wiley.

Kelman, Steven. 1990. "Congress and Public Spirit : A Commentary. " In *Beyond Self-interest*, edited by Jane J. Mansbridge. Chicago : University of Chicago Press.

Kennedy, Donald. 2003. "Editorial: Multiple Authors, Multiple Problems." *Science* (August 8): 733.

Kerri, James Nwannukwu. 1976. "Studying Voluntary Associations as Adaptive Mechanisms: A Review of Anthropological Perspectives." *Current Anthropology* 17 (1): 23 –47.

Kiernan, VictorG. 1986. *The Duel in European History: Honor and the Reign of Aristocracy.* Oxford: Oxford University Press.

King, Anthony. 2000. "Distrust of Government: Explaining American Exceptionalism." In *Disaffected Democracies: What's Troubling the Trilateral Democracies*, edited by Susan J. Pharr and Robert D. Putnam. Princeton, N. J.: Princeton University Press.

King, Valarie. 2002. "Parental Divorce and Interpersonal Trust in Adult Offspring." *Journal of Marriage and Family* 64 (3): 642 –56.

Kiser, Edgar, and Joachim Schneider. 1994. "Bureaucracy and Efficiency: An Analysis of Taxation in Early-Modern Prussia." *American Sociological Review* 59 (2): 187 –204.

Kitschelt. Herbert, Zdenka Mansfeldova, Radoslaw Markowski, and Gabor Toka. 1999. *Post-Communist Party Systems: Competition. Representation, and Interparty Cooperation*, edited by Margaret Levi. Cambridge Studies in Comparative Politics Series. New York: Cambridge University Press.

Klein, Benjamin. 1985. "Self-enforcing Contracts. " *Journal of Institutional and Theoretical Economics* 141: 594 –600.

Kleinfeld, Judith. 2002. "Six Degrees of Separation: Urban Myth?" *Psychology Today* 35 (2): 74.

Knack, Stephen, and Philip Keefer. 1995. "Institutions and Economic Performance: Cross-country Tests Using Alternative Institutional Measures." *Economics and Politics* 7: 207 –27.

——. 1997. "Does Social Capital Have an Economic Payoff? A Cross-country Investigation." *Quarterly Journal of Economics* 112 (4): 1251 – 88.

Knack, Stephen, and Paul Zak. 2002. "Building Trust: Public Policy, Interpersonal Trust, and Economic Development." *Supreme Court Economic Review* 10 (fall): 91 – 107.

Knight, Jack. 1992. *Institutions and Social Conflict.* Cambridge, U. K. : Cambridge University Press.

Kollock, Peter. 1994. "The Emergence of Exchange Structures: An Experimental Study of Uncertainty, Commitment, and Trust." *American Journal of Sociology* 100 (2): 313 – 45.

——. 1999. "The Production of Trust in Online Markets." In *Advances in Croup Processes*, edited by Edward J. Lawler. Greenwich, Conn. : JAI Press.

Kramer, Roderick M. 1994, "The Sinister Attribution Error: Paranoid Cognition and Collective Distrust in Organizations." *Motivation and Emotion* 18 (2): 199 – 230.

——. 1996. "Divergent Realities and Convergent Disappointments in the Hierarchic Relation: Trust and the Intuitive Auditor at Work." In *Trust in Organizations: Frontiers of Theory and Research*, edited by Roderick M. Kramer and Tom R. Tyler. Thousand Oaks, Calif. : Sage Publications.

——. 1998. "Paranoid Cognition in Social Systems: Thinking and Acting in the Shadow of Doubt." *Personality and Social Psychology Review* 2 (4): 251 – 75.

——. 1999. "Trust and Distrust in Organizations: Emerging Perspectives, Enduring Questions." *Annual Review of Psychology* 50 (1): 569 – 98.

Kramer, Roderick M. and Karen S. Cook, eds. 2004. *Trust and Distrust in Organizations.* New York: Russell Sage Foundation.

Kramer, Roderick M. , and Dana A. Gavrieli. 2004. "Power, Uncertainty, and the Amplification of Doubt: An Archival Study of Suspicion Inside the Oval Office. " In *Trust and Distrust in Organizations*, edited by Roderick M. Kramer and Karen S. Cook. New York: Russell Sage Foundation.

Kreps, David M. 1990. "Corporate Culture and Economic Theory. " In *Perspectives in Positive Political Economy*, edited by James Alt and Kenneth Shepsle. New York: Cambridge University Press.

Krimsky. Sheldon. 2003. *Science in the Private Interest: Has the Lure of Profits Corrupted the Virtue of Biomedical Research?* Lanham, Md. : Rowman and Littlefield.

Krueger, Alan B. , and Alexandre Mas. 2003. "Strikes, Scabs, and Tread Separations: Labor Strife and the Production of Defective Bridgestone/Firestone Tires. " Working paper 9524. Cambridge, Mass. : National Bureau of Economic Research.

Krugman, Paul. 2002. "For Richer. " *New York Times Magazine*, (October 20): 62 – 67, 76 – 77, 141 – 42.

Ladd, Everett C. 1996. "Civic Participation and American Democracy: The Data Just Don't Show Erosion of America's 'Social Capital. ' " *The Public Perspective* 7 (4, June-July): 1 – 22.

——. 1999. "Bowling with Tocqueville: Civic Engagements and Social Capital" *The Responsive Community* 9 (2, Spring): 11 – 21.

Laffont, Jean-Jacques, and Jean Tirole. 1993. *A Theory of Incentives in Procurement and Regulation*. Cambridge, Mass. : MIT Press.

Landa, Janet Tai. 1994. *Trust, Ethnicity, and Identity: Beyond the New Institutional Economics of Ethnic Trading Networks, Contract Law, and Gift Exchange*. Ann Arbor: University of Michigan Press.

Lane, Christel, and Reinhard Bachmann. 1996. "The Social Constitution of Trust: Supplier Relations in Britain and Germany. " *Organization Stud ies* 17（3）：365 –95.

Larson, Magali Sarfatti. 1977. *The Rise of Professionalism: A sociological Analysis*. Berkeley: University of California Press.

LaVeist, Thomas A. , and Amani Nuru-Jeter. 2002. "Is Doctor-Patient Race Concordance. Associated with Greater Satisfaction with Care? " *Journal of Health Social Behavior* 43 （3）：296 – 306.

Lawler, Edward J. , and Jeongkoo Yoon. 1998. "Network Structure and E-motion in Exchange Relations. " *American Sociological Review* 63 （6）：871 – 94.

Leblang, David A. 1996. "Property Rights, Democracy, and Economic Growth. " *Political Research Quarterly* （49）：5 – 26.

Leider, Peter J. , Ryan Solberg, and Thomas Nesbitt. 1997. "Family Physician Perception of Economic Incentives for the Provision of Office Procedures. " *Family Medicine* 29 （5）：318 – 20.

Leijonhufvud, Axel. 1995. "The Individual, the Market, and the Industrial Division of Labor. " In *L'Individuo e il mercato*, edited by Carlo Mongardini. Rome: Bulzoi.

Leik, Robert K. , and Sheila K. Leik. 1977. "Transition to Interpersonal Commitment. " In *Behavioral Theory in Sociology*, edited by Robert L. Hamblin and John H. Kunkel. New Brunswick, N. J. : Transaction.

Leisen, Birgit, and Michael R. Hyman. 2001. "An Improved Scale for Assessing Patients' Trust in Their Physician. " *Health Marketing Quarterly* 19 （1）：23 – 24

Lenin. Vladimir I. 1902/1963. *What Is to Be Done?* Translated by S. V. Utechin and Patricia Utechin. Oxford: Clarendon Press.

Levi. Margaret. 1988. *Of Rule and Revenue*. Berkeley: University of California Press.

——. 1990. "A Logic of Institutional Change. " In *The Limits of Rationali ty*, edited by Karen Schweers Cook and Margaret Levi. Chicago: University of Chicago Press.

——. 1996. "Social and Unsocial Capital: A Review Essay of Robert Putnam's Making Democracy Work. " *Politics and Society* 24 (1): 45 – 55.

——. 1997. *Consent, Dissent, and Patriotism.* Cambridge, U. K. : Cambridge University Press.

——. 1998. "A State of Trust. " In *Trust and Governance*, edited by Valerie Braithwaite and Margaret Levi. New York: Russell Sage Foundation.

——. 2000. "When Good Defenses Make Good Neighbors. " In *Institutions, Contracts, and Organizations: Perspectives form New Institutional Economics*, edited by Claude Menard. Colchester, Eng: Edward Elgar.

——. 2002. "The State of the Study of the State. " In *Political Science: State of the Discipline*, edited by Ira Katznelson and Helen Milner. New York: Norton, with the American Political Science Association.

——. Forthcoming. "Inducing Preferences Within Organizations. " In *Preferences and Situations: Points of Intersection Between Historical and Rational Choice Institutionalism*, edited by Ira Katznelson and Barry Weingast. New York: Russell Sage Foundation

Levi, Margaret, Matt Moe, and Theresa Buckley. 2004. "The Transaction Costs of Distrust: Labor and Management at the National Labor Relations Board. " In *Distrust*, edited by Russell Hardin. New York: Russell Sage Foundation

Levi, Margaret and David Olson. 2000. "The Battles in Seattle. " *Politics and Society* 28 (3): 217 – 37.

Levi, Margaret, and Laura Stoker. 2000. "Political Trust and Trustworthiness. " *Annual Review of Political Science* 3: 475 – 507.

Levin, Irwin P. , Edward A. Wasserman, and Shu-fang Kao. 1993. "Multiple Methods for Examining Biased Information Use in Contingency Judgments. " *Organizational Behavior and Human Decision Processes* 55: 228 – 50.

Levin, Jonathan. 2003. "Rational Incentive Contracts. " *American Economic Review* 93 (3): 835 – 57.

Lieberman, Evan S. 2003. *Race and Regionalism in the Politics of Taxation in Brazil and South Africa.* New York: Cambridge University Pres.

Light, Ivan. 1972. *Ethnic Enterprise in America.* Berkeley: University of California Press.

Lin, Nan. 2001. *Social Capital: A Theory of Social Structure and Action.* Cambridge, U. K. : Cambridge University Press.

Lipsky, Michael. 1980. *Street-Level Bureaucracy.* New York: Basic Books.

Little, Kenneth. 1965. *West African Urbanization: A Study of Voluntary Association in West African Urbanization.* Cambridge: Cambridge University Press.

Lloyd, G. E. R. , ed. 1950/1983. *Hippocratic Writings.* Harmondsworth, Eng. : Penguin.

Locke, John. 1690/1988. *Two Treatises of Government*, student ed. , edited by Peter Laslett. Cambridge, U. K. : Cambridge University Press.

Loewenstein, George. 1996. "Behavioral Decision Theory and Business Ethics: Skewed Trade-offs Between Self and Other. " In *Codes of Conduct: Behavioral Research into Business Ethics*, edited by David M. Messick and Ann E. Tenbrunsel. New York: Russell Sage Foundation.

Lomnitz, Larissa Adler, and Diana Sheinbaum. 2002. "Trust, Social Networks, and the Informal Economy: A Comparative Analysis. " Paper presented at Workshop 2, "Formal and Informal Cooperation," at the conference "Honesty and Trust: Theory and Experience in the Light of Post-Socialist Experience. " Collegium Budapest (November 23).

Lorenz, Edward H. 1988. "Neither Friends nor Strangers: Informal Networks of Subcontracting; in French Industry. " In *Trust: Making and Breaking Cooperative Relations*, edited by Diego Gambetta. Oxford: Blackwell.

Loury, Glenn C. 1977. " A Dynamic Theory of Racial Income Differences. " In *Women, Minorities, and Employment Discrimination*, edited by Phyllis A. Wallace and Annette LaMond. Lexington, Mass. : Lexington Books.

——. 1987. "Why Should We Care About Group Inequality?" *Social Philosophy and Policy* 5: 249 – 71.

Luban, David. 1988. *Lawyers and Justice: An Ethical Study*. Princeton, N. J. : Princeton University Press.

Luebke, Neil R. 1987. "Conflict of Interest as a Moral Category. " *Business and Professional Ethics Journal* 6 (Summer): 66 – 81.

Luhmann, Niklas. 1980. "Trust: A Mechanism for the Reduction of Social Complexity. " In *Trust and Power*, by Niklas Luhmann. New York: Wiley.

Luong Jones, Pauline, and ErikaWeinthal. 2004. "Contra Coercion: Russian Tax Reform, Exogenous Shocks, and Negotiated Institutional Change. " *American Political Science Review* 98 (1): 139 – 52.

Macauley, Stewart. 1963. "Noncontractual Relations in Business: A Preliminary Study. " *American Sociological Review* 28 (February): 55 – 67.

Mackie, Gerry. 2001. "Patterns of Social Trust in Western Europe and Their Genesis. " In *Trust in Society*, edited by Karen S. Cook. New York: Russell Sage Foundation.

Macneil, Ian R. 1980. *The New Social Contract: An Inquiry into Modern Contractual Relations*. New Haven, Conn. : Yale University Press.

Macrae, C. Neil, Miles Hewstone, and Riana J. Griffiths. 1993. "Processing Load and Memory for Stereotype-Based Information. " *European Journal of Social Psychology* 23 (1): 77 – 87.

Mahon, John K. 1983. *History of the Militia and the National Guard.* New York: Macmillan.

Malakoff, David, and MartinEnserink. 2003. "Researchers Await Government Response to Self-regulation Plea. " *Science* 302 (October 17): 368 – 69.

Malhotra, Deepak, and J. KeithMurnighan. 2002. "The Effects of Contracts on Interpersonal Trust. " *Administrative Science Quarterly* 47 (3): 534 – 59.

Mansbridge, Jane J. 1999. "Altruistic Trust. " In *Democracy and Trust,* edited by Mark Warren. Cambridge, U. K. : Cambridge University Press.

Mares, Isabela. 2003. *The Politics of Social Risk: Business and Welfare State Development.* New York: Cambridge University Press.

Marshall, Eliot. 1990. "When Commerce and Academe Collide" *Science* (new series) 248 (4952): 152 – 56.

Marx, Karl. 1852/1963. *The Eighteenth Brumaire of Louis Bonaparte.* New York: International Publishers.

Massey, Douglas S. 1986. "The Settlement Process Among Mexican Migrants to the United States. " *American Sociological Review* 51 (5): 670 – 84.

Maurice, Marc, François Sellier, and Jean-Jacques Silvestre. 1986. *The Social Foundations of Industrial Power: A Comparison of France and Germany.* Translated by Arthur Goldhammer. Cambridge, Mass. : MIT Press.

McAllister, Daniel J. 1995. "Special Research Forum: Intra-and Interorganizational Cooperation Affect-and Cognition-Based Trust as Foundations for Interpersonal Cooperation in Organizations. " *Academy of Management*

Journal 38（1）: 24 – 59.

McCabe, Kevin A. , Stephen J. Rassenti, and Vernon L. Smith. 1998. "Reciprocity, Trust, and Payoff Privacy in Extensive Form Bargaining. " *Games and Economic Behavior* 24（1）: 10 – 24.

McGill, Ann. 1996. " Responsibility Judgments and the Causal Background. " In *Codes of Conduct: Behavioral Research into Business Ethics*, edited by David M. Messick and Ann E. Tenbrunsel. New York: Russell Sage Foundation.

McKinlay, John B. , and Lisa D. Marceau. 2002. "The End of the Golden Age of Doctoring. " *International Journal of Health Services: Planning, Administration, Evaluation* 32（2）: 379 – 416.

McMillan, John, and Christopher Woodruff. 2000. "Private Order Under Dysfunctional Public Order. " *Michigan Law Review* 98（8）: 2421 – 58.

McWilliam, Carol L. , Judith Belle Brown, and Moira Stewart 2000. "Breast Cancer Patients' Experiences of Patient-Doctor Communication: A Working Relationship. " *Patient Education and Counseling* 39（2）: 191 – 204.

Mechanic, David. 1998a. "Managed Care, Rationing; and Trust in Medical Care. " *Journal of urban Health* 75（1）: 118 – 22.

———. 1998b. "The Functions and Limitations of Trust in the Provision of Medical Care. " *Journal of Health Politics, Policy, and Law* 23（4）: 661 – 86.

Mechanic, David, and Marsha Rosenthal. 1999. " Responses of HMO Medical Directors to Trust Building in Managed Care. " *Milbank Quarterly* 77（3）: 273, 283 – 303.

Mechanic, David, and Mark Schlesinger. 1996. "The Impact of Managed Care on Patients' Trust in Medical Settings. " *Journal of the American*

Medical Association 275: 1693.

Meeker, Barbara. 1994. "Performance Evaluation." in *Group Processes: Sociological Analyses*, edited by Margaret Foschi and Edward J. Lawler. Chicago: Nelson-Hall.

Meier, Nicholas, and Daryl Close Meier, eds. 1994. *Morality in Criminal Justice: An Introduction to Ethics*. Belmont, Calif.: Wadsworth.

Merimee, Prosper. 1840/1989. "Colomba." In *Carmen and Other Stories*, by Prosper Merimée. Oxford: Oxford University Press.

Merritt, Deborah Jones, and Kathryn Ann Barry. 1999. "Is the Tort System in Crisis? New Empirical Evidence." *Ohio State Law journal* 60 (2): 315–98.

Merton, Robert K. 1957/1968. *Social Theory and Social Structure*. 3rd ed. Glencoe, Ill.: Free Press.

Michaels, David, Eula Bingham, Les Boden. Richard Clapp, Lynn R. Goldman, PollyHoppin, Sheldon Krimsky, Celeste Monforton, David Ozonoff, and Anthony Robbins. 2002. "Editorial: Advice Without Dissent." *Science* (October 25): 703.

Michaels, David, and Wendy Wagner. 2003. "Disclosure in Regulatory Science." *Science* 302 (December 19): 2073.

Michels, Robert. 1919/1962. *Political Parties*. New York: Free Press.

Milgrom, Paul R., Douglass C. North, and Barry R. Weingast. 1990. "The Role of Institutions in the Revival of Trade: The Medieval Law Merchant, Private Judges, and the Champagne Fairs." *Economics and Politics* 2 (1): 1–23.

Milgrom, Stanley. 1967. "The Small World Problem." *Psychology Today* 1 (1): 60–67.

Mill, John Stuart. 1859/1977. *On Liberty*. In *Collected Works of John Stuart Mill*, vol. 18, edited by J. M. Robson. Toronto: University of Toronto Press.

Miller, Gary. 1992. *Managerial Dilemmas*. New York: Cambridge University Press.

———. 2000. "Why Is Trust Necessary in Organizations? The Moral Hazard of Profit Maximization." In *Trust in Society*, edited by Karen S. Cook. New York: Russell Sage Foundation.

———. 2004. "Monitoring, Rules, and the Control Paradox: Can the Good SoldierSvejk Be Trusted?" In *Trust and Distrust Within Organizations: Dilemmas and Approaches*, edited by Roderick M. Kramer and Karen S. Cook. New York: Russell Sage Foundation.

Miller, William Ian. 1990. *Bloodtaking and Peacemaking: Feud, Law, and Society in Saga Iceland*. Chicago: University of Chicago Press.

Minkel, J. R. 2002. "Reality Check: Alleged Fraud Gets Physicists Thinking About Misconduct." *Scientific American* (November): 20 – 22.

Mishler, William, and Richard Rose. 1997. "Trust, Distrust, and Skepticism: Popular Evaluations of Civil and Political Institutions in Post-Communist Societies." *Journal of Politics* 59 (2): 419 – 51.

Misztal. Barbara A. 1996. *Trust in Modern Societies: The Search for the Bases of Social Order*. Cambridge, U. K. : Polity Press.

Mitroff, Ian I. 1974. "Norms and Counternorms in a Select Group of the Apollo Moon Scientists: A Case Study of the Ambivalence of Scientists." *American Sociological Review* 39 (4): 579 – 95.

Mizruchi, Mark S. , and Linda Brewster Stearns. 2001. "Getting Deals Done: The Use of Social Networks in Bank Decisionmaking." *American Sociological Review* 66 (5): 647 – 71.

Mollering, Guido. 2002. "Perceived Trustworthiness and Interfirm Governance: Empirical Evidence from the U. K. Printing Industry." *Cambridge Journal of Economics* 26 (2): 139 – 60.

Molm, Linda D. 1997. "Risk and Power Use: Constraints on the Use of Coercion in Exchange." *American Sociological Review* 62 (1): 113 – 33.

Molm, Linda D. , and Karen S. Cook. 1995. "Social Exchange and Exchange Networks." In *Sociological Perspectives on Social Psychology*, edited by Karen S. Cook, Gary Alan Fine, and James S. House. Boston: Allyn and Bacon.

Molm, Linda, Nobuyuki Takahashi, and Gretchen Peterson. 2000. "Risk and Trust in Social Exchange: An Experimental Test of a Classical Proposition." *American Journal of Sociology* 105 (5): 1396 – 1427.

Montgomery, James D. 1999. "Adverse Selection and Employment Cycles." *Journal of Labor Economics* 17 (2): 281 – 97.

Montinola, Gabriella. 2004. "Corruption, Distrust, and the Deterioration of the Rule of Law." In *Distrust*, edited by Russell Hardin. New York: Russell Sage Foundation.

Moore, Sally Falk. 1978. *Law as Process: An Anthropological Approach.* London: Routledge & Kegan Paul.

Morduch, Jonathan. 1999. "The Role of Subsidies in Microfinance: Evidence from the Grameen Bank." *Journal of Development Economics* 60 (1): 228 – 48.

Morgan, Edmund S. 1999. "Just Say No." Review of Garry Wills, A Necessary Evil: *A History of American Distrust of Government. New York Review of Books* (November 18): 39 – 41.

Mueller, John. 1999. *Capitalism, Democracy, and Ralph's Pretty Good Grocery.* Princeton, N. J. : Princeton University Press.

Muldrew, Craig. 1993. "Interpreting the Market: The Ethics of Credit and Community Relations in Early Modern England." *Social History* 18 (2): 163 – 83.

Murnighan, J. Keith, Deepak Malhotra, and J. Mark Weber. 2004. "Paradoxes of Trust: Empirical and Theoretical Departures from a Traditional Mode." In *Trust and Distrust Within Organizations: Emerging Perspectives, Enduring Questions*, edited by Roderick M. Kramer and Karen S. Cook. New York: Russell Sage Foundation.

National Center for Health Statistics. 2002. *Health, United States, 2002*. Hyattsville, Md.: National Center for Health Statistics.

Nature. 2003. "Survey Reveals Mixed Feelings over Scientific Misconduct." *Nature* 424 (July 10): 117.

Nee. Victor, and Rebeccah Matthews. 1996. "Market Transition and Societal Transformation in Reforming State Socialism." *Annual Review of Sociology* 22: 401 – 35.

Nee, Victor, and Brett deBar'y Nee. 1973. *Longtime Californ': A Documentary Study of an American Chinatown*. New York: Pantheon.

Nee, Victor, andJimy Sanders. 2000. "Trust in Ethnic Ties: Social Capital and Immigrants." In *Trust in Society*, edited by Karen S. Cook. New York: Russell Sage Foundation.

Nelson, Bruce. 1988. *Workers on the Waterfront: Seamen, Longshoremen, and Unionism in the 1930s*. Urbana: University of Illinois Press.

Ness, Immanual. 1998. "Organizing Immigrant Communities: UNITE's Workers Center Strategy." In *Organizing to Win*, edited by Kate Bronfenbrenner, Sheldon Friedman, Richard W. Hurd, Rudolph Oswald, and Ronald L. Seeber. Ithaca, N. Y.: ILR Press, an imprint of Cornell University Press.

Nesse, Randolph M., ed. 2003. *The Evolution of Commitment*. New York: Russell Sage Foundation.

Neustadt, Richard E. 1980/1990. *Presidential Power and the Modern Presidents: The Politics of Leadership from Roosevelt to Reagan*. Rev. ed. New

York: Free Press.

Newton, Kenneth. 1999. "Social and Political Trust." In *Critical Citizens: Global Support for Democratic Government*, edited by Pippa Norris. New York: Oxford University Press.

Newton, Kenneth, and Pippa Norris. 2000. "Confidence in Public Institutions: Faith, Culture, or Performance." In *Disaffected Democracies*, edited by Susan Pharr and Robert Putnam. Princeton. N. J. : Princeton University Press.

Nisbett, Richard, and Dov Cohen. 1996. *Culture of Honor*. Boulder, Colo. : Westview.

Norris, Pippa, ed. 1999. *Critical Citizens: Global Support for Democratic Government*. New York: Oxford University Press.

——. 2002. *Democratic Phoenix: Reinventing Political Activism*. New York: Cambridge University Press.

North, Douglass. 1981. *Structure and Change in Economic History*. New York: Norton.

——. 1990. *Institutions, Institutional Change, and Economic Performance*. Cambridge, U. K. : Cambridge University Press.

North, Douglass C. , and Barry R. Weingast. 1989. "Constitutions and Commitment: The Evolution of Institutions Governing Public Choice in Seventeenth-Century England. " *Journal of Economic History* 49 (4) : 803 – 32.

Offe, Claus. 1999. "How Can We Trust Our Fellow Citizens?" In *Democracy and Trust*, edited by Mark E. Warren. New York: Cambridge University Press.

Olson, Mancur, Jr. 1965. *The Logic of Collective Action*. Cambridge, Mass. : Harvard University Press.

——. 1982. *The Rise and Decline of Nations*. New Haven, Conn. : Yale

University Press.

——. 1993. "Dictatorship, Democracy, and Development." *American Political Science Review* 87 (3): 567 – 76.

Orbell, John M., and Robyn M. Dawes. 1993. "Social Welfare, Cooperators' Advantage, and the Option of Not Playing the Game." *American Sociological Review*, 58 (6): 787 – 800.

Ostrom, Elinor. 1990. *Governing the Commons, The Evolution of Institutions for Collective Action.* New York: Cambridge University Press.

——. 1998. "A Behavioral Approach to the Rational Choice Theory of Collective Action." *American Political Science Review* 92 (1): 1 – 22.

Ostrom, Elinor, and T. K. Ahn, eds. 2003. *Foundations of Social Capital.* Cheltenham, Eng. : Edward Elgar.

Pagden, Anthony. 1988. "The Destruction of Trust and Its Economic Consequences in Eighteenth-Century Naples." *In Trust: Making and Breaking Cooperative Relations*, edited by Diego Gambetta. New York: Blackwell.

Palay, Thomas M. 1985. "Avoiding Regulatory Constraints: Contracting Safeguards and the Role of Informal Agreements" *Journal of Law, Economics, and Organizations* 1 (1): 155 – 75.

Palca, Joseph. 1992. "Lead Researcher Confronts Accusers in Public Hearing." *Science* (April 24): 437 – 38.

Papon, Pierre. 2003. "Editorial: A Challenge for the EU" *Science* (August 1): 565.

Parsons, Talcott. 1937/1968. *The Structure of Social Action.* New York: Free Press.

Pearson. Steven D. , and TraceyHyams. 2002. "Talking About Money: How Primary Care Physicians Respond to a Patient's Question About Financial Incentives." *Journal of General Internal Medicine* 17 (1):

75 – 79.

Peel, Mark. 1995. *Good Times*, *Hard Times*. Melbourne, Aust. : Melbourne University Press.

———. 1998. "Trusting Disadvantaged Citizens. " In *Trust and Governance*, edited by Valerie Braithwaite and Margaret Levi. New York: Russell Sage Foundation.

Peirce, Charles Sanders. 1935. *Scientific Metaphysics*, vol. 6 of *Collected Papers of Charles Sanders Peirce*, edited by Charles Hartshorne and Paul Weiss. Cambridge, Mass. : Harvard University Press.

Pereira, Alexius A. 2000. "State Collaboration with Transnational Corporations: The Case of Singapore's Industrial Programs (1965 – 1999). " *Competition and Change* 4 (4): 1 – 29.

Perrow, Charles. 1972. *Complex Organizations: A Critical Essay*. Glenview, Ill. : Scott, Foresman.

Peterson, Charles H. , Stanley D. Rice, Jeffrey W. Short, Daniel Esler, James L. Bodkin, Brenda Ballachey, and David B. Irons. 2003. "Long-term Ecosystem Response to the Exxon Valdez Oil Spill. " *Science* 302 (December 19): 2082 – 86.

Pettit, Philip. 1995. "The Cunning of Trust. " *Philosophy and Public Affairs* 24: 202 – 25.

Pharr, Susan J. 2000. "Officials' Misconduct and Public Distrust: Japan and the Trilateral Democracies. " In *Disaffected Democracies*, edited by Susan J. Pharr and Robert D. Putnam. Princeton, N. J. : Princeton University Press.

Pharr, Susan J. , and Robert D. Putnam, eds. 2000. *Disaffected Democracies: What's Troubling the Trilateral Democracies*. Princeton, N. J. : Princeton University Press.

Philpott, Stuart B. 1968. "Remittance Obligations, Social Networks, and

Choice Among Montserratian Migrants in Britain. " *Man* 3 (3): 465 – 76.

Pinney, Neil, and John T. Scholz. 1995. "Duty, Fear, and Tax Compliance: The Heuristic Basis of Citizenship Behavior. " *American Journal of Political Science* 39: 490 – 512.

Popkin, Samuel. 1991. *The Reasoning Voter.* Chicago: University of Chicago Press.

Portes, Alejandro, and Saskia Sassen-Koob. 1987. "Making It Underground: Comparative Material on the Informal Sector in Western Market Economies. " *American Journal of Sociology* 93 (July): 30 – 61

Portes, Alejandro, and Julia Sensenbrenner. 1993. "Embeddedness and Immigration: Notes on the Social Determinants of Economic Action. " *American Journal of Sociology* 98 (6): 1320 – 50.

Posner, Richard. 1980. "A Theory of Primitive Society, with Special Reference to Law. " *Journal of Law and Economics* 23 (1): 1 – 53.

Prendergast, Canice. 1999. "The Provision of Incentives in Firms. " *Journal of Economic Literature* 37 (1): 7 – 63.

Przeworski, Adam, Susan C. Stokes, and Bernard Manin, eds. 1999. *Democracy, Accountability, and Representation.* New York: Cambridge University Press.

Putnam, Robert. 1993a. *Making Democracy Work: Civic Traditions in Modern Italy.* Princeton, N. J. : Princeton University Press.

——. 1993b. "The Prosperous Community: Social Capital and Public Life. " *American Prospect* 13: 35 – 42.

——. 1995a. "Tuning In, Tuning Out: The Strange Disappearance of Social Capital in America. " *PS: Political Science and Politics* 28 (4): 664 – 83.

——. 1995b. "Bowling Alone: America's Declining Social Capital. " *Jour-*

nal of Democracy 6 (1, January): 65 – 78.

——. 2000. *Bowling Alone: The Collapse and Review of American Community*. New York: Simon & Schuster.

Quirk, Paul. 1990. "Deregulation and the Politics of Ideas in Congress." In *Beyond Self-interest*, edited by Jane J. Mansbridge. Chicago: University of Chicago Press.

Radaev, Vadim. 2002. "Entrepreneurial Strategies and the Structure of Transaction Costs in Russian Business." *Problems of Economic Transition* 44 (12): 57 – 84.

——. 2004a. "Coping with Distrust in the Emerging Russian Markets." In *Distrust*, edited by Russell Hardin. New York: Russell Sage Foundation.

——. 2004b. "How Trust Is Established in Economic Relationships When Institutions and Individuals Are Not Trustworthy: The Case of Russia." In *Building a Trustworthy State in Post-Socialist Transition*, edited by Janos Kornai and Susan Rose-Ackerman. New York: Palgrave Macmillan.

Rahn, Wendy, John Brehm, and Neil Carlson. 1999. "National Elections as Institutions for Generating Social Capital." In *Civic Engagement in American Democracy*, edited by Theda Skocpol and Morris P. Fiorina. Washington, D. C. , and New York: Brookings Institution and Russell Sage Foundation.

Rahn, Wendy, and Thomas J. Rudolph. 2000. *Report on the NES* 2000 *Pilot Election Items*. Ann Arbor, Mich. : National Election Studies.

Raiser, Martin, AlanRousso, and Franklin Steves. 2004. "Measuring Trust in Transition: Preliminary Findings from Twenty-six Transition Economies." In *Building a Trustworthy State in Post-Socialist Transition*, edited by Janos Kornai and Susan Rose-Ackerman. New York: Palgrave Macmillan.

Rappoport, Alfred. 1999. "New Thinking on How to Link Executive Pay with Performance. " *Harvard Business Review* (March-April): 91 – 101.

Raub, Werner, and Jeroen Weesie. 2000. "Cooperation Via Hostages. " *Analyse und Kritik* 22: 19 – 43.

Rebitzer, James B. 1995. "Is There a Trade-off Between Supervision and Wages? An Empirical Test of Efficiency Wage Theory. " *Journal of Economic Behavior and Organization* 28 (1): 107 – 29.

Reiss, Albert J. 1971. *The Police and the Public.* New Haven, Conn. : Yale University Press.

Richardson. Laurel. 1988. "Secrecy and Status: The Social Construction of Forbidden Relationships. " *American Sociological Review* 53 (2): 209 – 19

Ridgeway. Cecilia, and Henry Walker. 1995. "Status Structures" In *Sociological Perspectives on Social Psychology*, edited by Karen S. Cook, Gary Alan Fine, and James House. Boston: Allyn and Bacon.

Roberts, M. D. 1967. *The Persistence of Interpersonal Trust.* Storrs: University of Connecticut.

Rodwin. M. A. 1992. "The Organized American Medical Profession's Response to Financial Conflicts of Interest: 1890 – 1992. " *Milbank Quarterly* 70 (4): 703 – 41.

Roniger, Luis. 1990. *Hierarchy and Trust in Modern Mexico and Brazil.* New York: Praeger.

Root. Hilton. L. 1989. "Tying the King's Hands: Credible Commitments and Royal Fiscal Policy During the Old Regime. " *Rationality and Society* 1: 240 – 58.

Rose, Richard. 1994. "Postcommunism and the Problem of Trust. " *Journal of Democracy* 5 (3); 18 – 30.

Rose, Richard, WilliamMishler, and Christian Haerpfer. 1998. *Democracy and Its Alternatives: Understanding Post-Communist Societies.* Baltimore:

Johns Hopkins University Press.

Rose-Ackerman, Susan. 2001. "Trust and Honesty in Post-Socialist Societies." *Kyklos* 54 (2 –3): 415 –43.

Rotenburg, Ken J. 1995. "The Socialization of Trust: Parents' and Children's Interpersonal Trust." *International Journal of Behavioral Development* 18 (4): 713 –26.

Rothstein. Bo. 2001. "The Universal Welfare State as a Social Dilemma." *Rationality and Society* 13 (2): 213 –33.

——. 2004. "Social Trust and Honesty in Government: A Causal Mechanisms Approach." In*Building a Trustworthy State in Post-Socialist Transition*, edited by Janos Kornai and Susan Rose-Ackerman. New York: Palgrave Macmillan.

Rothstein, Bo, andDietlind Stolle. 2003. "Social Capital, Impartiality, and the Welfare State: An Institutional Approach." In *Generating Social Capital: The Role of Voluntary Associations, Institutions, and Government Policy*, edited by Dietland Stolle and Marc Hooghe. New York: Palgrave Macmillan.

Rotter, Julian B. 1967. "A New Scale for the Measurement Interpersonal Trust." *Journal of Personality* 35 (4): 651 –65.

——. 1971. "Generalized Expectancies for Interpersonal Trust." *American Psychologist* 26 (5): 443 –50.

——. 1980. "Interpersonal Trust, Trustworthiness, and Gullibility." *American Psychologist* 35 (1): 1 –7.

Safran, Dana Gelb, Mark Kosinski, Alvin R. Tarlov, William H. Rogers, Deborah A. Taira, Naomi Lieberman, and John E. Ware. 1998. "The Primary Care Assessment Survey: Tests of Data Quality and Measurement Performance." *Medical Care* 36: 728.

Saha, Somnath, Miriam Komaromy, Thomas Koepsell, and Andrew S.

Bindman. 1998. "Patient-Physician Racial Concordance and the Perceived Quality and Use of Health Care." *Archives of Internal Medicine* 159: 997 – 1004.

Sanders, Jimy, and Victor Nee. 1987. "Limits of Ethnic Solidarity in the Enclave Economy." *American Sociological Review* 52 (6): 745 – 73.

Sanders, Will. 1994. "Reconciling Public Accountability and Aboriginal Self-determination/Self-management: Is ASTIC Succeeding?" *Australian Journal of Public Administration* 53 (4): 475 – 88.

Schelling, Thomas C. 1978. *Micromotives and Macrobehavior*. New York: Norton.

——. 2001. "Commitment: Deliberate VersusInvoluntary." In *Evolution and the Capacity for Commitment*, edited by Randolph M. Nesse. New York: Russell Sage Foundation.

Schmitt, Frederick F., ed. 1994. *Socializing Epistemology: The Social Dimensions of Knowledge*. Lanham: Rowman and Littlefield.

Scholz, John T. 1984. "Cooperation, Deterrence, and the Ecology of Regulatory Enforcement." *Law and Society Review* 18 (2): 179 – 224.

——. 1998. "Trust, Taxes, and Compliance." In*Trust and Governance*: edited by Valerie Braithwaite and Margaret Levi. New York: Russell Sage Foundation.

Scholz, John T., and Mark Lubell. 1998. "Adaptive Political Altitudes: Duty, Trust, and Fear as Monitors of Tax Policy." *American Journal of Political Science* 42 (3): 903 – 20.

Schwartz, Al. 1996. "Will Competition Change the Physician Workforce? Early Signals from the Market." *Academic Medicine: Journal of the Association of American Medical Colleges* 71 (1): 15 – 22.

Schwartz, Warren F., Keith Baxter, and David Ryan. 1984. "The Duel: Can These Gentlemen Be Acting Efficiently?" *Journal of Legal Studies* 13

(June): 321 –55.

Scott, W. Richard. 1965. "Reactions to Supervision in a Heteronomous Professional Organization." *Administrative Science Quarterly* 10 (June): 65 –81.

Searle, Eleanor. 1988. *Predatory Kinship and the Creation of Norman Power*, 840 –1066. Berkeley: University of California Press.

Seidman, Gay. 1994. *Manufacturing Militance: Workers' Movements in Brazil and South Africa*, 1970 – 1985. Berkeley: University of California Press.

Seligman, Adam. 1997. *The Problem of Trust.* Princeton, N. J. : Princeton University Press.

Service, Robert F. 2002. "Breakdown of the Year: Physics Fraud." *Science* (December 20): 2303.

Sewell, Graham. 1998. "The Discipline of Teams: The Control of Team-Based Industrial Work Through Electronic and Peer Surveillance." *Administrative Science Quarterly* 43 (2): 397 – 428.

Sewell, Graham, and Barry Wilkinson. 1992, "Someone to Watch over Me: Surveillance, Discipline, and the Just-in-Time Labor Process." *Sociology* 26 (2): 271 –98.

Shamir, Boas, and YaelLapidot. 2003. "Trust in Organizational Superiors: Systemic and Collective Considerations." *Organization Studies* 24 (3): 463 –91.

Shanteau, James, and Paul Harrison. 1987. "The Perceived Strength of an Implied Contract: Can It Withstand Financial Temptation?" *Organizational Behavior and Human Decision Processes* 49 (1): 1 –21.

Shortell, Stephen M. , Teresa M. Waters, Kenneth W. B. Clarke, and Peter P. Budetti. 1998. "Physicians as Double Agents: Maintaining Trust in an Era of Multiple Accountabilities." *Journal of the American Medical*

Association 280 (12): 1102 – 08.

Simmel, Georg. 1902/1964. "The Metropolis and Mental Life. " In *The Sociology of Georg Simmel*, edited by Kurt H. Wolff. New York: Free Press.

——. 1908/1955. *Conflict and the Web of Croup Affiliations.* New York: Free Press.

Simon, Herbert A. 1947. *Administrative Behavior.* New York: Macmillan.

Singer, Eleanor. 1981. "Reference Groups and Social Evaluations. " In *Social Psychology: Sociological Perspectives*, edited by Morris Rosenberg and Ralph H. Turner. New York: Basic Books.

Singleton, Sara. 1998. *Constructing Cooperation: The Evolution of Institutions of Comanagement.* Ann Arbor: University of Michigan Press.

Sitkin, Sim B. , and Darryl Stickel. 1996. "The Road to Hell: The Dynamics of Distrust in an Era of Quality. " In *Trust in Organizations: Frontiers of Theory and Research*, edited by Roderick M. Kramer and Tom R. Tyler. Thousand Oaks, Calif. : Sage Publications.

Skocpol, Theda. 1997. "The Tocqueville Problem: Civic Engagement in American Democracy. " *Social Science History* 21 (4): 455 – 79.

——. 2003. *Diminished Democracy: From Membership to Management in American Civic Life.* Norman: University of Oklahoma Press.

Skocpol, Theda, Marshall Ganz, Ziad Munson, Bayliss Camp, Michele Swers, and Jennifer Oser. 1999. "How Americans Became Civic. " In *Civic Engagement in American Democracy*, edited by Theda Skocpol and Morris P. Fiorina. Washington, D. C. , and New York: Brookings Institution and Russell Sage Foundation.

Slemrod, Joel. 2003. "Trust in Public Finance. " In *Public Finances and Public Policy in the New Millennium*, edited by Sijbren Cnossen and Hans-Werner Sinn. Cambridge, Mass. : MIT Press.

Smith, Adam. 1776/1976. *An Inquiry into the Nature and Causes of the Wealth of Nations.* Oxford: Oxford University Press; reprint, Indianapolis, Ind. : Liberty Classics, 1981.

Snijders, Chris, and Vincent Buskens. 2001. "How to Convince Someone That You Can Be Trusted? The Role of 'Hostages' ." *Journal of Mathematical Sociology* 25 (4): 355 – 83.

Solzhenitsyn, Alexander. 1977. *Lenin in Zurich: Chapters.* Translated by T. H Willetts. New York: Bantam Books.

Stahl, Charles W. , and Fred Arnold. 1986. "Economic Causes, Roles, and Consequences of Temporary Worker Migrations Overseas Workers' Remittances in Asian Development. " *International Migration Review* 20 (4): 899 – 925.

Standifird, Stephen S. 2001. "Reputation and E-commerce: eBay Auctions and the Asymmetrical Impact of Positive and Negative Ratings. " *Journal of Management* 27 (3): 279 – 95.

Steingraber, Sandra. 1998. *Living Downstream: An Ecologist Looks at Cancer.* Cambridge, Mass. : Perseus.

Stewart, Frank Henderson. 1994. *Honor.* Chicago: University of Chicago Press.

Stiglitz, Joseph E. 1987. "The Causes and Consequences of the Dependence of Quality on Price. " *Journal of Economic Literature* 25 (1): 1 – 48.

Stinchcombe, Arthur L. 1999. "Ending Revolutions and Building New Governments. " *Annual Review of Political Science* 2: 49 – 73.

Stokes, Susan C. 2001a. *Mandates and Democracy: Neoliberalism by Surprise in Latin America.* New York: Cambridge University Press.

——, ed. 2001b. *Public Support for Market Reforms in New Democracies.* New York: Cambridge University Press.

Strickland, Lloyd H. 1958. "Surveillance and Trust." *Journal of Personality* 26 (June): 200 – 15.

Sturm, Roland. 2002. "Effect of Managed Care and Financing on Practice Constraints and Career Satisfaction in Primary Care." *Journal of American Board of Family Physicians* 15 (5): 367 – 77.

Surowiecki, James. 2003. "In Wall Street We Trust." *New Yorker* (May 26): 40.

Swenson, Peter. 2002. *Capitalists Against Markets*. New York: Oxford.

Sztompka, Piotr. 1996. "Trust and Emerging Democracy." *International Sociology* 11 (1): 37 – 62.

——. 1998. "Trust, Distrust, and Two Paradoxes of Democracy." *European Journal of Social Theory* 1 (1): 19 – 32.

——. 1999. *Trust*. New York: Cambridge University Press.

Tamanaha, Brian Z. 1995. "The Lessons of Law-and-Development Studies." *American Journal of International Law*. 89 (2, April): 470 – 86.

Tarrow, Sidney. 1996. "Making Social Science Work Across Space and Time: A Critical Reflection on Robert Putnam's *Making Democracy Work*." *American Political Science Review* 90 (2): 389 – 97.

——. 2000. "Mad Cows andActivists: Contentious Politics in the Trilateral Democracies." In *Disaffected Democracies: What's Troubling the Trilateral Democracies*, edited by Susan Pharr and Robert Putnam. Princeton, N. J. : Princeton University Press.

Taylor, Michael. 1982. *Community, Anarchy, and Liberty*. Cambridge, U. K. : Cambridge University Press.

——, ed. 1988. *The Rationality of Revolution*. New York: Cambridge University Press.

Thelen, Kathleen. 2004. *How Institutions Evolve: The Political Economy of*

Skills in Comparative-Historical Perspective. New York: Cambridge University Press.

Thom, David H. , Kurt M. Ribisl, Anita L. Stewart, and Douglas A. Luke. 1999. "Further Validation and Reliability Testing of the Trust in Physician Scale. " *Medical Care* 37 (5, May): 510 – 17.

Thucydides. 431 B. C. E. /1972. *History of the Peloponnesian War*, translated by Richard Crawley. Baltimore: Penguin Books.

Tilly, Charles. 1998. *Durable Inequality.* Berkeley: University of California Press.

——. 2004. "Social Boundary Mechanisms. " *Philosophy of the Social Sciences* 34: 211 – 36.

——. 2005. *Trust and Rule.* New York: Cambridge University Press.

Tocqueville, Alexis de. 1835/1990. *Democracy in America.* Vol. 1. New York: Vintage.

——. 1840/1990. *Democracy in America.* Vol. 2. New York: Vintage.

Troy, Patrick. 2004. " Distrust and the Development of Urban Regulations. " In *Distrust*, edited by Russell Hardin. New York: Russell Sage Foundation.

Tsai. Kellee S. 1998. "A Circle of Friends, a Web of Troubles: Rotating Credit Associations in China. " *Harvard China Review* 1 (1): 81 – 83.

Tsoukas, Haridimos. 1997. "The Tyranny of Light: The Temptations and the Paradoxes of the information Society. " *Futures* 29: 827 – 43.

Tyler, Tom R. 1990a. "Justice, Self-interest, and the Legitimacy of Legal and Political Authority. " In *Beyond Self-interest*, edited by Jane Mansbridge. Chicago: University of Chicago Press.

——. 1990b. *Why People Obey the Law.* New Haven, Conn. : Yale Press. Yale University Press.

——. 1998. "Trust and Democratic Government" In *Trust and Govern-*

ance, edited by Valerie Braithwaite and Margaret Levi. New York: Russell Sage Foundation.

——. 2001. "Why Do People Rely on Others? Social Identity and the Social Aspects of Trust. " In *Trust in Society*, edited by Karen S. Cook. New York: Russell Sage Foundation.

Tyler. Tom R. , and PeterDegoey. 1996. "Trust in Organizational Authorities: The Influence of Motive Attributions on Willingness to Accept Decisions. " In *Trust in Organizations: Frontiers of Theory and Research*, edited by Roderick Kramer and Tom R. Tyler. Thousand Oaks. Calif. : Sage Publications.

Tyler. Tom R. , and Yuen J. Huo. 2002. *Trust in the Law: Encouraging Public Cooperation with the Police and Courts*. New York: Russell Sage Foundation.

Ullmann-Margalit, Edna. 2004. "Trust, Distrust, and in Between. " In *Distrust*, edited by Russell Hardin. New York: Russell Sage Foundation.

Uslaner, Eric M. 2002. *The Moral Foundations of Trust*. Cambridge: Cambridge University Press.

Uzzi. Brian. 1996. "The Sources and Consequences of Embeddedness for the Economic Performance of Organizations: The Network Effect. " *American Sociological Review* 61 (4): 674 – 98.

——. 1999. "Embeddedness in the Making of Financial Capital: How Social Relations and Networks Benefit Firms Seeking Financing. " *American Sociological Review* 64 (August): 481 – 505.

Varese, Federico. 2000. "There Is No Place Like Home: How Mafia Finds It Difficult to Expand from Its Geographical Place. " *Times Literary Supplement* (February 23): 3 – 4.

——. 2001. *The Russian Mafia: Private Protection in a New Market Economy*. Oxford: Oxford University Press.

——. 2004. "Mafia Transplantation" In *Building a Trustworthy State in Post-Socialist Transition*, edited by Janos Kornai and Susan Rose-Ackerman. New York: Palgrave Macmillan.

Varshney, Ashutosh. 2002. *Ethnic Conflict and Civic Life*. New Haven, Conn. ; Yale University Press.

Veatch, Robert. 1972. "Medical Ethics: Professional or Universal?" *Harvard Theological Review* 65 (4, October): 531 – 59.

Velez-Ibanez, Carlos G. 1983. *Bonds of Mutual Trust: The Cultural Systems of Rotating Credit Associations Among Urban Mexicans and Chicanos*. New Brunswick, N. J. : Rutgers University Press.

Volkov, Vadim. 2002. *The Monopoly of Force*. Ithaca, N. Y. : Cornell University Press .

Wagenaar, Willem A. 1996. "The Ethics of Not Spending Money on Safety. " In *Codes of Conduct: Behavioral Research into Business Ethics*, edited by David M. Messick and Ann E. Tenbrunsel. New York: Russell Sage Foundation.

Waldinger, Roger. 1986. "Immigrant Enterprise: A Critique and Reformulation. " *Theory and Society* 15 (1 – 2, special double issue, "Structures of Capital"): 249 – 85.

Warren, Christian. 2000. *Brush with Death: A Social History of Lead Poisoning*. Baltimore: Johns Hopkins University press.

Warren, Mark E. 1999. "Democratic Theory and Trust. " In *Democracy and Trust*, edited by Mark Warren. Cambridge, U. K. : Cambridge University Press.

Wason, P. C. 1960. "On the Failure to Eliminate Hypotheses in a Conceptual Task. " *Quarterly Journal of Experimental Psychology* 12: 129 – 40.

Watts, Duncan J. 2003. *Six Degrees: The Science of a Connected Age*. New

York: Norton.

Watts, Jonathan. 2002. "Japan's Newest Star: A Chemist. " *Christian Science Monitor*, November 4.

Weatherford, M. Stephen. 1987. "How Does Government Performance Influence Political Support?" *Political Behavior* 9: 5 – 28.

Weber, Elke U. , Christopher K. Hsee, and Joanna Sokolowska. 1998. "What Folklore Tells Us About Risk and Risk-Taking: Cross-cultural Comparisons of American, German, and Chinese Proverbs. " *Organization Behavior and Human Decision Processes* 75 (2): 170 – 86.

Weber, Eugen. 1976. *Peasants into Frenchmen: The Modernization of Rural France*, 1870 – 1914. Palo Alto, Calif. : Stanford University Press.

Weber, Max. 1968. *Economy and Society*, edited by Guenther Roth and Claus Wittich. Berkeley: University of California Press.

Weick, Karl. 1969. *The Social Psychology of Organization*. Reading, Mass. : Addison-Wesley.

Weingast. Barry R. 1997. "The Political Foundations of Democracy and the Rule of Law. " *American Political Science Review* 91 (2): 245 – 63.

Weiss, Andrew. 1990. *Efficiency Wages: Models of Unemployment, Layoffs, and Wage Dispersion*. Princeton, N. J. : Princeton University Press.

Weiss, P. 2004. "Two New Elements Made. " *Science News*, February 7, 84.

Weissman, Marsha, and Candace Mayer LaRue. 1998. "Earning Trust from Youths with None to Spare. " *Child Welfare* 77 (5): 579 – 94.

Wellman, Barry, ed. 1998. *Networks in the Global Village*. Boulder, Colo. : Westview.

Westacott, George H. , and Lawrence K. Williams. 1976. "Interpersonal Trust and Modern Attitudes in Peru. " *International Journal of Contemporary Society* 13: 117 – 37.

Whiteley, Paul F. 2000. "Economic Growth and Social Capital." *Political Studies* 48 (3): 443–66.

Whiteley, Richard D., Alan Thomas, and Jane Marceau. 1981. *Masters of Business? Business Schools and Business Graduates in Britain and France.* London: Tavistock.

Whiting, Susan. 1998. "The Mobilization of Private Investment as a Problem of Trust in Local Governance Structures." In *Trust and Governance*, edited by Valerie Braithwaite and Margaret Levi. New York: Russell Sage Foundation.

——. 2000. *Power and Wealth in Rural China.* New York: Cambridge University Press.

Widner, Jennifer A. 2001. *Building the Rule of Law.* New York: Norton.

Wielers, Rudi. 1997. "The Wages of Trust: The Case of Child Minders." *Rationality and Society* 9 (3): 351–72.

Wiener, Jon. 2002. "Fire at Will: How the Critics Shot Up MichaelBellesisles's Book A*rming America.*" *The Nation* (November 4): 28–32.

Wilkinson, Steven 2004. *Voles and Violence: Electoral Competition and Ethnic Riots in India.* New York: Cambridge University press

Williamson Oliver E. 1975. *Markets and Hierarchies.* New York: Free Press.

——. 1980. "The Organization of Work." *Journal of Economic Behavior and Organization* 1: 5–38.

——. 1985. *The Economic Institutions of Capitalism.* New York: The Free Press.

——. 1993. "Calculativeness, Trust, and Economic Organization." *Journal of Law and Economics* 36 (1, pt. 2): 453–86.

——. 1996. *The Mechanisms of Governance.* New York: Oxford University

Press.

Wills, Garry. 1999. *A Necessary Evil：A History of American Distrust of Government.* New York：Simon & Schuster.

Wilson, William Julius. 1987. *The Truly Disadvantaged.* Chicago：University of Chicago Press.

Windt, Peter, Peter C. Appleby, Margaret P. Battin, Leslie P. Francis, and Bruce M. Landesman, eds. 1989. *Ethical Issues in the Professions.* Englewood Cliffs, N. J. ：Prentice-Hall.

Wintrobe, Ronald. 1995. "Some Economics of Ethnic Capital Formation and Conflict. " In *Nationalism and Rationality*, edited by Albert Breton, Gianluigi Galeotti, Pierre Salmon, and Ronald Wintrobe. Cambridge：Cambridge University Press.

Wissow, Lawrence S. , Susan M. Larson, Debra Roter, Mei-Cheng Wang, Wei-Ting Hwang, Xianghua Luo, Rachel Johnson, Andrea Gielen, Modena H. Wilson, and Eileen McDonald. 2003. "Longitudinal Care Improves Disclosure of Psychosocial Information. " For the SAFE Home Project. *Archives of Pediatric and Adolescent Medicine* 157（5）：419 – 24.

World Bank. 1993. *The East Asian Miracle：Economic Growth and Public Policy.* New York：Oxford University Press.

Wright, ThomasL. 1972. *Situational and Personality Parameters of Interpersonal Trust in a Modified Prisoner's Dilemma Game.* Storrs：University of Connecticut.

Wright, Thomas L. , and Richard G. Tedeschi. 1975. "Factor Analysis of the Interpersonal Trust Scale. " *Journal of Consulting and Clinical Psychology* 43（4）：470 – 77.

Yamagishi, Toshio. 2001. "Trust as a Form of Social Intelligence. " In *Trust in Society*, edited by Karen S. Cook. New York：Russell Sage Foundation.

Yamagishi, Toshio, and Karen S. Cook. 1993. "Generalized Exchange and Social Dilemmas." *Social Psychology Quarterly* 56 (4): 235 – 48.

Yamagishi, Toshio, Masako Kikuchi, and MotokoKosugi. 1999. "Trust, Gullibility, and Social Intelligence." *Asian Journal of Social Psychology* 2 (1): 145 – 61.

Yamagishi, Toshio, Masafumi Matsuda, Noriaki Yoshikai, Hiroyuki Takahashi, and Yukihiro Usui. 2003. "Solving Lemons Problem with Reputation: An Experimental Study of Online Trading." Working paper CE-FOM/21. Sapporo, Japan: Hokkaido University.

Yamagishi, Toshio, and Midori Yamagishi. 1994. "Trust andCommitment in the United States and Japan." *Motivation and Emotion* 18 (2): 129 – 66.

Yoon, In-Jin. 1991. "The Changing Significance of Ethnic and Class Resources in Immigrant Businesses: The Case of Korean Immigrant Businesses in Chicago." *International Migration Review* 25 (2): 303 – 32.

Young-Ybarra, Candace, and MargaretheWiersema. 1999. "Strategic Flexibility in Information Technology Alliances: The Influence of Transaction Cost Economics and Social Exchange Theory." *Organization Science* 10 (4): 439 – 59.

Yunus, Muhammad. 1998. "Alleviating Poverty Through Technology." *Science* (October 16): 409 – 10.

———. 1999. *Banker to the Poor: Micro-Lending and the Battle Against World Poverty*. New York: Public Affairs.

Zak, Paul, and Stephen Knack. 2001. "Trust and Growth." *Economic Journal* 3: 295 – 321.

Zand, Dale E. 1972. "Trust and Managerial Problem-Solving." *Administrative Studies Quarterly* 17 (2): 229 – 39.

Zinberg, Dorothy. 1996. "Editorial: A Cautionary Tale." *Science* (July

26）：411.

Zucker, Lynn. 1986. "Production of Trust：Institutional Sources of Eco-
nomic Structure, 1840 – 1920. " In *Research in Organizational Behavior*,
edited by Barry M. Staw and Larry L. Cummings. Greenwich, Conn. ：
JAI Press.

致　　谢

　　感谢拉塞尔·赛奇基金会给予信任及信任系列丛书项目的慷慨资助。本书系丛书中的第九卷。感谢拉塞尔·赛奇基金会主席埃里克·万纳（Eric Wanner），衷心感谢他长期以来不断地鼓励我们，坚持不懈地进行敦促，并将本书付诸印刷。感谢拉塞尔·赛奇基金会员工的大力协助，他们策划讨论活动，组织研讨会，安排我们到基金会参加相关会议，特别感谢项目负责人南希·温伯格（Nancy Weinberg），项目协助人宾度·查达伽（Bindu Chadaga），出版经理苏珊娜·尼科尔斯（Suzanne Nichols）。对我们的信任研究工作提供了大力支持的机构还有斯坦福大学行为科学高级研究中心（the Center for Advanced Study in the Behavioral Science, Stanford University），纽约大学（New York University），华盛顿大学（The University of Washington），洛克菲勒基金会（the Rockefeller Foundation），胡安·马奇研究院（the Juan March Institute），德国科隆（Cologne）的马克斯·普朗克社会研究所（the Max Planck Institute for the Study of Societies），布达佩斯高级研究院（The Collegium Budapest），以及北海道大学（Hokkaido University）。这些机构中，许多能力出众、耐心细致的研究助理都从各方面给予了协助，他们是罗宾·库珀（Robin Cooper），科伊·切希尔（Coye Cheshire），亚历山德拉·杰芭西（Alexandra Gerbasi），伊琳娜·斯坦帕尼可娃（Irena Stepanikova），约翰·阿尔奎斯特（John Ahlquist），特雷莎·巴克利（Theresa Buckley），马特·莫（Matt Moe），安东尼·珀左拉（Anthony Pezaola），莎伦·雷德克（Sharon Redeker），朱莉安娜·里格（Julianna Rigg），保罗·布伦（Paul Bullen），拉丽莎·萨塔拉（Larisa Satara）和王欢（Huan Wang）。多年来，我们在许多大学举办的研讨会上提交过论文，针对这些论文和本书的具体章节，许多同行给予了评论，鉴于人数众多，在此恕不一一提及了。最后，衷心感谢社会科学界、法律界及哲学界的各界同人，感谢他们参加信托咨询委员会（the Trust Advisory Committee）会议、我们举办的信任专题讲习班以及信任研讨会，感谢他们对本书手稿所提出的广泛而具有批判性的回馈。其中尤其感谢威廉·比安科（William Bianco），约翰·布雷姆（John Brehm），琼·恩斯明格（Jean Ensminger），罗伯特·吉本斯（Robert Gibbons），杰克·奈特（Jack Knight），吉姆·约翰逊（Jim Johnson），琼－劳伦特·罗森塔尔（Jean-Laurent Rosenthal），山岸俊男（Toshio Yamagishi），以及两位匿名审稿专家。